高校学术研究论丛·音体美卷

篮球教学
理论与应用研究

◎王振涛 著

中国书籍出版社
China Book Press

图书在版编目（CIP）数据

篮球教学理论与应用研究 / 王振涛著. —北京：中国书籍出版社，2017.11
ISBN 978-7-5068-6458-9

Ⅰ.①篮… Ⅱ.①王… Ⅲ.①篮球运动—体育教学—教学研究 Ⅳ.①G841.2

中国版本图书馆CIP数据核字（2017）第228856号

篮球教学理论与应用研究

王振涛 著

策划编辑	李立云
责任编辑	向霖晖
封面印制	孙马飞　马　芝
封面设计	文　一
出版发行	中国书籍出版社
地　　址	北京市丰台区三路居路97号（邮编：100073）
电　　话	（010）52257143（总编室）　　（010）52257140（发行部）
电子邮箱	yywhbjb@126.com
经　　销	全国新华书店
印　　刷	虎彩印艺股份有限公司
开　　本	787毫米×960毫米　1/16
字　　数	270千字
印　　张	13.25
版　　次	2017年11月第1版　2017年12月第1次印刷
书　　号	ISBN 978-7-5068-6458-9
定　　价	49.80元

版权所有　翻印必究

作者简介

王振涛，男，（1964—），山东莱州人，教授，中共党员，1987年毕业于曲阜师范大学体育系，后在山东农业大学体育教学部参加工作至今。现任山东农业大学体育与艺术学院院长、山东省学校体育协会副会长、山东省学校体育协会篮球分会会长、华东区高等农业院校体育理事会副理事长。多年来一直承担体育专业课和公共体育课的教学，教学效果优秀。近年来，先后在《北京体育大学学报》《体育与科学》《体育文化导刊》《山东体育学院学报》、EI检索等国内、国际重要刊物上公开发表论文20余篇，主编、参编著作和教材4部，主持完成国家体育总局、山东省科技厅、山东省教育厅研究项目7项，获各类奖项20余项。

前　言

篮球运动是由一种游戏发展而成的一项世界性体育运动。随着世界体育的科学化进程，对其价值功能的认识和开发、对其运动方式方法的规范等，逐渐形成了一套相对完备的教学、训练和竞赛的理论与实践科学体系，进而推动了篮球运动在全球范围的发展，为世界和平、人类和谐与全面发展做出了贡献。篮球运动传入中国，在其传播、普及、提高和创新等不同时期，科学研究的范围不断扩大，研究的方式方法不断增加，研究水平也在不断提高。

现代篮球运动已进入了新的发展和变革时代，这对于篮球运动理论研究的深度和广度提出了更高的要求。理论研究对于篮球运动实践发展的意义和作用，比以往任何一个历史阶段都显得更加突出。如何适应现代篮球运动发展进程中对于理论研究的更高层次要求，如何提高篮球理论研究对于篮球运动整体发展的支持和支撑力度，是篮球运动整体发展进程中需要解决好的一个极其重要的环节。提高对于篮球运动理论研究地位和意义的认识，深入探索和研究篮球运动理论研究本身的内在规律，分析和认识现代篮球理论研究中的各种实际问题，对于整体提升篮球理论研究的科学化水平，进一步完善和强化现代篮球运动理论体系，提高理论体系的理性力量，都有着非常重要的意义。

本书从篮球发展的规律和特性的角度，对现代篮球理论所涉及的主要层面进行了分析。全书共分八章，第一章介绍篮球的基本概念、发展状况；第二章介绍篮球教学工作；第三章介绍篮球意识的培养、篮球运动员的训练状况；第四章介绍篮球技术的基本内容；第五章介绍篮球战术的结构、设计和创新；第六章介绍篮球科学研究的程序、方法等；第七章介绍篮球队伍管理情况；第八章介绍中美职业篮球联赛文化的特征和发展。

在体育改革和篮球竞赛特征改革的大背景下，中国篮球科学研究进入了一个新阶段。希望本书给从事篮球理论研究的工作者提供一些有价值的材料，希望广大篮球工作者可以面对新世纪的挑战，与时俱进，开拓进取，勤奋工作，为中国篮球走向世界做出更多的贡献。

目 录

第一章 绪论 1
    第一节 篮球的起源和演变 1
    第二节 篮球的作用和规律 12
    第三节 篮球的发展趋势 15
    第四节 篮球文化 26

第二章 篮球教学 35
    第一节 篮球教学概述 35
    第二节 篮球教学的理论依据和原则 37
    第三节 篮球教学模式 41

第三章 篮球训练 51
    第一节 篮球意识及其培养 51
    第二节 篮球运动员的体能训练 64
    第三节 篮球运动员的心理训练 79
    第四节 我国篮球运动训练中存在的主要问题和对策 88

第四章 篮球技术 91
    第一节 篮球技术概述 91
    第二节 篮球技术分析 98

第五章 篮球战术 110
    第一节 篮球战术概述 110
    第二节 篮球战术的结构和设计原理 114
    第三节 篮球战术创新理论与发展 119

第六章 篮球科学研究 126
    第一节 篮球科学研究的内容和特点 126

第二节　篮球科学研究的方法和程序 ················· **130**
　　第三节　科研选题和科研论文 ······················ **142**

第七章　篮球队伍管理 ································ **152**
　　第一节　篮球队伍管理的原则和要素 ················· **152**
　　第二节　篮球运动员管理 ·························· **160**
　　第三节　篮球教练员管理 ·························· **170**

第八章　中美职业篮球联赛文化 ························ **182**
　　第一节　中美职业篮球联赛文化发展动因和特征 ········· **182**
　　第二节　中国职业篮球联赛文化展望 ················· **197**

参考文献 ··· **202**

第一章 绪 论

第一节 篮球的起源和演变

一、篮球运动的起源和演变

（一）篮球运动的起源

1891年，美国马萨诸塞州斯普林菲尔德（旧译"春田"）市基督教青年会训练学校体育教师詹姆斯·奈史密斯博士为了解决学生们在寒冷的冬季上体育课的难题而发明了一项室内集体游戏活动项目。这一项目后来逐渐发展完善，成为世界上影响最大的运动项目之一——篮球运动。由于其主要设备是挂在墙上约3.05米高的篮子（Basket）和需要投中篮子的球（Ball），所以将其命名为篮球（Basket Ball）。

（二）篮球运动的演变

1.初创试行时期（19世纪90年代～20世纪20年代）

19世纪90年代，篮球运动无明确的竞赛规则。场地大小、活动人数不限，仅在室内一块狭长的空地两端各放一只桃筐，竞赛时把参加者分成人数相等的两队，以横排方式分别站在场地两端界线外。当竞赛主持者在边线中心点把近似现代足球大小的球向场地中心区抛起后，两队便集体奔向球落地点抢球，随即展开攻守对抗，将球投进筐一次得一分，累计得分多者为胜，而每进一球后都需要按开始时的程序重新比赛。

1892年，奈史密斯将比赛场地按照进攻方向分为后场、中场和前场，同时明确了比赛的要求。如不准个人持球跑；限制攻守对抗中队员间身体接触部位等；对悬空的篮筐装置也做了明确规定。不久，他又提出了13条简明但必须严格执行的比赛规则。其中包括：比赛时间分为前、后两个15分钟，其间休息5分钟；比赛结束双方打成平局时，若双方队长同意，可延长比赛时间，先投进球的队为胜；掷界外球规定在5秒钟内完成，超过5秒钟时，裁判可判违例，由对方发界外球；某一方连续犯规三次，判对方投中一个球；可以用单手或双手运球，但不允许用拳击球；不准手或脚对对方队员进行打、推、拉、拌、摇，违者第一次记犯规，第二次判犯规者停止比赛，直至对方投进一个球后才允许该犯规队员再次进入场地参赛。对故意或具有伤害性质的犯规行为，则取消犯规者该场比赛的资格，而且该队不得换人。此后，比赛场地由不分区域到逐步增划了各种区域的限制线，如中圈及罚球线，不久又增加了中场线；篮圈也由铁圈取代了其他形式的篮筐；篮圈后部的挡网也换成木质规则的挡板，并与铁质篮圈相连，接近于现代使用的篮板装置。具体为：竞赛开始，由中圈跳球，赛中的队员也开始有锋、卫的位置分工，前锋、中锋在前场进攻，后卫负责守卫本篮和把球传给中场和前场的中锋和前锋。至此，现代篮球运动的雏形基本具备。

从1904年第3届奥运会上美国队举行了国际上第一次篮球表演赛至20世纪20年代末，国际间虽未有统一的篮球运动规则，但每队上场人数已基本定为5人，进而球场有了电灯泡式的限制区和罚球时的攻、守队员分列的站位线。但是，此时攻守技术简单，仅限双手做几个传、运、投的基本动作，竞赛中以单兵作战为主要攻守形式，战术配合还在朦胧时期。

1891～1920年，由于篮球比赛的趣味性较强，篮球运动在美国教会学校迅速得以推广。同时，通过基督教青年会组织以及教师、留学生间的交往，在1891～1920年，篮球运动随着美国文化和宗教先后传到欧洲、亚洲、澳洲及非洲。

2. 完善、推广时期（二十世纪三四十年代）

进入20世纪30年代以后，篮球运动迅速向欧、亚、非、澳四大洲的许多国家推广、发展，篮球技术不断改进，单兵作战的基本形式逐渐被掩护、协防等几个人相互配合的形式所取代。为了推动世界各国篮球运动的发展，1932年6月18日，由葡萄牙、罗马尼亚、瑞士、意大利、希腊、拉托维亚、捷克斯洛伐克、阿根廷8国的代表酝酿组织，在瑞士的日内瓦成立了国际业余篮球联合会，并以美国大学生篮球竞赛规则为基础，初步制订了国际统一的竞赛规则。如规定每队参赛人数为5人；场地上增加了进攻限制区（将电灯泡罚球区扩大为直线罚球区的3秒钟限制区）；进攻投篮时，若对手犯规，则投中加罚1次，未投中加罚2次；竞赛时间由女子8分钟、男子10分钟一节共赛四节，改为20分钟一节共赛两节；进攻队在后场得球后必须10秒钟过中线，不得再回后场等。1936年第11届奥运会上，篮球运动被列为男子正式竞赛项目，现代篮球运动从此登上国际竞技舞台。

20世纪40年代，随着篮球技术、战术的不断演进、发展，特别是运动水平的提高，高大队员开始涌现，篮球界也对篮球规则进行了充实、修改。例如，严格了侵入犯规罚则和违例罚则；篮板分长方形和扇形两种；球场中圈分为跳圈和禁圈两个圈；球场罚区的两侧至端线，明确分设了争抢篮板球的队员的分区站位线等。这些使篮球技术、战术不断变化和充实，并各成体系地向集体对抗方向发展。到20世纪40年代末，进攻中的快攻、掩护、策应战术，防守中的人盯人防守、区域联防等战术阵型和配合，已被各国篮球队所运用，篮球运动在国际间进入完善、推广的新时期。

3. 普及、发展时期（二十世纪五六十年代）

二十世纪五六十年代，篮球运动在世界各地得到普及。特别是随着篮球运动技术、战术的创新发展，规则与技术、战术之间的不断制约和相互促进，篮球运动对运动员的身高也有了要求，高度开始成为现代篮球竞赛中决定胜负的重要因素之一。由此，一种利用高大队员强攻篮下的中锋打法风行一时，篮球运动员选材进入了一个向高大体型发展的新时期。特别是 1950 年和 1953 年在阿根廷和智利举行的男、女首届世界篮球锦标赛上，高大队员威震篮坛。国际上开始流行"得高大中锋者得篮球天下"的说法。这些使得篮球规则中增加了在场地和时间上对进攻队的限制。如 20 世纪 50 年代，篮下门字形 3 秒钟区域扩大成梯形 3 秒钟区；一次进攻有 30 秒钟的限制以及进入 20 世纪 60 年代中期一度取消中场线（60 年代末又恢复）等。攻守区域的扩大，高度与速度的相互交叉、渗透，使比赛中的速度、技巧、准确性、争夺篮下的优势，成为竞赛胜负的重要条件，有力地推动了攻守技术、战术的全面发展。例如，进攻中的快攻、"O"字形移动掩护突破快攻以及防守中的全场紧逼人盯人防守，成为当时以快制高、以小打大的重要手段。20 世纪 60 年代末，世界篮球运动开始形成以美国队为代表的高度、速度与技巧相结合的美洲型打法，以苏联为代表的高度、力量和速度相结合的欧洲型打法，以韩国、中国队为代表的矮、快、灵、准相结合的亚洲型打法，篮球运动跨入普及、发展的新时期。

4. 全面提高时期（二十世纪七八十年代）

进入 20 世纪 70 年代以后，身高 2 米以上的队员大量涌现，篮球竞赛空间争夺越发激烈，高度与速度的矛盾更加尖锐，高空技术的发展和占有高空优势显示着实力，篮球竞赛名副其实成了巨人们的"空间游戏"。为此，规则对高大队员在进攻时有了更多的限制和要求，这有利于调动防守和身高处于劣势队员的积极性。随之，一种攻击性防守——全场及半场范围内的区域紧逼人盯人防守和混合型防守战术展现出新的制高威力。1973～1978 年，竞赛规则中又多次调整了犯规次数，增设了追加罚球的规定，促使防守与进攻的技术在新的条件制约下，向既重高度、速度，又重智慧、技巧、准确、多变的方向发展。这些表现为：进攻中全面的对抗技术、快速技术、高空技术结合得更加巧妙；传统的单一型的攻击性技术、机械的战术配合和相对固定的阵型打法，被全面化、整体性、综合性频繁移动中穿插掩护的运动中打法所取代；防守更具破坏性和威胁力，个人远距离斜步或弓箭步站位干扰式防守和单一型的防守战术，被近身平步站位，积极抢距、抢位，身体有关部位主动用力的破坏型的个体防守和集约型防守战术所取代。尤其自 1976 年第 21 届奥运会篮球赛（女子篮球被正式列为奥运会竞赛项目）和 1978 年第 8 届男子世界篮球锦标赛后，篮球运动高身材、高技巧、高速度、多变化、高比分的特点，特别是高空技术有了进一步发展。这一趋势和特点到 20 世纪 80 年代则更为突出和明显。为此，20 世纪 80 年代中期，国际篮球联合会又对篮球竞赛规则中有关进攻时间、犯规罚则做了修正，规定了远投区，增加了3分球规定等。

5.创新、攀登时期（20世纪90年代至今）

进入20世纪90年代以后，国际奥委会允许职业篮球队员参赛，给世界篮球运动开创了新的发展渠道和方向。1992年，在西班牙巴塞罗那举行的第25届奥运会上，以美国"梦之队"中的超级球员乔丹、约翰逊等为代表表演现代篮球技艺，将这项运动的技艺表现得更加充实、完善，战术打法更为简练实用。随着苏联、南斯拉夫、巴西等欧美地区篮球竞技水平的迅猛提高，形成了美、欧两大洲对抗的格局。从此以后，世界篮球运动发展跨入了创新、攀登，融竞技化、智谋化、技艺化于一体的新时期，标志着现代篮球运动整体结构、优秀运动队伍综合智能结构，以及运动员的体能、智能与掌握、运用篮球技术、战术的能力结构发生了质的变化。

1994年后，国际篮球联合会因运动员制空能力增强、空间拼抢激烈，对篮球竞赛规则又做了些修改，使比赛空间争夺更安全、更合理、更具观赏性，并将篮板周边缩小，增加保护圈。1999年12月，又决定在2000年奥运会后实行某些新的规定，即比赛分为4节，每节比赛时间10分钟；每队每节如达4次犯规，以后发生的所有犯规均要处以2次罚球；两节比赛后中场休息15分钟；首节与第2节之间、第3节与第4节之间休息2分钟；首节、第2节、第3节每队只可暂停1次，第4节可以暂停2次；球队每次进攻的时间从30秒钟缩短为24秒钟；球进入前场的时间限制为8秒钟；奥运会和世界锦标赛可以实行三裁判制度等。现代篮球运动，无论是男子篮球还是女子篮球，今后都将向着智、高、快、全、准、狠、变和技术、战术运用技艺化的方向发展，形成高度技艺性、文化性、观赏性、商业性的发展趋势。

由此可见，现代篮球竞技运动的形成是有阶段、有层次，从低级向高级逐步演进的。其发展线索为：某一个国家的地方性游戏→区域性文化活动→竞技性项目→世界范围的体育文化现象→体育科学的一个分支。

（三）女子篮球的发展

女子篮球运动起源于1892年美国的春田大学。1893年3月，春田地方的学生队与女教师进行了一场篮球游戏比赛，从此，女子篮球运动便开展起来。最早的女子篮球比赛是在1895年举行的，其场地划分为3个区（前、中、后），上场参加比赛的人数为每队9人，每区3人，不准越区攻防。在比赛时间的划分上，女子比赛也与男子比赛不同，女子比赛分4期，8分钟为一期，第1期与第2期之间休息1分钟，第2期与第3期之间休息10分钟。由于女子篮球采用的规则与男子的不同，加上女子的身体条件、训练水平、社会地位等诸多因素的影响，女子篮球运动最初的发展比起那时的男子篮球运动要缓慢得多。

女子篮球运动在经历了一段缓慢的发展过程后，直到1948年才与男子篮球运动使用同一规则。比赛规则的正式统一使女子篮球运动得到了迅速的发展。1953年3

月7日至22日，国际业余篮球联合会在智利的圣地亚哥举办了第一届女子篮球锦标赛，美国获得冠军。1976年7月17日至8月1日，在加拿大蒙特利尔举行的第21届奥运会上，女子篮球运动被正式列入奥运会比赛项目，女子篮球运动开始了快速发展的新时代。为了进一步推动女子篮球运动的发展，国际篮联于1985年8月13日～21日，在美国奥林匹克训练中心——可罗拉多州斯普林斯成功举办了第一届世界青年女子篮球锦标赛，这是最高水平的青年女子篮球锦标赛，参赛队为各大洲的青年女子冠军队、主办国特邀队和东道主队，运动员均为20岁以下的青少年女子。从此，这项赛事每四年举办一届。

此后，由于国际篮联对女子篮球运动发展的重视，加上女篮锦标赛、奥运会女篮的比赛、青年女子篮球锦标赛等高水平赛事的频繁举办，世界各大洲和地区的女子篮球运动呈现出蓬勃发展的态势。亚洲篮球联合会于1963年成立。1965年，韩国汉城举办了第1届亚洲女子篮球锦标赛，从此，这项赛事每两年举行一次，有力地推动了亚洲女子篮球运动的发展。

非洲篮球联合会于1966年开始举办非洲女子篮球锦标赛，每两年举办一届，其中塞内加尔、埃及、扎伊尔和马达加斯加获得过冠军。美洲从1970年开始每四年举办一次泛美青年女子锦标赛，泛美篮球联合会于1977年开始举办不定期的泛美女子篮球锦标赛；南美洲篮球联合会于1946年开始每两年举行一届南美洲女子锦标赛，从80年代开始又举办南美洲女子俱乐部冠军联赛；中美洲地区从50年代开始举办每两年一届的中美洲女子俱乐部冠军队锦标赛。这些比赛举行，活跃了美洲女子篮球运动，推动了美洲女子篮球运动的发展。

欧洲常设委员会从1938年就开始了每两年一届的欧洲女子篮球锦标赛，这项比赛曾允许个别亚洲国家参加，此外，欧洲常设委员会还举办了欧洲少年女子篮球锦标赛和欧洲青年女子篮球锦标赛。

大洋州也于1974年开始不定期地举办大洋洲女子篮球锦标赛，但参赛队伍仅为澳大利亚和新西兰，澳大利亚多为冠军。世界性高水平赛事的定期举办及洲际性比赛的频繁举行，使得女子篮球运动在发展规模、速度、技术等方面取得了长足的进步，逐渐成为世界篮球运动的重要组成部分，它对篮球运动在世界范围内的开展与普及起到了巨大的推动作用。

二、中国篮球运动发展历史

1895年，篮球运动由美国国际基督教青年会协会派任中国天津基督教青年会第一任总干事莱会理（David Willard Lyon）传入天津，开始了它在中华大地上的艰难而辉煌的行程。

根据篮球运动在中国发展的社会背景、发展特点和标志性事件等因素，把中国篮球运动的历史划分为五个时期：传入与传播时期（1895～1949年）、普及与提高时期（1950～1965年）、停滞时期（1966～1976年）、恢复与辉煌时期（1977～1994年）、创新时期（1995～　）。

（一）传入与传播时期（1895～1949年）

篮球运动在中国的传播是在近代中国被逐步殖民化的大背景下发生的，具有殖民地体育的特点。篮球传入中国的初期，主要在天津、上海、北京等有限的城市青年会组织和某些中等以上学校少数学生中开展。如当时天津市的南开学校、高等工业学校、省立一中等学校，北京市的清华学校、汇文学校、协和书院等，上海市的圣约翰、南洋、沪江等大学，南京市的金陵、东南等大学，苏州市的东吴大学等。

1910年旧中国举行的第一届全运会上男子篮球被列为表演项目，1914年第二届全运会上男子篮球被列为正式竞赛项目，1924年第三届全运会上女子篮球被列为正式竞赛项目。此后，篮球运动逐渐在社会上活跃起来，华北、华东、华中等地区性的运动会都把篮球列为正式比赛项目。我国男运动员参加了10次远东运动会篮球比赛，在1921年的第五届远东运动会上获得过一次冠军。另外，1936年我国曾派队参加了第11届奥运会篮球赛，虽未能进入决赛，但对推动我国篮球运动的发展起到了重大作用。在1936年第11届奥运会期间中国加入了国际业余篮球联合会，篮球运动被更多人关注，社会篮球竞赛较过去更加活跃了。

1937～1945年，中国处于抗击日本侵略的战争状态，在国民党统治区因受政局的影响，篮球活动基本处于停滞状态，国民党军队中有一些篮球活动，特别是赴印度的远征军和美国军队有篮球交往活动，抗战胜利后一度活跃的"征轮队"与此有很大关系。在日伪占领区，日本侵略者为粉饰太平也举办过一些篮球比赛。在"孤岛"上海，篮球活动较为频繁，"回力""大公""华联"等球队，具有一定的技术水平。

旧中国共举办了7届全国运动会，每一届都有篮球表演和比赛，比赛规模越来越大，水平也在不断提高。如1948年在上海举办的第7届全国运动会篮球比赛，有33支男队和16支女队参加，组织和竞赛表现了较高水平。1948年组队参加在伦敦举办的第14届奥运会男子篮球比赛，在23支参赛队中获第18名。

进入20世纪30年代后，在革命根据地，在陕甘宁边区，在晋察冀解放区，篮球活动和各种篮球竞赛都十分活跃。贺龙亲自组建的"战斗篮球队"，以及抗日军政大学三分校以东北干部为主组成的"东干篮球队"特别引人注目。他们共同的特点是宗旨明确、纪律严明、斗志顽强、技术朴实、打法泼辣、体能良好，充分反映出中国共产党领导下的革命军人优良道德品质和战斗风格，给根据地军民留下了深刻的印象，不仅有力地推动了篮球运动在这些地区的普及和提高，而且形成了我国军队篮球队的优良传统。我国"八一"男子篮球队长期保持国内榜首地位，与继承该传统密切相关。"战斗篮球队"和"东干篮球队"不少成员成为新中国体育事业的开拓者、领导者，为新中国体育事业及篮球运动的发展做出了突出贡献。

1945年抗日战争胜利后，篮球运动开始活跃，特别是社会篮球竞赛活动较为频繁，天津、北京、上海以及东北地区涌现出不少新球队，给1949年新中国成立后我国体育事业的蓬勃发展和群众性篮球运动的大普及、运动技术的大提高奠定了一定的基础。

（二）普及与提高时期（1950～1965年）

新中国成立前夕的1949年8月，由京、津两地大学生组队参加在匈牙利举行的第10届世界大学生运动会篮球比赛，获第6名。中华人民共和国的成立，使中国篮球运动获得了新生。1949年10月，北京市举办了第一届体育大会，当时主管全国体育工作的共青团中央邀请上海市男篮冠军华联篮球队访问北京，体现了新中国对篮球运动的高度重视。我国篮球运动进入了空前的普及、发展和提高时期。

1950年12月24日～1951年2月4日，世界强队苏联男子篮球队依次访问了我国北京、天津、南京、上海、广州、武汉、沈阳、哈尔滨等8个城市，共进行了33场比赛，苏联队都以大比分获胜。1952年7月15日～8月30日，波兰国家男女篮球队应邀访问我国，在北京、天津、上海、沈阳等地进行了13场比赛，客队亦获全胜。

苏联国家男子篮球队和波兰国家男女篮球队的访问比赛充分暴露了我国篮球竞技水平的落后状况。为了改变中国篮球运动的落后状态，我国体育主管部门积极采取措施，组建专门队伍，更新观点，学习先进经验、先进打法，并积极参加国际比赛，短期内成效显著，战胜了不少欧洲的强队，一批优秀运动员的技艺表演给人留下了深刻印象。不久，各大地区、各省市都组建了长年篮球集训队，篮球运动跨入了新的发展时期。

1955年举行全国篮球联赛以后，有了相对固定的分等级的竞赛制度。随着普及与发展的需要，1956～1957年间又实行了篮球等级升降级联赛制度和教练员、裁判员等级制度。

群众性篮球活动蓬勃发展，篮球成为广大青少年、战士、职工最喜爱的运动项目之一，群众自发建立的业余篮球队遍布各地。据1954年统计，北京、上海、天津等30个城市组织职工篮球队12 874个，山东省有篮球队5241个。据1956年统计，全国27个省、自治区修建篮球场16 549块，为群众篮球活动的开展创造了条件。

自1952年起国家陆续建立了上海、北京、武汉、西安、沈阳、成都体育学院，在综合性大学和师范大学建立了体育系、科，为中国篮球运动的发展打下了雄厚的人才基础。1957年，教育部委托上海体育学院举办篮球研究生班，聘请苏联篮球专家拉古纳维丘斯来华授课，开创了中国篮球研究生教育的先河。

1956年和1957年，全国篮球指导员训练班在北京举行，聘请苏联篮球专家波·莫·切特林进行讲学。参加学习的主要是我国各优秀队的教练员和体育院系篮球教师共133人。波·莫·切特林是苏联功勋运动员，也是著名的篮球教练员。他在讲学中系统地讲解了篮球技战术的教学和训练内容与方法，以及计划考核、临场指挥等内容，当时他还详细地讲解了苏联篮球运动员身体训练的方法与手段。讲学方式采取理论教学、技术课典型示范的办法，使参加学习者系统、全面地掌握了篮球运动的理论与实践内容及教学与训练方法，从而奠定了中国现代篮球运动在相当时间内的理论基础，影响着优秀运动队的训练和院系篮球教学工作。切特林在华期间，曾经训练我国国家队达一年之久。他勤恳、认真负责的工作作风，给中国篮球教练员、运动员留下了难忘的印象。专家以对现代篮球运动深刻的理解、选用的科学训练方法，给中国篮球教练员做出了榜样。

由于重视现代篮球运动的理论学习与研究，各级篮球队的训练及管理工作走上了计划的轨道，中国篮球运动在1957年有了迅速提高的好形势。其表现是，中国篮球队开始战胜一些世界强队，如南斯拉夫、巴西和意大利等队。1958年以后，中国篮球运动水平日新月异，全面提高，逐步形成了自己的独特风格。

1957年8月，巴黎大学生运动会和国际学生文化联欢节在法国巴黎举行，国家体委和团中央决定由上海组队前往。参加这次比赛的共有13个国家的篮球队，他们是巴西、保加利亚、中国、法国、德意志民主共和国、德意志联邦共和国、匈牙利、意大利、波兰等。中国篮球队在比赛中较好地展现了快、灵、准的特点，先后战胜德意志联邦共和国队（67∶52），巴西队（73∶68），德意志民主共和国队（60∶50），意大利队（67∶52），获得了第五名的成绩。

1957年，与来访的南斯拉夫男、女篮球队共进行了9场比赛，都是5胜4负。苏联俄罗斯男、女篮球队访华，在男、女各8场的比赛中，我男队5胜2平1负，女队6胜1平1负。在这些比赛中，我国篮球运动员充分发挥了突切、抢断、中距离跳投的特长，在快攻、紧逼盯人等战术运用中，鲜明地表现出"积极、主动、快速、灵活、准确"的独特风格。通过比赛可以看出，中国篮球队的水平已有了很大的提高，运动技术有了长足的进步。

1957年以后，中国篮球出现的好形势，这是多种因素促成的，其中运动竞赛与等级制度的颁布与实施起了很大作用。全国篮球划分为甲、乙、丙三级队的比赛办法，以及建立的运动员、裁判员等级制度，使各级球队能够有计划地安排冬、夏集训，增强竞争能力。这些都是提高中国篮球运动水平必不可少的有力措施。

1956、1957年两次全国篮球联赛过后，国家体委对篮球训练工作提出了要求：为发挥我国篮球运动员的特点，全国各级篮球队要加强中、远距离投篮（特别是近距离跳投）的训练、中锋队员的身体与技术训练等，要进一步树立和发展中国篮球运动"积极、主动、快速、灵活、准确"的独特风格。

这一期间当时的国际奥委会制造两个"中国"，导致我国在1958年退出国际业余篮球联合会，减少了参加国际大赛的机会，但国内竞赛仍十分活跃，运动水平不断提高。战平、战胜了不少东欧强队。

1958年国家男、女队和"八一"队在访问阿联酋、瑞士、法国、苏联等国家的比赛中，取得胜32场、平3场、负6场的好成绩。1959年国家女子篮球队访问保加利亚，与欧洲女篮亚军保加利亚队比赛。两次打成平局。国家女篮和四川女篮分别战胜来访的欧洲劲旅苏联国家青年队。在这一年里，我国男子篮球队也分别战胜当时具有欧洲一流水平的匈牙利队、获得第十七届奥运会第五名的捷克斯洛伐克队、获得世界锦标赛第四名的保加利亚队，以及实力很强的苏联国家青年队。

但是，这一时期也暴露出一些问题，主要是训练工作有机械模仿外国、结合自己实践不够等问题。最突出的是对中锋队员和高大运动员的训练仿照东欧中锋的模式，因而使原有的特点得不到发挥，甚至削弱。其次是缺乏国际比赛经验，对比赛过程中带有规律性的问题驾驭和适应性差。还有，当时中国篮球队接触到的主要是苏联和东欧一些国家，对全世界篮球运动的整体全貌尚缺乏了解，更没有机会同更多的国家球队进行对抗与较量。但是，中国现代篮球的进步是飞速的、为世人所瞩目的，中国篮球可以和东欧一些强队分庭抗礼了。

1959年，我国篮球界提出了"以投为纲"，发扬快、准、灵的风格和以我为主、以攻为主、以快为主、以小打大、积极防守的战术指导思想。此后又在总结我国篮球运动发展历程和世界篮球运动现状的基础上，从中国运动员的实际出发，召开多次篮球训练工作会议，确立了积极主动、勇猛顽强、快速灵活、全面准确的训练指导思想。从此，我国篮球运动的思想建设、队伍建设、理论建设、科学研究有了明确的发展方向。1959年出现了新中国篮球运动史上的第一个高峰。

随着篮球运动国际交往逐步增多，运动技术水平不断提高，我国篮球运动有了快攻、跳投、紧逼防守三大制胜法宝，逐步形成了快速、灵活、准确的独特风格。至1966年"文化大革命"前夕，我国篮球运动已接近世界先进水平，战胜了不少欧洲强队，后因10年"文革"影响而停滞，与国际强队拉大了距离，与世界篮球发展趋势脱轨并转入低谷。

国民党退出大陆转入台湾，并长期占据在亚洲业余篮球联合会、国际业余篮球联合会的席位，代表中国参加亚运会、世界篮球锦标赛和奥运会的男子篮球比赛，获得过第2届和第3届亚运会第2名（1954、1958年）、第2届世界男子篮球锦标赛第5名（1954年）、第16届奥运会男子篮球比赛第11名（1956年）、第3届世界男子篮球锦标赛第5名（1959年）、第17届奥运会男子篮球比赛第22名（1960年）、第18届奥运会男子篮球比赛第22名（1964年）、亚洲男子篮球锦标赛两次第2名（1961、1963年）等。女子篮球曾获亚洲女子篮球锦标赛第3名（1965年）。

（三）停滞时期（1966～1976年）

1966年开始的"文化大革命"，导致我国运动训练包括篮球训练的全面停止，直到1972年五项球类运动会才开始逐步恢复。1975年中国篮球协会恢复了在亚洲业余篮球联合会中的合法席位，1976年，国际业余篮球联合会通过决议，恢复中国篮球协会在该会中的合法席位，中国篮球的国际交往逐步恢复。

"文化大革命"中，大、中、小学"停课闹革命"，为体育活动释放了时间和空间，学校的篮球活动曾兴盛一时，知识青年上山下乡在某种程度上推动了农村篮球活动的开展。

这一时期，中华台北女子篮球曾获亚洲女子篮球锦标赛第2名（1972年）和3次第3名（1968、1970、1974年）。男子篮球获亚洲男子篮球锦标赛第3名（1973年）。

（四）恢复与辉煌时期（1977～1994年）

"文化大革命"结束，体育战线全面拨乱反正，我国篮球运动确立了赶上国际水平的新目标，在总结经验、走自己的发展道路、努力研究国际篮球运动发展趋势，并重视在继承传统风格打法的基础上，倡导积极创新，重新强调"积极主动、勇猛顽强、快速灵活、全面准确"的训练指导思想和贯彻"三从一大"的科学训练原则，篮球训练得到了迅速恢复与发展。我国男女篮球队开始重新活跃在国际篮坛上。

1978年，中国共产党十一届三中全会开启了中国改革开放的新时期，我国篮球界严格训练，严格管理，加强对外交流，学校和群众篮球运动继续蓬勃发展，青少年篮球训练网络建立并得到巩固，篮球运动进入最佳发展时期，在亚洲篮球锦标赛、亚洲运动会篮球比赛、世界篮球锦标赛和奥运会篮球比赛中不断获得优异成绩。

1981年12月～1982年1月，国家体委在杭州召开全国篮球教练员工作会议，确立了"国内练兵，一致对外"的方针，确立了科学化训练的指导思想，为我国篮球运动攀登世界篮球运动高峰奠定了基础。

1985年在沈阳召开的全国篮球训练工作会议上提出了坚持"以小打大"，迅速、灵活、全面、准确"的训练指导思想。男篮形成的技战术风格基本上和训练指导思想的要求一致，也和我国传统的风格接近。1987年提出的"以防守为主"的训练指导思想，是希望将训练的重点放在防守上。通过加强防守训练来促进攻守技战术的全面发展，这符合世界竞技篮球运动更加注重防守的趋势，对解决我国篮球运动中长期存在的重攻轻守问题极为有利。

中国女篮在1983年第9届世界女子篮球锦标赛上和1984年第23届奥运会上均获得了第3名；在1992年第25届奥运会上获得亚军；1993年世界大学生运动会上获冠军；1994年第12届世界锦标赛上获亚军。中国女篮进入了世界强队行列，先后涌现出宋晓波、柳青、邱晨、郑海霞、丛学娣等在国际上具有较高声誉的著名运动员。

中国男篮在连居亚洲榜首的基础上，于1994年第12届世界男子篮球锦标赛上获第8名，第一次进入世界前八名，表明我国篮球运动竞技水平正向世界最高水平冲击，跨入了百年发展的黄金时期，这也可以说是我国篮球运动史上的第二个高峰。

中华人民共和国在国际篮球组织的合法席位恢复后，台湾省以中华台北的名义继续参加国际篮球比赛。

（五）创新时期（1995年~ ）

随着我国社会主义市场经济的逐步建立，体育改革进一步深化，我国篮球运动更新观念、转变思想，大胆改革创新。一方面进一步抓好篮球运动的全面普及与全民健身活动的结合；另一方面针对我国男、女篮先后在竞技水平上处于滑坡状态，狠抓竞技水平的提高，改革管理体制和竞赛制度，依靠社会办队，着手进行了大胆的实践。如引进外资与外援，举行职业化主客场制联赛，有力地促进了我国篮球运动的发展与提高，加快了与国际篮球运动的接轨。

篮球界坚持"积极稳妥、健康有序"的改革方针，抓住了外商注资的机遇，与国际管理集团等外资合作，在1996年举办了由前卫体协、吉林、北京体师、上海交大等8个省市、部队、学校组队参加的男子"职业"篮球联赛（当时称CNBA职业联赛），这是我国职业化联赛的开端，也是一次大胆的改革尝试。

1995年，中国篮协决定进一步对竞赛制度进行改革，以产业化、职业化为导向，并以全国男篮甲级联赛赛制改革为突破口，开始加速篮球竞赛体制改革的进程，1996年推出了中国男子篮球职业联赛（简称CBA）联赛。

1997年11月，国家体委成立了篮球运动管理中心，在管理体制改革上迈出了重要的一步。通过改革实践，市场经济和体育产业化使我国篮球运动发生了深刻变化，带来了新的生机和活力，不仅初步摆脱了困境，而且展现出更为广阔的发展前景。CBA联赛的成功进行，吸引了众多篮球爱好者和社会的关注，老将新秀的出色表现有效地扩大了篮球的影响力，王治郅、姚明、巴特尔、孙悦、易建联进军美国男子篮球职业联赛（简称NBA），进一步扩大了中国篮球的影响力。而巨大的市场潜力也吸引了众多国内外企业介入，为他们提供了有利的商机，同时也迈出了篮球职业化、产业化的新步伐。

1996~2012年，中国女子篮球队参加了第13~16届世界女子篮球锦标赛，在第14届（2002年）世界女子篮球锦标赛上取得了第6名；参加了第26~30届奥运会篮球比赛，在第29届（2008年）奥运会上取得了第4名，在第30届（2012年）奥运会上成绩不佳。中国男篮参加了13~16届世界男子篮球锦标赛，没有进入前8名，参加了第26~30届奥运会篮球比赛，获得了三个第8名（第26、28、29届），在第30届（伦敦）奥运会上一场未赢，名列最后。

1998年中国大学生篮球协会在恒华集团的赞助下，组织了全国大学生篮球联赛（简称CUBA），掀起了中国高校篮球运动的新高潮。它活跃了高等学校校园文化生活，也带动了中学篮球活动的开展，对在学生中普及篮球运动起到了积极的推动作用。CUBA还为CBA输送了部分优秀运动员，CUBA成为体教结合、体育体制改革探索的成功范例。

中国的篮球运动是在近代"西风东渐"的大背景下传入的，是在我国积贫积弱的基础上艰难起步的，是在抵抗外族入侵、争取民族独立和解放的斗争中发展起来的，是在改革开放的伟大事业中创造了辉煌。新中国成就了中国篮球，中国篮球运动正为中华民族的复兴贡献力量。

第二节　篮球的作用和规律

一、篮球的分类和作用

（一）篮球的分类

1. 休闲、娱乐篮球

以参与、健身和娱乐为主要目的。初学者和运动水平较低者居多，适宜于所有人参与。调查显示，篮球活动已成为群众参与健身活动的首选项目之一。

2. 一般竞技篮球

除健身娱乐外，还融入了竞赛、交流等目的。以爱好者居多，适宜于某些具备了一定基础的人参与，他们中的绝大多数都掌握了一定的专业技能。篮球已经成为他们日常生活中的重要组成部分。

3. 高水平竞技篮球

以参加高水平比赛、争取优异运动成绩为主要目的。仅适合于极少数有天赋的人参与。在全世界范围内经常举办世界性、地区性的各种大赛，国际交往日趋频繁，已经发展成为重要的国际活动和人们最喜爱观赏的运动项目之一。

（二）篮球的作用

1. 提高生命活力

篮球活动涵盖了跑、跳、投等多种身体运动形式，且运动强度较大，因此，它能有效地促进身体素质和人体机能的全面发展，提高和保持人的生命活力，为人的一切活动打下坚实的身体（物质）基础，从而提高生活质量。

2. 满足多种需求

与其他运动项目相比，篮球活动的形式多样，具有更强的参与性、趣味性、应变性、娱乐性和竞技性等，能满足不同人群的多种需求。篮球活动的形式可因人而异，运动量可随意调节，因此适宜于各类人群的参与。各类不同的参与者都能在活动场上找到展示自我的方式，满足自己不同层次的需求。

3. 促进心理健康，提高社会适应能力

现代社会的高效率和快节奏限制了人们的相互交流与了解，但篮球场给人们提供了机遇。篮球活动能有效缓解工作压力，而良好的竞争环境又能培养健康的心理适应力和承受力，调整及维护参与者的心理健康水平。同时，篮球作为集体项目的杰出代表，在增加交流和友谊的同时，更能有效地培养团结协作的集体主义精神等良好的体育道德，帮助参与者正确理解和处理好个人与集体、竞争与合作的关系等。

4. 促进个性的发展和完善

练习和比赛的过程，能使参与者的个性、自信心、情绪控制、意志力、进取心、自我控制与约束等方面都有良好的发展，以及培养团结拼搏、努力协作、文明自律、遵纪守法、尊重他人等的良好道德品质和集体主义精神。

5. 促进创新能力的培养

篮球活动是一项创造性的活动，所有技术、战术都既有原理和规格，又包含着个人的不同表现风格，没有固定的、僵死的模式，每个人、每个队都可以用自己的方式来诠释自己对篮球的理解。也正是由于它的复杂性和多变性，需要参与者必须根据当时情况随机应变，及时、果断、快速地做出应答行动，通过观察进行分析判断并做出行之有效的应对措施。而这一切，都需要参与者用自己的智慧创造性地去应对场上出现的各种问题，从而有效地提高创新能力。

6. 培养分析和解决问题的能力

由于篮圈在空中，而球可能处在任何位置，所以，篮球场上要展开地面与空间的全方位立体对抗。而且，所有的行动都要受到不同对手的制约，要求参与者依据自身实力，结合不同对手进行分析比较，斗智斗勇、扬长避短、克敌制胜。这能有效地促进参与者的心理（智力、意志力、个性等）、技能、观察、应变等综合能力的提高，锻炼和培养发现问题、分析问题和解决问题的能力。

7. 职业化、商业化和产业化

篮球运动正以较高的速度向职业化、商业化和产业化的方向快速发展。特别是高水平的竞技篮球运动早已转向了职业化和商业化，有些国家篮球运动的商业化水平已经很高。当代的职业篮球运动已经发展成为一项需要特殊天赋的极少数精英分子才有可能从事的、高收入的职业，而优秀运动员更是青少年心目中的偶像。

二、篮球运动的规律

规律是运动着的事物本身固有的、普遍的、本质的、必然的联系，这种联系的不断重复出现，在一定的条件下经常起作用，必然决定着事物向着某种方向发展。篮球运动的基本规律就是区别于其他任何运动项目而决定着篮球运动向某种方向发展的若干本质关系。

（一）水平到竖直规律

篮球运动是集体性的同场竞技，所展开的攻守对抗是围绕着位于高空的目标"投篮比准"，最后是在限定的时间里以得分多少决定胜负。由水平运动向竖直运动转化是篮球运动的基本特征。运球推进、传球转移以及突破对手都是水平运动，最后以投篮、上篮或扣篮作为一切技术动作和战术配合的目的是竖直运动。投篮、上篮和扣篮完成了由水平运动到竖直运动的转化。相应地，前段的防守努力都是地面争夺——平动，而后段的封盖、干扰和篮板均为高空对抗——竖直。竖直运动结束后又开始新的水平运动，继而再完成由水平向竖直的转化。水平到竖直是篮球运动攻守对抗区别于其他项目的核心规律。正确把握水平运动到竖直运动的转化，有助于从根本上提高篮球运动的水平。

（二）集体性规律

篮球运动是五对五的群团式攻守对抗，团结互助、协同配合是第一要素。五人团结，则 $5>5$；五人不和，则 $5<5$。齐心协力、密切合作才能完成错综复杂的攻守任务。集体主义是最为明显的规律。篮球比赛频繁换人，要求场上场下一致，全体动员集中注意，上下一心。全队打球是篮球运动集体性规律的突出表现。

（三）对抗性规律

篮球运动是以将球投入对方球篮和防止对方将球投入本方球篮所展开的攻守竞技。比赛时，10名身怀绝技、身强体健的运动员在限定的地面（狭小）和有限的空间（弹跳力有限）里奔跑、跳跃、拼抢争斗、攻守交替、瞬息万变，对抗是必然的。如何正确把握篮球规则，合理运用手、臂、肩、腰、背、臀、腿等身体动作占据地面和空间优势，限制对方施展技术，合理对抗，是篮球运动研究的重要课题。除身体对抗外，技术、战术、心理以及智慧都要进行全方位的对抗，在对抗中获得比赛的主动权。

（四）转换性规律

篮球比赛速度快，场地小，攻守转换十分频繁。转换不仅发生在一个队的前场、中场和后场，而且会发生在不同的空间位置。转换有时让人猝不及防。球权是攻防转换的信号，同时也是决定着进攻与防守这对矛盾的主要方面。进攻结束即为防守，防守结束即为进攻起动。正确把握不同状态的攻守转换，应用正确的技术动作和战术打法，就能控制比赛的主动权。"变"是篮球运动的灵魂。转换还体现在动作的变化、技术的变化、战术的变化、眼神的变化和外部的情绪变化等。总之，运用转换规律使对方防不胜防或是不能及时应对，也是取得篮球比赛胜利的法宝。

（五）均衡性规律

篮球运动攻守交替、瞬息万变，因而进攻与防守相互影响、相互制约表现得非常突出。往往进攻频频得手，会引起防守士气大振；而防守频频成功，也会为进攻增加信心。相反，只攻不守的队伍赢不了球，而只会防守不会进攻的队伍也难以取得胜利。现代篮球要求攻守兼备、攻守平衡。均衡性规律是取胜因素之一。

此外，不仅要攻守均衡，而且要内外均衡、左右均衡。对一支球队而言，要老、中、青配置，高、中、矮结合。中锋、前锋、后卫均要齐备，这不仅能充分体现出一个队的均衡性，还能显示出一个球队较强的战斗力。

（六）全面性规律

篮球运动是要求最全面的运动项目。技术全面，即运、传、投、攻、抢、防……都不可或缺。甚至左右手、左右转，很多技术一式双份；战术全面，自不待言；身体全面，在各种运动项目中更是首屈一指。力量、速度、耐力、弹跳、柔韧、灵敏，每项素质均为高要求。仅力量一项也十分全面，要求上肢、下肢、腰腹背臀，外张、内收、旋转性，几乎每块肌肉力量都必须练到，否则，不可能完成复杂技术和进行技术创新；心理素质要求很高，道德、意志、智慧，甚至与人相处、待人接物、语言能力、人格魅力等均有要求。因而，篮球运动的全面性规律，是篮球运动的制胜法宝。此外，要全面的同时还要有绝招，要群体的同时还要有明星。总之，篮球运动什么都要，真正的内涵是全面要求。深刻认识篮球运动的规律，才有可能将篮球运动推向顶峰。

第三节　篮球的发展趋势

一、世界篮球运动发展趋势

（一）球队的"大型化"

通过篮球运动的不断发展和创新，球队越来越注重队伍的大型化，真正体现了篮球是"巨人们的游戏"，注重身高、体重的均衡化。就目前而言，排在世界前十位左右的球队，男篮的平均身高为2～2.06米，世界前三位的女队身高为1.80～1.85米。篮球运动员身材高大，胸廓大，手大、脚大、腿长、手臂长、小腿长，臀部小、踝围小，优越的身体条件使球员在篮球场上如虎添翼。

全面的个人技术。个人技术的全面性，凡是与篮球相关的技术都具备，即篮球基本技术十八般武艺样样精通。空位无球技术中的跑动、跳跃、急起急停、前后转身、躲闪、腾空、滞空等动作快速灵活；持球技术中的投篮、切入，突破中的传球、运球、进攻篮板等全面熟练；防守过程中积极拼抢，不仅顽强而且凶悍，能给对手的进攻制造很大的麻烦，有效地降低对手的进攻成功率。

位置感模糊，球员能够胜任多个位置。对球场上的球员以位置来界定，主要分为中锋、大前锋、小前锋、攻击后卫、组织后卫。现代篮球运动的快速发展，促使传统意义上的位置分工日趋模糊，目前基本上已没有绝对的位置区别。如果球员担任的位置过于单一的话，就有可能受到上场时间的限制，这就迫使优秀的篮球运动员必须具备能胜任多个位置的能力。我们耳熟能详的现役美职篮达拉斯小牛队的德国籍球员德克·诺维茨基，身高 2.13 米，大而不笨，高而不慢，能内能外，能胜任场上各个位置的进攻任务，不仅能得分，而且能抢篮板球，还能组织和参加快攻。诺维茨基和中国的王治郅同年进入小牛队，两人的身高相差无几，由于诺维茨基的这个优势，两人合同期满后，诺维茨基续约，也巩固了其在小牛队当家球星的地位。

具有良好的身体素质和机能。世界优秀篮球运动员都具有良好的身体素质，首先体现在他们的视野宽广，反应迅速，心、肺功能良好，能长时间、高强度地保持旺盛的体能；其次运动员的力量、耐力、弹跳、灵敏度、速度、协调性、柔韧等素质全面发展，尤其是力量和协调性突出。

（二）进攻速度明显加快，进攻节奏分明，注重进攻的时效性

加快比赛节奏，就是我们平时所讲的"快攻"。快攻是每一支球队最常用的一种进攻手段，以最短的时间完成得分，这种进攻手段的使用主要集中于两个基本前提：首先是后场篮板占据绝对优势，形成了很好的控制；其次是利用积极凶悍的防守迫使对方失误。快攻往往是以迅雷不及掩耳之势，发起潮水般的快攻，打对手退守不及或立足未稳，不仅能快速得分，而且能节省时间，助长本队的士气，很好地压制对手的威风。

比赛过程中"节奏"的原则。快攻也会带来相应的不足之处，快速地发动快攻或一味追求快攻容易造成过多的失误，为此，必须遵循"该快则快，不该快应打阵地进攻"的原则。在这种情况下，"节奏"就显得非常重要，在篮球场上"球权"很重要，所谓"球权"，即本队掌控篮球获得更多进攻篮筐的机会。一场比赛的输赢，从某种意义上来讲，主要是根据该队在比赛中出现失误和犯的错误来判定的，在比赛过程中，谁失误少，可能该队获得最后胜利的概率就大，所以，目前世界强队的进攻节奏理念主要体现在"进攻节奏是快而不乱的，快中求准，慢而不死，慢中求变"。

攻、守转换和技术衔接快。防守队利用各种获得球的机会发动快攻，以及进攻队建立起失球地防守理念，促进了篮球比赛攻、守的快速转换。各种技术的衔接不仅连贯、协调，而且灵活多变、快速及时。

（三）防守和进攻的多变性，尤其是防守的侵略性

积极地贴身紧逼，主动给予对手力量的压制。防守球队员要若即若离，当对手运球时要贴身防守，抢步抢位，主动用力，要给持球进攻者强大的压力，要全力以赴，一防到底，绝不放弃。

以球为主，人、球、区、时兼顾。篮球比赛，不论采用何种防守形式，只要对手传球一次，防守的五名队员必须在严密控制自己对手或区域的情况下，向有球方向迅速移动选位。时间因素也非常重要，单回合进攻时间越少，防守就应越紧，形成人、球、区、时兼顾的时、空防守体系。

防守战术的多变性。防守形式的综合多变会给进攻队带来许多不适应，能使防守变被动为主动。防守战术的综合多变可以是形式上的，也可以是区域上的。形式上的如盯人、区域联防，区域联防有可能变换成"2—1—2"、"3—2"及"1—3—1"等；区域上可以变为全场的3/4场的、半场的或1/4场的联防。变化的信号可以用语言，也可以用手势。

加强整体协同防守的意识和配合。现代篮球运动从一对一攻防能力对比，进攻强于防守，也就是说一对一的防守者很难成功，所以必须加强整体协同防守意识和配合。常用的防守配合是：防掩护用假换防抢前堵截，防突破用关门复位或补防轮转，防强力中锋用夹击围守等方法。

（四）强力中锋技术全面而且活动范围广

技术全面。目前，世界强队中锋的个人能力突出，技术手段多样化，而且具备内、外线的进攻技术，动作灵活多变，方向上能左能右，距离上能远能近。除此之外，现在的中锋具备很强的传球能力，尤其是传球意识非常好，我们看球赛发现，好的中锋每次接球后都不急于进攻，往往都是制造进攻的假象，等防守队员过来实施包夹时，则把球传到空位的队友完成得分。不仅如此，他们的传球方式多而且隐蔽性较强。我们经常能看到高大中锋跑快攻的场景，技术动作一点不亚于场上小个的后卫，这充分表明了现代中锋技术的全面性等特点。在防守中的盖帽、协防也十分到位。

进攻不受区域限制，进攻里外兼备。优秀中锋的活动范围已不仅局限于篮下狭小的范围之内，而且在近、中、远区都可以接球，这样不仅使中锋的攻击范围扩大了，而且为外线队员空切、背切篮下提供了有利的空间，为对手的防守制造了很大的麻烦。

中锋战术配合意识强，是进攻的枢纽。一个优秀的中锋不仅需要具备个人的进

攻技术，更要有极强的团体合作、团队配合意识，相当于场上的活动中心枢纽，中锋高低位的掩护、策应、拉开，给外线队员创造空切和突破的机会，同时高空配合增多，吊拉、补扣、重叠盖帽等已屡见不鲜。类似于这样的中锋比比皆是，例如，前美职篮休斯敦火箭中锋姚明，他在场上的作用不仅是个人独得多少分，而是协防、高低位给队友的掩护挡拆，由于他的能里能外的技术风格，以及拉空限制区为队友制造空切上篮的机会，给当时联盟众多球队制造了很大的麻烦，为此不少球队每次赛后观看姚明比赛录像成了训练中的一堂必修课。

主动求变是制胜的根本。篮球比赛的精髓是变化，有变化则主动，无变化则被动。主动变化的原则集中体现以下几个方面。首先，技术运用的随机应变性。篮球技术动作是固定的，有严格的规范标准，但在技术运用时是不固定的，应根据对手和环境的不同而灵活变化，而变化的基础是运动员的智慧和个人技术能力。其次，战术运用灵活多变，篮球战术种类繁多，每种战术也有固定的套路，但在比赛中应根据对手的不同，灵活运用。在知己知彼的基础上，有针对性地实施攻击，以我为主，扬己之长，攻彼之短。掌握时机，主动变化，如根据进攻和防守重点、快慢节奏、阵容配备经常变换，让对手不适应，使自己掌握主动权。最后，篮球比赛更具观赏性，精彩的篮球比赛可以吸引众多的球迷和观众，这是推动现代篮球运动社会化和产业化的重要因素。篮球运动形式的哲学和美学表现，使篮球运动产生了巨大的魅力。篮球比赛所体现出的技术风格、战术变化的奥妙，产生的个人效应及社会学价值，可以倾倒成千上万的观众和商家，使篮球产生巨大的影响力，就像20世纪六七十年代的传奇巨星拉塞尔、张伯伦，以及具有"篮球之神"之称的芝加哥公牛队的迈克尔·乔丹等，他们当时的个人影响力可以超过时任总统。

中锋进攻中的重要手段——"贴身"进攻技术。在现代篮球大赛中，世界优秀中锋贴身进攻的技术运用得非常普遍，并且渗透到了各项进攻技术之中，同时也说明要想在世界强队中生存，必须改变传统中锋独守篮下、单一进攻的手段。

（五）篮球运动应"全面、集体、特长、明星"兼备

"全面"泛指运动员技术、战术、智力、心理、身体、全面发展。在进攻中，主张进攻、防守和篮板球三者平衡的基本原则。"集体"指篮球比赛是队与队的对抗，而不是个人能力的比赛，因此必须加强全队的实力，才能立于不败之地。集体应包括五名主力队员和替补队员的实力，还应包括教练员的指挥才艺和全队的凝聚力。"特长"指现代篮球比赛是技术、战术、身体、心理、智力融为一体的高水平的全面抗衡，要求队员不仅身体素质和技战术能力全面发展，还应具备特长技术。特长技术是指在运动员所掌握的技术动作中，最熟练过硬和突出发展的动作技能。它的特点表现出有效性、稳定性、独特性和观赏性。"明星"指现代篮球比赛明星的作用日益突出，特别是关键时刻更显重要，他能起到力挽狂澜、起死回生、反败为胜的作

用。明星是球队的核心、灵魂和得分手，全队战术围绕他而制定，关键时刻由他挑起大梁。他是场上的教练员，也是给对手制造最大麻烦的人。

（六）提高准确率、降低失误率

观察现场直播及录像回放可以发现，球队获胜的根本都离不开两大要素。首先必须保证足够高的进攻命中率，其次是降低进攻中配合、空位跑动、传球的失误率，唯有这两项处理好了，球队获胜的概率才会非常大。"高命中率"——投篮是篮球比赛攻守对抗的核心目的，现代篮球强队普遍都有多名三分篮手，他们投距远，投篮点广，远投配合中、近距离的进攻手段，已成为多变进攻的基础和反败为胜的主要手段。"提高传球的准确率，减少失误"——传球是篮球比赛中的一项重要技术，是组织全队进攻的纽带。准确的传球不仅可以减少失误，而且可以创造良好的投篮机会，提高投篮的命中率。要做到传球准确，必须具备广阔的视野、娴熟的传球技巧、多种多样的传球方式和有威胁的个人攻击能力。"动作衔接转换快，判断、运用准确"——篮球技术动作繁多，每个动作的运用必须准确无误，方能取得良好的效果。在技术动作运用过程中，都不是一个动作形式，而是以两个或两个以上的组合动作出现。在组合技术动作中，一个动作可以和多种动作组合，一个动作又可有多种变化形式。因此，在动作的组合衔接中，必须判断清楚，衔接应用准确。"高强度对抗的条件下，进攻手段丰富，变化多、投速快"——现代篮球的比赛防守凶悍，身体接触频繁，特别是投篮更是对手防守的重点。因此，若想找出一个无人防守的投篮时机已很困难，而大量投篮机会都是在对手严防和紧逼的情况下创造出来的。在强对抗情况下，投篮者多采用强攻和时间差，以及高抛出手及快出手等投篮方式。

（七）教练员的训练、管理、指挥能力

篮球是一项注重团体、协作配合的运动，而一支由十多人组成的队伍，球员技术风格、性格各异，如何把这样一个群体打造成训练有素、能打胜仗的篮球队伍，教练员的训练水平、管理指挥能力显得尤为重要。这就要求教练员自身素质过硬，其思想品德和职业道德素质要高，包括为篮球事业无私奉献的精神，积极进取、努力学习、开拓创新、身先士卒、为人师表、严于律己、团结合作、公平竞争的精神，还包括自身的篮球技术水平、技战术身体训练经验、参加比赛和指挥比赛的经验、专项理论知识和相关的基础理论知识，以及良好的心理素质和综合的能力素质。管理能力更强，要想夺标，首先要育人，这是竞技体育的一条基本规律。

教练员育人的内容包括对运动员人生观、世界观和爱国主义的教育，培养运动员的集体主义精神并使其树立团队精神，建立正确的职业道德规范，培养良好的作风和遵纪守法的思想。教练员采用管理教育的方法包括形式、环境、实践、爱心和说服等教育，满足运动员的正当需要，建立健全规章制度和奖惩制度等。

教练员应具有丰富的指挥比赛和临场应变能力，了解球队的整体实力和调配上场队员的技战术打法，是取胜的保证，从而建立自己有效的攻防体系。看到不足，不断进步；在战略上藐视对手，必攻不守（攻防战术都要有攻击性）；输球在自己，赢球在对方；不责备队员，发挥每名队员的积极性，合理使用每名队员，培养其团队精神；避实击虚，善用长短，出奇制胜。

（八）优秀运动员年轻化，老运动员的运动寿命延长

纵观世界篮坛，所有职业篮球联盟的运动员都呈现出年轻化的趋势。而且老运动员的运动寿命逐渐延长，据统计，17～19岁的队员都已成了世界强队的中间力量，并拥有很高的知名度。主要是科学化训练水平的提高和世界篮球职业化的进程加快，促使优秀运动员成才周期缩短。2002～2003年赛季NBA总冠军马刺队主力队员19岁法国籍球员帕克的成熟，更让人感觉年龄已不是关键。2003～2004年赛季NBA选秀状元詹姆斯18岁，榜眼米利西奇18岁，探花安东尼19岁，第四名波什19岁，足以说明现代篮球运动发展趋势呈"年轻化"趋势，同时，为我国篮球的发展提供了参考和借鉴。据统计，在中国，篮球人口占全国总人口的19%，超过4亿人，充分说明中国有着非常好的群众篮球基础。邓小平同志曾经指出："足球要从娃娃抓起。"这个道理同样适用于在中国普及最广的篮球运动，狠抓青少年篮球训练是提高成绩的途径，必须重视青少年的篮球训练，使青年优秀篮球运动员脱颖而出。

老运动员保持良好的竞技状态，不管是在退役运动员中还是在现役运动员中都不难发现，35岁以上的运动员比比皆是，其场上的运动表现一点不输于年轻运动员，这是由于常年坚持科学化训练，保持良好的竞技状态，可使运动员的运动寿命延长。美国NBA著名球星"天钩"贾巴尔42岁，助攻、抢断王斯托顿克41岁退役；原爵士队主力大前锋卡尔·马龙40岁仍驰骋在NBA赛场上，2003～2004年赛季对卫冕冠军马刺队一仗，"篮板、助功、得分"均过两位数，拿下"三双"，为湖人队战胜马刺队立下了汗马功劳。世界优秀篮球运动员是宝贵的资源，他们运动寿命的延长，不仅使篮球比赛更加精彩，提高了观赏价值，还可以把他们高超的技艺和宝贵的经验传给年青一代，为篮球运动的发展添砖加瓦。

（九）在市场经济背景下，篮球运动职业化、产业化不断加快

篮球职业化的定义是按照市场经济的运行规律，利用高水平篮球竞技的商品价值和文化价值，参与社会商业活动与社会文化活动，并在获得经济收入的同时，满足人们精神享受需要的一种竞技体育运作模式。由于美国"梦之队"在1992年巴塞罗那奥运会上的出色表演，加之NBA这一世界上最成功的职业体育组织在全球的广泛影响，在20世纪末的世界体坛上掀起了一股篮球职业化浪潮。据有关资料统计，目前世界上五大洲有数个国家已开展了职业篮球运动。为了适应经济体制改革，顺

应世界篮球运动的发展，抑制篮球竞技水平滑坡，1995年中国开创了自己的篮球职业联赛。从此，"篮球职业化"这一概念就频繁出现于报端、杂志和各种传播媒体中。有关"篮球职业化"问题的研究，也成为近年来的理论热点。

职业篮球的产生，推动篮球运动快速发展。篮球运动的职业化是当今世界篮球发展的主要趋势之一。大量实践证明，篮球职业化是市场经济体制的产物，篮球职业化可以产生巨大的经济效益，给职业篮球运动各主体带来丰厚的物质利润，特别是大幅度提高运动员的工资待遇，增加运动员训练的积极性，从而大大提高篮球运动的水平，促使篮球运动快速发展。

大力开发职业篮球产品，活跃市场，加速篮球产业化进程。职业篮球产品多种多样，按其特点和使用价值细分，有本体产品、相关实物产品和延伸产品。本体产品包括竞赛表演、健身娱乐、培训咨询、品牌、电视转播等。相关实物产品包括篮球用品、器材和服饰等。延伸产品包括饮食、住宿、旅游、纪念品、球星卡等。美国NBA的成功经验昭示我们，只有大力开发本体产品，带动相关产品及其延伸产品的运作，活跃篮球市场，才能促进篮球产业化的快速发展。

（十）对抗性增强，是技术、战术、身体、心理和智力融为一体的高水平的综合抗衡

现代篮球比赛大部分持球技术的运用都是在对抗中完成的。用脑子打球，用智慧取胜，熟知篮球运动的规律，掌握篮球的制胜因素；要扬长避短，出奇制胜，尽量发挥本方特长，有效限制对手技术特点的发挥；要适应对手和环境条件，善于变化，灵活地运用技战术，做到立于不败之地。现代篮球比赛心理对抗主要表现在意志顽强，打不垮，拖不乱；行动果断，情绪稳定，比分领先不放松，比分落后不气馁；在激烈的对抗中镇定自若，攻而不起怒，攻而不施暴，具备坚定的自信心。

二、中国篮球发展的困境和对策

（一）中国篮球面临的困境

职业发展规划设计基础较弱。脱离了实际，省市体育局的定位含糊，过于强调俱乐部，弱化了政府的角色，举国体制作用在联赛中未能充分发挥；我们是社会主义国家，我们是具有中国特色的社会主义国家，这是立国之本，也是我们无论做什么事情首先必须遵守的基本准则。所以，我们制定中国的篮球联赛发展规划，就不能照搬照抄美国NBA那一套所谓现成的、成熟的经验模式。不同的国情必然有不同的发展规律，脱离实际的东西只能带给我们混乱和迷茫。我们的国情是什么？我们的实际是什么？就是坚持党的领导，坚持政府的监管职能，坚持全国一盘棋的体制优越性。举国体制就是我们最大的优势，2008年北京奥运会中国代表团的优异成绩

已经充分证明了这一点，放弃这个优势无异于饮鸩止渴。因此，我们要积极探索符合中国国情和项目发展的方向，坚持政府主导，充分发挥举国体制的优势和市场经济的规律。

目标设定不够准确。联赛一度导向模糊不清，国内体育提高慢，高水平运动员少；我们开展篮球运动，举办篮球职业联赛的根本目标是什么？这个概念一直非常含糊。各个俱乐部之间不顾大局、看重私利，从自己集团小利益出发，单纯追求成绩，单纯追求票房，甚至不惜勾心斗角、囤积人才、讲究功夫在场外，这完全违背了我们举办职业联赛的初衷。我们追求的目标是什么呢？总结起来就是三句话：发展体育运动，增强人民体质；培养优秀队员，取得优异成绩；提高竞赛水平，成为世界强队。

职业化缺失。进入门槛低，退出机制不完善；遇上重大危机，不能调动竞争，政府监管不力；进口不严，出口不畅，约束机制极不健全，出现了许多问题。俱乐部欠薪、外援不辞而别、球场暴力等现象，不能只靠上级主管部门罚款解决问题。地方政府插不上手，无法监管，俱乐部恣意妄为，出现问题一推了之。既不能保障球员的权益，又为社会安定埋下隐患，有悖于和谐社会的建设。我们必须完善准入和退出的机制。提高准入的门槛，积极发挥地方体育、政府监管联赛的作用，俱乐部在地方体育省市体育局和篮管中心双注册。

不正之风。追求利益做消极比赛，负面问题较多，境外博彩，境内半公开；自身监管力度有限；负面影响越来越大，中国篮球职业联赛已经成为境外赌博集团的重点目标，国内某些地区赌球也成为公开的秘密。俱乐部方面自身监管力度有限，甚至因为个体小集团私利，消极比赛，对赌球现象睁一只眼闭一只眼。如此下去后果不堪设想。因此我们下一步工作的当务之急就是要加强制度建设，依法治理联赛，制定修订监管条例，做到法制化、规范化；政策监控，借助公安机关打击假赌黑。如果不加大力度的话，未来将防范不及。

联赛成本。财务存在安全隐患，俱乐部支出过高，亏损经营，经济危机导致局部资金链断裂；一个成熟的俱乐部，一个成功的职业联赛，应该是一个自给自足、自我盈利的完整运作体系。我们现在的状况是联赛成本过高，各家俱乐部少有盈利。加之俱乐部内部账务混乱，支出过高，腐败贪污现象极为严重，成为滋生犯罪的土壤。大部分俱乐部亏损经营，恶性循环，稍遇经济危机便会导致资金流断裂，俱乐部运作瘫痪，引发欠薪、逃跑等一系列问题。鉴于这种状况，新赛季要求各俱乐部必须控制成本，开源节流，增加造血功能。逐步施行俱乐部财务远程电子化监控。努力降低成本，严格控制预算成本，调整裁判接待经费，实施内外援限薪制度。

外援的使用。外援侵占国内球员上场时间，高水平外援工资成本过高，且管理不力，屡次出现中途退赛的情况。中国的联赛，说到底是中国人自己的比赛，是为了培养中国的优秀运动员而举办的联赛，是为了提高中国篮球整体水平而举办的比赛。目前的联赛一定程度上违背了这个出发点，一味追求球队的成绩，单纯强调比赛的激烈性，不惜高价聘请名头大的外援，使得外援侵占了国内球员上场的时间，年轻队员得不到锻炼机会，我们搭台，外援唱戏。且对外援管理不力，放任自流，对大牌外援唯唯诺诺，听之任之，极大地损害了国内球员的自信心和自尊心，对年轻队员的健康成长不利。这种现象一定要有所改观，真正把联赛办成我们中国人自己唱主角的联赛。

赛制安排不科学。前期联赛在赛制安排上不从实际出发，不考虑我国幅员辽阔因素和我国人种特点，无原则仿照国外高密强度的赛事节奏，赛制安排很不科学。运动员疲劳伤病增加，运动寿命缩短，训练质量下降，国家队没有集训时间，从而影响到中国国家队参加世界大赛的成绩。这种状况必须改变，经过深入调查和广泛论证，我们的赛制安排将更加科学、更加合理、更加有效、更加符合实际。新赛季赛程四个半月左右，联赛的质量和市场效应要兼顾。同时考虑国家队的训练；适当减少外援上场时间。

市场开发较弱，造血功能不足。篮球在我们国家具有十分广泛的群众基础，球迷人数居世界领先地位，这一点可以形成共识。在这样的优势条件下，俱乐部尚且亏损经营，的确让人匪夷所思。这其中值得反思的问题很多，当务之急是思想认识的问题。思想认识提高了管理才能上得去，规章制度健全了团队才有活力。

新一届篮协领导班子有信心、有能力开创中国篮球职业联赛新的春天。一方面，我们要加强俱乐部建设和运动员思想建设。组织人员学习"三缺失"的问题，确立具体的职业化标准，将俱乐部建设纳入准入标准，开源节流，增加造血功能。逐步施行俱乐部财务远程电子化监控。努力降低成本严格控制预算。另一方面，各个俱乐部要控制成本；调整裁判接待经费，实施内外援限薪制度；此外，最重要的是我们要加强舆论引导，提前完善联赛制度，坦诚沟通，得到媒体和公众的支持。

（二）发展中国篮球运动的战略性对策

目前中国篮球竞技运动面临着改革带来的大好形势，如具有良好的社会基础、舆论导向，较为坚实的竞技潜能，积累了正反两方面的经验。所以，当前必须理清思路，抓住矛盾的主要方面，分清轻重缓急，深化内部管理改革，在改革中寻求克服困难与解决问题的途径，全方位地建立篮球运动的管理新秩序，关键是抓好改革思路及措施的落实，促使我国篮球运动尽快摆脱困境。

1. 必须进一步统一认识，解放思想，更新观念，全面推进篮球运动领域内的综合改革，在改革中建立新秩序，展现新面貌，再攀新高峰

昔日中国篮球竞技的辉煌战绩已载入史册，当前中国篮球竞技领域从观念到体制、运行机制、管理模式、竞技训练仍然不适应社会的整体改革大潮流。只有正确认识过去，才能避免盲目性。因此，必须客观地认识过去在特殊时期内所取得的成

绩，清醒地了解自己的实际水平，树立改革发展的新观念，特别是要提高对现代篮球竞技本体特征的认识层次和意识，要积极鼓励创新，在法规范围内允许多渠道、多形式发展和竞争。所有这些都必须解放思想，实事求是，从当前中国篮球运动实际出发，确立适应市场经济规律的意识和社会化、民主化、自主化、学科化、市场化、职业化、技艺化、竞争化等观念，形成新的篮球运动观、领导观、训练观、管理观，用新的观念、新的思维方式、新的途径和方法去大胆地进行改革创新实践。

2. 从实际出发，进一步明确我国篮球竞技运动的定位目标，确立正确的篮球训练工作方针及指导思想

现代篮球运动继续朝着一个趋势、多种风格、不同打法和"高智慧、超高度、高速度、高强度、高技巧、高比分、悍对抗"方向发展。20世纪80年代中期至90年代中期的十年，是中国篮球竞技运动紧跟趋势和成就最辉煌的阶段，但自20世纪90年代中期以来，受种种因素制约未能保持优势。进步速度相对缓慢，而欧、美、澳及亚洲的日本、韩国等国家和地区则呈上升趋势。面对这一形势，必须振奋精神，树立正确的篮球竞技观念，坚定战胜国际强手的信心，以科学的训练指导思想作基础，以为国争光精神作支柱，以现代化训练理论与手段作依托，并切实制定一个符合国际篮坛现状和中国篮球竞技运动实际的奋斗目标，以此启示人、鞭策人、凝聚人、鼓舞人、吸引人，形成一种举国力量，激励篮球界人士自觉地、科学地去自主实践，献身中国篮球事业。

3. 全方位深化篮球管理体制改革，健全法规，形成新的管理网络，理顺纵横管理职能关系，建立符合中国特色的篮球运动管理新模式

中国篮球运动体制改革的根本目的是迅速提高篮球竞技运动水平，一切决策都以提高竞技水平和建立符合中国特色社会主义的篮球市场规律为准则。为此，要继续大力扶植职业篮球俱乐部，理顺管理层次职能，明晰产权，扩大自主经营权，逐步建立有中国特色的职业俱乐部模式，促进篮球市场的开发和产业化进程。然而，在职业化起步之初不能仅停留在主客场赛制和发展俱乐部上。因为俱乐部是进行职业化实体管理的一种形式，主客场竞赛制度的改革是一种激起市场行为的方法，职业化是实现篮球市场化的前提，只有拥有众多高水平队伍才是增强我国篮球运动的活力和真正推进职业化以及实现篮球市场化的基础。如果没有高水平的球队和明星群体的比赛，就不可能吸引观众；而没有观众就没有篮球市场的产生、发展和职业俱乐部生存的土壤。

统一认识，进一步重视国家男女队组建、训练，倡导大力培养球星加强对其管理，全力扭转目前竞技成绩不景气的现象，以及推进俱乐部建设和产业化进程，强化全方位管理，明确了"立足当前，放眼未来"的改革思路；提出了继续以赛制改革为龙头，以制度建设为重点，以职业俱乐部建设为前提。推进中国篮球职业化、产业化改革的具体设想；强调对目前尚未规范化的不同性质和形式的俱乐部进行宏

观管理，规范职业化俱乐部建制，强化俱乐部的市场活力，以促进各职业俱乐部做到明晰产权、明确职权、自主开发、自我造血、自负盈亏和独立法人经营管理等，将有助于推动中国篮球竞技运动有序地与国际接轨，逐步走向完善，形成中国特色的职业化、产业化模式。

4. 全面规划，采取非常措施，培养造就一批结构合理且综合素质高的教练员、运动员、裁判员，这是振兴中国篮球事业的希望所在

在当今市场经济条件下，运动员、教练员个人的技能与水平以及球队实力与成绩是体现社会贡献价值的依据，但中国特色市场经济条件下的竞技人才是服务并服从于国家需要的。因此，必须树立高尚的职业价值观，更要倡导讲政治、讲奉献和为国争光的观念，这是评价运动员个人和各俱乐部整体价值的前提。在此基础上，鞭策教练员、运动员、裁判员超越自我：只有永远超越自我的人，才能不断认识自己、充实自己、战胜自己和强于自我的对手。

重视教练员、运动员和裁判员三支队伍的合理结构。从国际现状可知，三支队伍在年龄结构、智能与技能结构和专项职业综合结构等方面，各篮球强国具有相似的特征。就年龄、文化智能、技能等综合结构而言，从选择的世界优秀运动队20名优秀教练员来统计，平均年龄在45～60岁，最年轻的在40岁左右，最高年龄达60岁以上，而50～60岁的教练员大有人在，形成老、中、青结构。其中，50岁左右的教练员为中坚力量：他们的文化程度较高，普遍是大学本科、研究生毕业，不少是大学的教授或教练员，相关的现代科技知识丰富；普遍对篮球运动执着、敬业，具有自己的篮球专项理论观点和自成体系的教学、训练、管理风格与特长；有自己的竞争目标及篮球生涯实践经历和执教经验，掌握科学的执教之道。

以上三支队伍能互相呼应，互相影响，互相制约。成为协调、推进一国篮球竞技运动发展的协同军。他们显著的共同特点是对篮球事业执着、敬业、钻研，有为国争光、攀登高峰的胸怀，业余爱好广泛，以求从各种层面获取知识，弥补自身的不足，丰富自己的知识结构。所以，要改变我国优秀篮球教练员、运动员、裁判员匮乏断档和训练水平下降、竞技成绩滑坡的现状，关键是要有规划、有层次、有重点、有具体手段和方法，从严抓好三支队伍的综合建设，缩短与国际同类队伍的差距。其中，重中之重是抓好现有国家级男女队和俱乐部教练员、运动员、裁判员的选拔、培训、教育、管理和聘用。特别是要有计划地组织、安排他们更多地参加高层次的国际训练、比赛实践和理论实习，并制定严格的管理与考核制度。

5. 切实掌握优秀篮球运动人才培养和成长的规律，落实从学校抓起和从青少年着眼的方针，多途径地培养与储存篮球后备人才

我国篮球运动十分普及，参与篮球活动的人口为世界之最，这为我国篮球运动发展提供了广阔的后备人才资源。然而，由于没有切实树立"从青少年抓起是成为篮球强国的必由之路"的观念，没有真正懂得这一培养规律，从而使人才资源没有

得到充分发掘和利用。所以，当前应全面推进"体教结合"的培养制度。第一，在观念上进一步提高对意义的认识，用科技兴体的观念来认识"体教结合"。第二，改革和完善竞赛制度。第三，加强合作，体育部门与教育部门的合作要有专门部门进行管理，定期进行交流研究。第四，改革管理机制，完善管理制度，推进"体教结合"进程。第五，学校应切实加强篮球队的管理，对教练员的聘任、奖励与考核、运动员的训练、学习、食宿、比赛、优秀运动员的奖励及球队招生选材、梯队建设等形成完备的管理体系，逐渐将学校球队建设纳入正规渠道。

第四节　篮球文化

一、篮球文化的结构和分类

（一）篮球文化的定义

篮球文化是在篮球运动的物质与精神生产中所创造的，以篮球活动行为为主要特征，具有独立意义和价值的物态的和精神态的成果，以及为了维系活动的进行而形成的各种关系、制度、符号系统和行为方式的总和。

首先，说明了篮球文化的身体活动性和实践性。篮球文化首先是一种身体活动性文化，以追求人体生物功能的提高和改善为基本目标。人类在篮球运动中的身体实践活动是篮球文化产生的基础。随着篮球运动内容的拓展和社会功能的扩大，篮球活动逐渐呈现多样化，这些多样化的篮球活动实践，可以是物态生产（如比赛组织），也可以是精神生产（如运动员在比赛中展示职业素养），但都具有以篮球活动为中心的活动特征。

其次，说明了篮球文化的独立完整性。篮球文化的产生自然不可缺少其他如政治、经济、文化等因素，但它已经成为一种相对独立的、完整的体系。它可以被感知、被欣赏、被学习、被承载。

再次，体现了篮球文化内涵的丰富性。在内容上它是一个复杂、丰富的综合体。包括了本体的身体活动形式的创造过程（如篮球比赛过程、篮球训练过程、篮球教学行为等）；外显的物态存在成果（如篮球器械、设备、场地、服装、纪念品等）；内隐的精神层面的"化人"内涵（如篮球运动的集体精神、顽强意识、协作意识、情感、观念、价值）；此外还有维系篮球运动进行和发展而制订的各种规章、制度，建立的组织机构等制度层面的内容等。

（二）篮球文化的结构

篮球运动涉及范畴的复杂性和内容的多维性也带来了篮球文化结构的多层次和分类的多样性。篮球文化具有丰富的内涵与多样的文化元素，是一个多层次的整体结构体系。但是，篮球文化的各个层次的划分并不是绝对独立的，各个层次仅仅是类似的、能够表现出共同特征的文化内涵或文化元素的结合。行为文化是连接于各个层次之间的纽带，从而使得各个层次之间相互联系、相互渗透、相互作用。篮球文化在总体结构上主要包含了篮球物质文化、篮球行为文化、篮球制度文化和篮球精神文化这四个结构层次。这种结构层次的区分也和张岱年先生对文化结构层次的区分相一致。

1. 篮球物质文化层

篮球物质文化指与篮球活动相关的物质生产活动及其产品，它是人们在参与篮球活动（比赛、教学、训练、科研、学习、观赏、经营等）中直接被使用或感知的物质成果的总和。这些物质成果是可以被直接感知的、具体物质实体的，或具有文化象征意义的文化事物，包括了篮球本体活动开展所依赖的最基本的物质条件，如篮球场地、篮球、篮架、服装、记时钟、篮球馆、篮球场地的灯光、音响等，以及在篮球运动的相关延伸活动中所创造的其他物质配备。如：篮球科研的设备、仪器、教学训练的教具、辅助器材、篮球教材、篮球书籍、篮球音像制品、篮球纪念物、篮球队或俱乐部的名称等。

2. 篮球制度文化层

篮球制度文化是指在篮球活动中维系和规范各方主体关系与行为的规章制度、法律法规、章程规范、管理条例，以及执行这些制度的机构和组织体系等的总和。如篮球管理体制、篮球运行机制、人才培养模式、各种层次的竞赛制度、竞赛规程、编排原则、训练制度、篮球规则裁判法等。篮球制度文化可以通过实物的载体作用表现，也能通过篮球运动中各主体间的活动体现。

3. 篮球行为文化层

篮球行为文化是指各种篮球活动实践过程，以及在活动中形成并表现出来的行为习惯、模式、方法、手段等的总和。它不是个人随意的、无意的行为的结果，而是在长期的篮球活动中，经过集体的引导、制度的规范和自我的自觉而形成，并体现在人们平时的篮球活动实践过程中。篮球行为文化的内涵往往表现出鲜明的地域特点、独特的群体要求或展现出强烈的个人风格。它包括了各种篮球活动的过程、篮球活动形式、篮球教学训练方法和手段、篮球技术动作方法和战术配合形式等。

4. 篮球精神文化层

篮球精神文化是在长期的篮球活动实践中形成的职业道德、伦理观念、价值取向、审美情趣、情感倾向，以及思维、理念和认知等的总和，这也被称为狭义的篮球文化等。这一层次的文化内容，对篮球活动参与者起着思想和意识形态上的"化人"的作用。它往往和行为文化交融共现，也可以借助物质文化、制度文化来表现。如篮球运动所蕴涵的集体主义精神、顽强拼搏精神、团结协作意识、篮球竞赛、训练指导思想、篮球哲学、篮球美学等。

（三）篮球文化的分类

在篮球文化的分类方面，由于篮球活动内容的多样性和复杂性，也使得篮球文化在不同的区分标准下，表现出不同的类型。从大体方面讲，篮球文化包含了以下诸多方面。

体育涉及学校体育、竞技体育和群众体育（社会体育）三个方面的社会活动，"与之相对应的体育文化也应该分为学校体育文化、竞技体育文化和社会体育文化三部分"。同样的，篮球运动也包含了学校篮球运动、竞技篮球运动和群众篮球运动三大方面，因此，根据篮球运动的社会活动的不同，篮球文化可以分为学校篮球文化、竞技篮球文化和群众篮球文化。其中，学校篮球文化主要是以培养学生篮球技能、学习篮球基本理论为主要形式，以促进学生身心健康发展和增强体育活动意识为主要目标的文化活动。它作为教育的一部分而存在。竞技篮球文化主要是通过大强度的、系统的篮球训练以及激烈的对抗，表现篮球的力量、技巧和艺术魅力，展示人类超越自我、挑战自我的生命活力，激励人们锤炼坚强的意志和勇敢的作风、培养集体主义精神和团结协作的精神。在某种程度上它是某个地区、民族和国家总体社会心理和意识形态的反映。社会篮球文化是以大众参与为主要特征，以篮球健身和篮球欣赏为主要目的的社会文化。它更多的以一种相对随意的、自发的形式存在于人们的社会文化生活之中。近几年，街头篮球以其独特的服饰服装、行为特征和表现方式而成为一种新兴的社会篮球活动形式，吸引了大量青少年的参与。

按照文化地理学的理论，从篮球文化的地域空间分布来看，篮球文化可以从大的方面分为西方篮球文化和东方篮球文化；从中观层面分为亚洲篮球文化、美洲篮球文化、欧洲篮球文化、非洲篮球文化和拉丁美洲篮球文化。

按照国家民族的不同，篮球文化又可以分为中国篮球文化、美国篮球文化等。以NBA职业联赛为主要内容的美国篮球文化，现在更是作为一种世界性的强势的篮球文化，广泛地对其他地区和国家的篮球文化进行着冲击。在我国，中美篮球文化比较是篮球文化研究的一个主要内容。

按照参与篮球运动的不同主体、不同活动目标和不同活动内容，篮球文化可以区分为篮球竞赛文化、篮球教学文化、篮球科研文化、篮球观赏文化、篮球商业文化、篮球管理文化等。

根据篮球文化所依附的物质载体的不同，篮球文化又可以区分为篮球场馆文化、篮球用品文化、篮球传媒文化和篮球影视文化。篮球场馆文化是由体育建筑艺术、篮球竞赛的氛围和广告艺术等内容构成的综合文化。它是体育文化硬件艺术与体育文化软件内涵的最佳结合点。篮球用品文化包含了篮球器材文化、篮球服饰文化、篮球纪念品文化，这部分也是现代篮球文化市场开发的重要经济增长点。篮球传媒文化包括了有关报道与评论篮球活动的平面媒体、报纸、杂志、网站和书籍等，这些也是人们了解篮球运动发展动向、学习篮球知识的主要途径之一。篮球影视文化是现代影视文化的重要内容，主要指以反映篮球题材为主要内容的影视作品，也包括篮球现场直播、现场采访和现场评论。目前我国在篮球影视作品方面的创作尚处于起步阶段，迄今已经问世的作品有《女篮五号》和《女帅男兵》等。美国的篮球影视文化的创作相当活跃，成果也相当丰富。如乔丹主演的《太空大灌篮》及《铁血教练》《篮球梦》《白人不会跳》等。其中，以姚明的NBA发展为题材的《姚明年》（也称《挑战者姚明》）在国际上引起了相当大的反响。篮球传媒文化和篮球影视文化是推动篮球运动发展的重要动力。

二、篮球文化的特点

（一）活动性

篮球文化的活动性首先表现在篮球文化是一种身体活动性文化。篮球文化是在篮球运动的身体活动实践中逐渐形成的。技术动作、攻守对抗等身体活动都是篮球文化的独特内容。现代篮球运动虽然已经由一项单一的体育活动形式发展为一种涉及多方面活动内容的综合性社会活动，但篮球的本体活动形式——身体活动，仍然是篮球运动的中心活动。就篮球运动最原始的属性与功能看，它是一种身体活动性游戏，是一种身体锻炼的方式。人类也是在篮球运动这一身体活动方式中，逐渐吸收和积累了其他社会学意义的元素，并在意识层面发展到一定阶段后，才把自己的身体健康、强壮、健美和精神满足作为了文化追求的目的，从而产生了篮球文化。因此，篮球文化涵盖了"身体文化"的内容，是一种有意识地优化自我的身体活动、以人的体质增强为现实性目的的文化活动。篮球文化也就自然的，并且必然带有身体活动的特性。

其次，篮球文化的活动性还体现在篮球文化是一种有活力的、具有生命形态的文化。它不是一成不变的，而是始终处于一个动态的、随着生存环境的变化而能动地与周围环境和事物进行信息交流与输送的过程。通过对相关信息的输入输出、选择、吸收、消化、融合等一系列的动态活动过程，最终孕育出自己独特的文化因子，这些文化因子又通过篮球运动而聚合构成篮球文化的整体，从而象征丰富的文化内涵和文化意义。

（二）教育性

篮球运动自从作为一种游戏活动被创造时，在游戏过程中实现对参加者进行教育的思想就根植于篮球活动中。因此，教育功能是篮球文化本源就具有的功能，这也决定了篮球运动是一种学习过程。就篮球文化的教育内涵及教育功能的实现途径看，呈现出三个方面的教育形态，即篮球知识、技能习得的学科性状态，个体健康的追寻状态和"以人为本"的人文教育状态。篮球运动要求参与者的体能、技术、心理等都具有区别于其他运动项目的独特要求，这些独特能力及其培养和孕育过程就积淀成为篮球行为文化层的元素，成为篮球教育、教学和训练活动的主要内容，并反作用于活动者。篮球文化具有独特的文化符号。篮球运动专门的技术动作、丰富的战术形式、特有的比赛方法和严密的竞赛规则构成了篮球文化语言系统的基石，特有的立体攻守对抗形式则孕育了篮球文化的精髓。这种独特的文化在继承与发展中，在学习与传授中逐渐被整理、归纳和升华为独特的、具有严密体系与规范、内容丰富的篮球学科知识，并成为我国体育教学的重要内容之一。

篮球文化具有独特的精神文化层的内涵。作为一项集体技艺性身体活动文化，篮球运动集智慧与果敢、优雅与勇猛、身体和心理、个人行动和集体竞争为一体，表现出强烈的协作意识、团队倾向、集体精神和美学震撼力。它注重运动技能的获得，又追求参与者个性的释放和兴趣的满足；尊重个人的成就需要，又重视个体的职责；重视个人价值目标的实现，又强调集体的利益诉求；鼓励公平的竞争，又倡导相互的协作、支持和宽容；要实现人的物质质量的改善，又致力于人格素养、精神境界的提升。这些精神文化内涵，在实践中转化为伦理道德、价值观念、审美情趣等内容，通过附着于法律法规、行业规章、奖惩制度等刚性规范的约束，转而成为人内化的自律机制。

参与篮球运动过程本身就是一个具有独立意义的教育过程，是一种实现对参与者德育、智育、美育、身体锻炼和技能教育的教育方式。参与者在不断学习、改进、提高篮球活动技能外，更要在参与篮球运动的过程中掌握促使个体达到健康的理论和方法、锤炼自己的意志品质、培养团结协作的意识、获取自我价值的体现，最终达到身体、情绪、智力、精神和社交的完美状态。

（三）民族性

篮球运动的文化嬗变过程，就是其纵向历时性运动和横向共时性运动的过程。在其横向共时性运动中，在不同的民族、不同的文化传统的影响下，造成了不同地区间对篮球运动规律、本质和特征的理解的特异性，形成了各具特色的篮球风格和流派，产生了具有地域性和民族特色的文化内涵，使篮球文化表现出本土化的特征。

如从运动观角度而言，美国民族文化表现出自信独立、强调竞争、重个人喜表现等特征,因此,在此文化基础上逐渐形成了以技巧与体能为基础,强调对抗、重视个人能力和即兴发挥的篮球比赛风格。欧洲文化表现出严谨、理智、注重协作的文化特征,形成的篮球比赛风格讲究整体配合,注重在多人机动配合中发挥集体力量,但缺乏气势和活力。我国传统文化崇尚务实笃厚,谦恭稳重,重群体、轻个人,强调成员的责任感。民族文化表现出遵循传统,依赖群体等特征。在篮球风格上体现出快速灵活,注重集体的特点,但同时缺乏应变和创新,显得按部就班。在其纵向历时性运动中,则不断吸收、聚合文化的因子,从而使篮球文化表现出丰富、多样的内容。

(四)竞争性

篮球文化的竞争性蕴涵三个层次的内涵。第一是篮球竞赛中强烈的攻守对抗意义;第二是参与篮球竞赛是个体对篮球竞赛规律的挑战;第三是参与者对自我的挑战。这些挑战的实现过程就是竞争。

作为篮球文化重要内容的篮球竞赛,竞争是贯穿于其中的永恒的主旨,也是篮球竞赛的灵魂。篮球运动具有独特的竞赛表现形式,要求参与运动的攻守双方在有限的时间和空间内展开立体对抗。因此,从篮球竞赛形式看,篮球竞赛在某种意义上就是运动者在时间和空间上的竞赛,而作为篮球文化主要内容之一的竞赛活动具有时空性。

篮球科学研究是人们为了揭示篮球领域中的未知事物,或知之不多、不深的事物的本质和规律而进行的一种能动的认知活动。它是人们主观认识上矛盾的排解过程,是揭示篮球运动规律,对篮球运动实践中发生的新问题、新情况的探索和解决的过程。篮球科研工作者在对已知成果进行创新和深化、对未知领域展开求索和追寻的过程就是一种对自身知识、能力的超越,就是和其他科研工作者的竞争。这种竞争更多的带有篮球心态文化层面的竞争。

(五)开放性

篮球文化的开放性指篮球文化本身所具有的对外界的选择性互动。文化的辩证运动形式有文化传播、文化渗透、文化采借、文化融合、文化逾越和文化冲突、文化拒斥等。这些运动形式发生、发展的依托和动力来自文化"开放性"的自由度。文化开放性自由度高,则意味着文化传播、文化渗透、文化采借、文化融合、文化逾越等形式的发生;自由度低,则表现为文化冲突和文化拒斥的发生。篮球文化作为一种世界共享的文化,本身就具有开放性的特质。篮球文化的主体又在文化选择上具有很大的意志自由,可以根据自身的需要和条件选择融合或拒斥篮球文化的不同内涵。篮球文化的基本内容之一的篮球比赛更是一个开放的动态过程,攻防双方在向观众展示自身特点和感染力的同时,也不断吸收和消化对方的优势与短处,并对自身加以调整。世界文化的全球化进程更提升了篮球文化开放性的自由度。篮球文化开放性特质已经成为篮球文化繁荣与衍生的重要基础和动力。

（六）交融性

虽然篮球文化表现出很强的地域特征，但各种地域篮球文化也随着世界范围内经济、文化、人才的交流而进行广泛交融，并在交融过程中实现文化互补和文化变异，从而使篮球文化在多样性和地域性的基础上表现出了共性。各地区的篮球运动为了突破自身发展的局限，本身具有吸取其他地区优秀篮球文化元素的内需，地区间教练员、运动员、管理人员、科研人员、教学人员、经营人员的人才流动则直接促进了篮球文化的交融，便捷的信息途径和世界互联的电视传媒所提供的强大动力更加快了世界篮球文化的交融。从大范围看，有美洲篮球文化、欧洲篮球文化和亚洲篮球文化的交融；小范围看，有国家和国家之间、地区和地区之间的文化交融。

我国竞技篮球在二十世纪五六十年代提出并形成了"以快为主"的战术指导思想，"勇猛顽强，快速灵活"的训练指导思想，"狠、快、灵、准"的技术风格，这也曾经是我国一度战胜世界强队的独特法宝，但在世界篮球交融的潮流中，现在欧美强队都普遍具备了这些风格。同样，随着越来越多高大队员的出现，我国竞技篮球在技战术风格上也在向欧美球队接近。

（七）共享性

篮球运动是一项世界性的体育运动，奥运会、世界篮球锦标赛、NBA等大型赛事，都已经成为了世界共享的、全球化的文化资源。NBA更是超越了地域的限制，它在整个经营和运作过程中体现出来的浓郁的文化内涵，获得了世界篮球运动爱好者的认可与喜爱。

篮球文化是一种能被不同参与者共同理解和感悟的文化。在参与者的个体基本情况方面，参与者在种族、肤色、语言、性别、身高、体重、技术水平、体能条件、受教育程度、受熏陶的民族传统文化以及所从事的工作等方面都具有各自差异；从参与篮球活动的规模和层次看，有正式的和非正式的、职业性的和业余性的、国际性的和地区性的、有组织的和自发的等各种不同形式和层次的篮球活动之分；在参与的主观愿望方面，有健身、观赏、娱乐、交友、提高技术水平、获取竞赛名次等各种参与目的的区别。但这些个体之间的差异并不妨碍参与者借助篮球运动的语言符号，对篮球运动的技术、战术、规则、竞赛制度等的共同理解，对运动中体现出来的健与美、个性展现、智慧和谋略、态度与情感、拼搏与顽强、竞争与合作、赛场的环境气氛等文化内涵的共同感知。

三、篮球文化的功能

（一）促进人的全面发展

着眼于人的全面发展和社会的和谐进步是发展篮球运动的根本目的，也是篮球文化的一大功能，体现了篮球文化的价值基础和动力源泉。

篮球运动要求在活动中实现"以人为本"的人文教育理念。它注重运动技能的获得，又追求参与者个性的释放和兴趣的满足；尊重个人的成就需要，又重视个体的职责，强调个人和集体之间的平衡；鼓励公平的竞争，又倡导相互协作、相互支持；既实现人的生理功能的改善，又致力于人格素养、精神境界的提升。

篮球运动要求运动双方在身体素质、技战术水平、心理和智能多方面展开对抗和竞争，这种对抗和竞争，强调遵循公平公正的原则。同时，对抗和竞争又是建立在本方团结协作基础上的，要求每一个群体内部必须紧密团结、相互合作。

篮球文化对参与活动的个体具有社会意义的行为引导和规范作用。篮球活动过程受到竞赛规则以及相应的规章制度的约束，参与者的行为要遵循规则、体育道德、规章制度及社会规范的要求，具有敬业精神、责任感和顽强拼搏的精神。

因此，参与篮球活动过程是一种实现德育、智育、美育与体育的教育方式，是一种人的社会化形式，对促进人的全面发展具有积极作用。

（二）促进人的健康发展

篮球文化是以身体活动的特殊形式所表现的一种社会文化现象。按照现代健康理论，人的健康包含生理健康、心理健康和社会适应三个方面，篮球运动对人的健康的促进作用同时体现在这些方面。

1. 篮球运动与生理健康

经常参与篮球运动对促进人的生理健康，改善和提高人的心血管系统、呼吸系统、消化系统、神经系统等功能都具有很好的作用。

篮球运动客观上要求所参加的人在力量、速度、柔韧、耐力、灵敏等方面具有较高的能力，同时，篮球运动中包含了关于这些基本身体素质的锻炼方法，因而参与篮球运动的人会在身体活动能力、身体素质和运动能力方面有较大的提高。参与篮球运动还有助于控制体重和改变体形。

2. 篮球运动与心理健康

篮球运动对促进人的心理健康的积极影响主要表现在：改善情绪状态、降低焦虑水平，确立良好的自我评价，增强自信心，培养坚强的意志和团结协作精神，消除心理疲劳，缓解心理应激，让运动者在参与活动过程中学会将自己的情绪和兴奋状态调整到一个适宜水平。

3. 篮球运动与社会适应

社会适应指一个人的心理活动和行为，能适应当时复杂的环境变化，为他人所理解，为大家所接受。参与篮球运动能增加人与人之间的接触和交往，使参与者尽快地适应周围的各种人和各种变化，尽快地被他人所理解、所接受。当前，篮球作为健身、娱乐、会友、提高生活质量、丰富生活内容的手段，已经被越来越多的人群（包括老人、妇女和青少年）所接受，人们通过篮球运动增进了解、适应环境和社会。

（三）满足人的休闲娱乐

娱乐性是根植于篮球运动中的一种原始特性。篮球运动最初就是作为一种游戏而存在的，并由此发展起来。随着竞技水平的提高，商业的推广和艺术的包装，篮球文化中充满休闲、娱乐的元素，以一种特有的表现形式和作用方式，感召着大量篮球爱好者关注并参与到篮球活动和篮球竞赛中，去体验篮球运动带来的快乐。

对于相当数量的爱好者而言，他们参加篮球活动的主要目的，并不是提高自己的篮球技战术水平和专项能力，更多的是为缓解工作、生活中的压力，宣泄自己的情绪，追求愉悦身心体验、兴趣的满足及收获运动的快乐。另外，观赏有规模的高水平篮球比赛时，除了精彩的比赛对抗，穿插安排的娱乐活动、文艺演出、杂技表演、音乐比赛及整个赛场的热烈气氛，都能使观赏者在视觉、听觉、情感方面获得艺术的享受。

篮球爱好者从关注篮球，到产生兴趣，最后到热爱篮球、参与篮球运动的首要原因也在于他们从篮球活动中获得了快乐体验，这种快乐体验又能持续地反作用于他们本身，强化他们对篮球运动的热爱和参与需求。可见，篮球文化的文化娱乐功能对于增强篮球文化的生命力、扩大篮球人口、开拓篮球市场等方面具有相当重要的价值。

第二章　篮球教学

第一节　篮球教学概述

一、篮球教学的任务与内容

（一）篮球教学的基本任务

在教师和学生共同参与篮球教学过程中，学生通过课堂教学，在教师的主导下，积极主动地掌握篮球运动的理论知识和技术技能，同时开发智力，发展身体形态、身体机能和身体素质，培养正确的人生观和良好的道德情操。

1. 贯彻素质教育，培养正确的世界观

篮球课程教学是一个培养人才的教育过程，要重视政治思想教育、道德素质教育和集体主义教育，并结合篮球运动的特征培养顽强拼搏、勇于奉献的精神。

2. 掌握篮球理论知识，提高技术和战术水平

篮球教学使学生在掌握技术和战术的同时要掌握相关的理论知识。理论知识是掌握技术和战术的依据，技术是战术的基础，三方面的学习内容应为相互作用和统一的整体，教学中必须给予同等的重视。

3. 发展学生的身体素质，增强体质

身体素质是从事各项体育运动的物质基础。篮球运动本身需要运动者具备跑、跳、投等多种运动技能，篮球运动的学习可以活跃学生身心，促进身体正常发育，提高机能素质，增强体质，发展学生身体的力量、速度、耐力和灵敏等素质。

4. 培养学生正确的思想意识和坚强的意志品质

篮球运动是集体对抗性项目，培养学生形成正确的世界观与人生观，养成团结协作和热爱集体的良好思想作风是篮球教学的主要任务之一。

（二）篮球教学的基本内容

篮球教学要根据不同层次的教学对象和教学目标选择不同的教学内容。教学是训练的基础，在许多情况下，教学与训练的过程相互交融，成为一个统一的整体，所以教学内容与训练内容没有本质的区别，不同的是教学侧重于掌握基本的动作概

念、方法和技术规范，而训练则侧重于技术技能的熟练性与运用能力。

　　1. 篮球技术动作的教学

　　掌握篮球运动技能必须从学习技术动作开始，技术动作的教学是初学阶段最主要的教学内容。技术动作的教学包括技术规格、技术动作要领和技术的运用等内容。为使学生提高技术水平，教学始终要强调动作的规范性，使学生掌握基本功，为实践运用创造条件。

　　2. 篮球战术方法的教学

　　战术阵势和配合是篮球运动竞赛的特征之一，战术方法是教学的重要内容。在战术教学中，要使学生了解战术配合的方法要点与运用时机，与此同时，还要培养学生的配合协作意识，使其能够在比赛实战中机动灵活运用。

　　3. 篮球理论知识的教学

　　篮球运动已经形成了比较完善的理论与知识体系，其中包括教学训练理论、战术实践理论、规则与裁判方法和竞赛组织理论等，这些理论构成篮球学科的知识体系，是学习篮球课程必须掌握的内容。

二、篮球教学的基本要求

　　（1）篮球运动是一项集体性运动，集体作业是篮球教学的基本特点。在教学中，教师在技术、技能、知识的传授同时，要注重对学生的思想品质的培养，培养学生的团队精神，使学生通过篮球教学，陶冶情操、锻炼意志、修养品行，把对人的教育与技能传授结合起来。

　　（2）教师是教学的主导。在教学中，教师要善于运用各种方法，启发学生的积极思维，充分调动学生学习的主动性。把培养学生对篮球运动的兴趣转化为执着的热爱，从而提高学生学习的自觉性和积极性。

　　（3）在教学组织过程中，要重视课内与课外相结合，充分利用课外活动时间和各种可能的社会篮球活动机会，增加学生接触篮球的时间，在提高学生篮球水平的同时，重视他们篮球竞赛组织与裁判工作能力的培养。课外活动具有较大的灵活性和选择性，积极开展各种形式的课外篮球活动，是完成篮球教学任务的重要保证，对全面促进学生篮球素质的提高具有积极作用。

　　（4）正确地选择教学方法。篮球教学方法是完成教学任务的重要手段。教师在选择教学方法时，首先要重视时代性和篮球学科的前沿知识及学校拥有的设备、条件，乃至自身学习掌握篮球教学方法的特点及其教学效果，从中优选具体教学方法。应根据教学大纲和教学进度安排的内容及其主次地位和教学原则，并考虑到不同年级、不同性别的学生及其身体素质、技术基础的差异性，以及场地、器材与设备等因素来选择教学方法，因地制宜、因材施教，最大限度地调动学生的积极性。

第二节　篮球教学的理论依据和原则

一、篮球教学的理论依据

教学理论是人们在教学实践的基础上总结概括出来的，由感性上升为理性的教学科学知识。篮球运动源于游戏，经发展成为身体直接接触的集体对抗项目之一。教学过程较为复杂，社会学、生物学、心理学和运动技能学等科学理论对篮球运动教学具有重大的指导意义。篮球教学理论依据包括以下几方面。

（一）认知理论

篮球教学不仅要组织学生进行身体活动，而且需要传授大量与之相应的操作性知识。因此，篮球教学是促进学生认知能力发展、提高的过程。学生对教材的感知、体会、理解、巩固、运用和评价等认知活动有其固有的规律，篮球教学必须遵循这些规律。在教学实践中，要特别注意使篮球知识与篮球技术表象之间建立起固有的联系，使身体练习在知识（表象）的定向作用下进行，同时要通过认知活动来激发学生学习篮球运动的动机和兴趣。

（二）运动技能的形成与发展理论

篮球运动技能的形成与发展一般要经历粗略掌握、改进提高、巩固运用和创新发展等几个阶段。其生理学和运动技能学的机制是：运动技能的学习刺激在大脑皮层相应的运动神经中枢，且建立暂时性的神经联系，这一过程分为泛化、分化和自动化三个阶段，是大脑皮层相应的运动中枢兴奋与抑制由扩散趋向集中、分化抑制逐渐建立的过程。其本质是建立复杂的、连锁的和本体感受的运动条件反射。

（三）运动技能的开放性和对抗性理论

体育运动技能分若干种类，各类技能的性质存在一定的区别。篮球运动是直接对抗性运动项目，其技术的运用完全取决于实战中攻守关系的变化，没有固定的程式，因此，篮球运动技能属于开放性运动技能（又称非周期性技能）。在体育教学中，开放式技能与封闭性技能（又称周期性技能）在学习上有各自的认知规律。篮球教学必须遵循篮球运动技能学习与认知的规律。采用与之相适应的方法，要把培养应变能力、对抗能力、配合能力，以及意志、品质放在重要地位。

（四）人体生理机能活动变化的规律

篮球教学是教师组织学生进行运动实践的过程，身体练习是掌握篮球技术技能的主要途径。进行篮球技能的身体练习，就必须遵循人体生理机能活动的变化规律。运动练习中，人的生理机能活动变化的规律是由安静状态进入工作状态；人体的工作能力由逐步提高达到最大限度的水平，最后又逐步降低。经过长期的身体活动练习，既提高了篮球运动技能和身体素质，又使身体的运动技能能力得到适应性改善。遵循这一规律组织篮球教学，不但可以提高教学质量，而且可以增进健康，减少运动性创伤事故的发生。

（五）人体机能适应的规律

篮球运动教学中的技术、技能的掌握，学生需承受一定的运动负荷，使体内物质能量不断消耗，引起疲劳和暂时身体机能下降（工作阶段）；经过间歇和调整，身体各机能会恢复到工作前的水平（相对恢复阶段）；经过合理的休息和能量补偿，会出现超量恢复，机体的工作力得到提高（超量恢复阶段）。如果间歇时间过长，会失去超量恢复阶段的效果，机体工作能力会下降到原来水平（复原阶段）。机体适应活动所产生的体内一系列变化过程是由工作阶段进入相对恢复阶段和超量恢复阶段，最后到复原阶段，这就是人体机能的适应性规律。在篮球教学中，为了有效地提高学生的机体能力，增进健康，就要合理地安排负荷和休息，使学生的体质得到增强。

（六）学生身心发展的规律

在篮球教学中，学生身心发展依赖于篮球知识、技术、技能的掌握。而学生的篮球知识、技术、技能的掌握又依赖于他们的身心发展。这种传授知识、技术技能和学生身心发展之间相互联系、相互制约、相互依存的辩证统一就是学生身心发展性规律。学生身心的发展，一方面有其生理和心理的自身发育和发展的规律和特点，篮球教学的内容、手段方法要与其相适应；另一方面有其可塑性。在教学中，要科学地估计其发展的潜力，促进其发展，并且要随着学生的发展而不断改进和提高。

二、篮球教学原则

教学原则是教学规律的反映和长期教学理论的总结的概括，是从事教学活动的基本要求。篮球教学过程既要遵循一般的教学规律和原则，又要遵循篮球教学所特有的规律和原则。

（一）一般教学原则

1. 自觉性、积极性原则

在篮球教学过程中，学生是教学活动的主体，而教师处于主导地位，学生积极主动的参与是教学成功的前提。因此，必须培养学生的学习兴趣，调动学生的主动性、自觉性和积极性。运用这个原则时，要注意以下几点。

①强化"教书育人"环节，使学生明确学习目的。

②在组织上采用有效措施。在教学中，要严密组织，要科学地安排各种动作的学习顺序，按学生水平分组教学，要注意个别对待。

③要使学生理解每个技术、战术的方法、用途、运用时机和动作变化。

④正确运用表扬、奖励、处罚。

⑤练习形式要多样化，要适当增加游戏性和竞赛性的练习。

⑥严格执行考试考查制度。

2. 直观性原则

学生的感知觉是建立运动动作概念的最初环节，教学中善于运用这个原则，选择恰当的直观手段，并通过触觉与肌肉的本体感觉，使学生更快地掌握技术、战术。此外，这对培养视觉知觉、提高观察能力有着重要意义。运用这个原则可以从以下几方面入手。

①充分利用各种形式的示范。

②生动形象地描述。

③使用各种直观教具来观看比赛。

④利用视觉信号进行教学，如手势。

⑤利用指令性语言强化动作的时间概念。

⑥利用标志点、线、物来集中注意力。

⑦多做熟悉球性的练习，增强手对球的感应能力。

3. 从实际出发原则

在组织教学时，必须从学生年龄、性别、素质发展水平、专项基础等具体情况和教学场地、器材、设备、气候等条件出发，确定能使学生更好地掌握篮球技术、战术的组织教法。

①深入调查研究，摸清学生的思想、身体、技术、个性特点和教学条件等方面的情况。

②根据学生实际水平和接受能力确定教学任务、内容、组织教法和运动负荷的大小。

③一般要求与个别对待相结合，既要从大多数人出发，又要注意个别对待，合理分组。

4.循序渐进原则

篮球知识技能的掌握是一个由浅入深的学习过程，既要考虑学生认识事物、技能形成和生理机能变化的规律，也要在组织教学上、教材教法和运动负荷安排上有条不紊，由易到难、由简入繁、由不知到已知，逐步深化，不断提高。为此须注意以下几点。

①教材内容安排要符合本身的逻辑顺序和相互联系的关系。

②教学过程和练习的安排要注意连贯性和实效性，结合篮球运动的特点及时变换教学步骤，使之由不会到会，由掌握到运用，承上启下，逐步提高。

③运动负荷要由小到大，合理安排。

④上课要按各类教学计划安排，有秩序地进行。

5.巩固提高原则

为了使学生牢固地掌握篮球运动技术动作，并在此基础上不断提高，在教学中必须贯彻和运用这个原则。

①每次课都应安排复习内容，使之承上启下，巩固提高。教材重点，关键技术要适当增加复习时间。

②教学中要有一定训练因素，适当注意提高身体素质，增强练习的次数、强度和对抗因素。

③适当增加竞赛性练习和教学比赛，巩固提高所学技术、战术和基本技能。

④经常提问，定期测验。

⑤教学中，应注意更新旧的知识，改造旧的技术，学习、改进和创建新的教学方法，使教学内容、方法具有科学性和先进性。

上述教学原则是互相促进、互相联系的，只有密切结合、全面贯彻、灵活运用，才能更好地指导教学实践。

（二）专项教学原则

根据篮球运动技能的开放性和对抗性的特点，总结篮球教学的实践经验，篮球教学的原则有以下几方面。

1. 专门性知觉优先发展的原则

篮球项目运动是以球为工具的运动，场地、器械和同伴等要素构成了特有的运动环境。对环境和器具的感知是专门性知觉发展的过程，其中，手指、手腕对球的控制能力对篮球教学至关重要。教学中常常采用大量的熟悉"球性"的练习来优先发展这种能力，以确保技术动作的学习。一般多在准备活动中进行各种球操与控制球的练习。

2. 学习技术动作与实战对抗运用相结合的原则

篮球比赛集体同场对抗的基本特征，决定了其教学过程必须把实战对抗能力放在重要位置。技术动作的学习和实战动作相结合，符合开放性运动技能学习的规律。学生在学习篮球技能时，首先要建立起对抗的概念和技术实效的概念，而不是把技术仅仅视为固定程序的身体操作。从某种意义上来说，从实战中提高是篮球技能形成和发展的普遍规律。因此，必须把技术动作的学习与实战能力的培养结合起来。

3. 技术规范化与技术个体化相结合的原则

技术动作的规范化是篮球教学普遍追求的目标。技术规范是指动作的基本结构符合人体运动学特征，达到节省和实效的目的。由于学习者在身体形态、身体素质、智力和篮球运动经历等方面的差异，"技术的规范化"的个体特征表现也存在较大的差别。教学的目的是使初学者通过学习，形成符合自身条件的动作完成方式。因此，篮球教学要遵循技术规范化和技术个体化相结合的原则，容许学生之间存在技术动作的细微差别。由于个体差异的存在，在篮球教学中，必须照顾具有不同能力的学生。

4. 战术的规定性与灵活性相结合的原则

战术的规定性是指战术配合的基本方法，包括基本的配合位置，移动路线、配合时间和运用时机等。鉴于攻守相互制约，战术配合过程中，出现变化是战术运用不可或缺的部分。在教学中，一般先强调战术的规定性，后注重战术的灵活性。

第三节　篮球教学模式

一、教学模式的结构和功能

（一）教学模式的结构

任何教学模式都有其内在的结构。教学模式的结构一般包含以下因素。

1. 理论依据（指导思想）

任何教学模式都是在一定教学思想或理论指导下提出来的，它是建立各种体育模式的理论基础，反映了模式的内在特征。它在教学模式中是个独立的因素，又渗透在其他因素之中。如国外的信息加工教学模式是以信息加工的理论为依据，非指导教学模式是以人本主义教学思想为指导。

2. 教学目标

教学目标是指模式所能达到的教学效果，是教师对某项教学活动在学生身上将产生的效果所做出的预先估计。任何教学模式总是为了完成特定的教学目标而设计的，它使主题更加具体化，在教学模式的构成因素中居于核心地位，对其他因素有制约作用，也是教学评价的标准和尺度。如群体合作教学模式的教学目标是改善课堂教学的心理气氛、大面积地提高教学质量。

3. 操作程序

操作程序是指教学在时间上展开的逻辑步骤及每个步骤的主要做法等，任何教学模式都具有一套独特的操作程序和步骤。由于教学过程中既有教材内容的展开顺序、教学方法交替运用的顺序，又有内在的复杂的心理活动顺序，一般是从不同侧面提出教学活动的基本阶段及其逻辑顺序。操作程序只能是基本和相对稳定的，而不是僵化和一成不变的。

4. 实现条件（手段策略）

实现条件是指促使体育教学模式发挥效力的各种条件（教师、学生、教学内容、手段、时间、空间等）的最佳组合和最好的方案。策略是指为教师运用模式简要提出的原则、方法和技巧等。

5. 评价

这里的评价是指评价的方法、标准等。由于各个教学模式在目标、操作程序、实现条件上不同，因而评价的方法和标准也就不同，即每种教学模式一般都有适合自己特点的评价方法和标准。如群体合作教学模式评价因素不同于标准化的评价，它采用计算个人和小组合计总分的评价方式。但现阶段除少数的模式已初步形成一套相应的评价标准方式外，很多模式至今尚未形成自己独特的评价标准和方式，这也是今后教学模式研究中的一个重点和难点。

上述诸要素相互联系、相互制约，完整地构成了一定的教学模式。其中，前面四个因素是教学模式的重要因素。至于教学模式中各要素的具体内容，则因模式的不同而有所差异。

（二）教学模式的功能

1. 理论方面的功能

教学模式是以简化的形式表达一种教学思想或理论，具有高度的概括性。教学模式来自实践，是在实践中形成的，是对某些有效的教学活动方式经过优选、概括、加工的结果，它能为某一教学思想或理论所涉及的各种因素和它们之间相互关系提供一种相对稳定的结构，随着概括层次的提高、运用范围的扩大，教学模式还有可能由小型的、层次较低的理论性概括逐步发展成完整的、层次较高的理论。从这个意义上说，教学模式可以为教学理论不断充实发展提供各种具体素材，由个别的特殊经验上升、转化为层次更高的教学理论。

2. 实践方面的功能

教学模式是某种教学理论的简化表现形式，它可以通过简要的解释或象征性符号来反映所依据的教学理论的基本特征，使人们在头脑中形成一种抽象理论的框架，便于人们理解和掌握。教学模式还为某种教学理论运用于实践提供了比较切实的、可操作的实施程序，有利于人们把握和运用。它可供教师设计和组织各种具体教学活动方式参考。教学模式的实践功能有四个方面。

一是预见性，即教学模式能够帮助教师预见体育教学活动所能达到的教学效果；二是指导性，教学模式能够为教师提供达到预期教学目标所需要的各种教学条件和实施教学的程序，指导教师开展教学活动；三是系统性，教学模式可以使整个教学过程成为一个有序的系统，并使教学过程中的各因素充分发挥其功能作用；四是完善性，科学规范的教学模式能够在实践中对传统的教学过程、教学方法和教学结果进行改进，从而使教学过程更有效地为培养现代社会全面发展的人服务。同时，教学模式自身也不断得到丰富与完善。

二、篮球教学的多种模式

（一）"传授动作技能"教学模式

1. 指导思想

传授动作技能教学模式是通过教师的传授辅导和学生的接受练习，以系统掌握篮球技术、技能为中心的一种教学活动体系。其强调以学习篮球的基本技术和技能为主导，遵循学生的认识规律和动作技能的形成规律，把教学过程分为感知、理解、巩固、运用等阶段，是我国篮球教学实践中长期以来普遍采用的教学模式。这种教学思想主要受苏联传统教学理论的影响。

2. 教学目标

传授动作技能教学模式是以促进学生掌握篮球技能有效的方式为手段，以教学大纲规定的技能评定项目为主要学习内容，以运动技能形成规律为主要依据，以学生学习技术知识、提高技能为主要目标的教学形式。这种教学模式是能够有效地促进学生技术和技能的学习与掌握，通过技术和技能的传授来完成教学的各项任务。

3. 操作程序

经教师引导后，学生明确了目标，通过一些直观教学手段，使学生产生感性认识、形成视觉表象，进行模仿练习和表象练习，再经过实际练习和教师指导，建立动作表象和正确的肌肉感觉，形成动作技能，而后对学习效果进行总结评价，找出存在的问题，引起教学反馈的作用。其操作程序是：引发动机——明确目标——讲解示范——练习指导——总结评价。

4. 实现条件

强调教学中教师的主导和支配作用，整个教学活动在教师组织指导和控制下进行。由教师规定教学目的、任务、要求等，学生依赖于教师，在教师的指导帮助下进行学习活动。教学条件：该模式运用效果主要取决于教师的教学技能水平、教学的方法手段，以及学生学习的自觉性、专项基础、身体条件五个因素。该模式主要由"系统学习"转变而来，在当前体育教学实践中被广泛运用。其优点在于能充分发挥教师的主导作用，也能较好地调动学生的学习积极性；能按体育学科的逻辑系统循序渐进地进行教学，使学生掌握较为系统的技术技能，也能保持较高的教学效率。其缺点是不宜正确地发挥教师的主导作用，较难发挥学生的主动性和创造性；不宜做到区别对待，容易出现"注入式"教学。

（二）"指导——发现"教学模式

1. 指导思想

"指导——发现"教学模式是一种以解决问题为中心，注重学生独立活动，着眼于创造性思维能力和意志力培养的教学模式。该理论基础是布鲁纳的发现法教学原理，其认为教学过程是学生参与生活的过程，学生的学习是现有经验持续不断地改造。因此，教学不应该是讲和听，而必须通过亲身活动去感受、发现和升华。

2. 教学目标

引导学生手脑并用，运用创造性思维去获得亲自实证的知识；培养学生善于发现问题、分析和解决问题的能力；养成学生探究的态度和习惯，逐步形成探索的技巧。

3. 操作程序

教师通过指导语的方式对所授篮球教材内容进行改造，使之成为学生通过努力可以自行解决的问题，同时向学生提供大量的观察和分析的直观感知材料。学生在课前根据自己对篮球的知识、经历和理解进行预习，带着遇到的问题，到课堂上寻找解答方案。在学生解决问题时，教师给予必要的指导，最后采用分析和归纳的方法共同进行总结。其操作程序如图2-1所示。

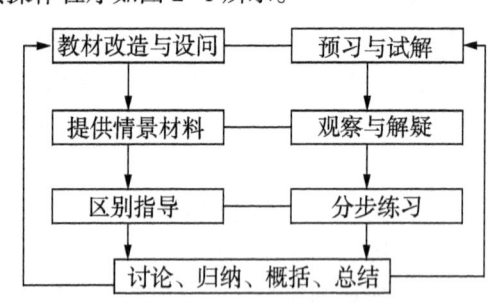

图2-1 "指导——发现"教学模式操作程序

4. 实现条件

（1）师生处于协作关系，教师引导学生通过主动发现来学习，把学习知识的进程和探索知识的过程统一起来。

（2）教师要为学生创设一个认识上的困难情境，使学生产生一种想解决这一认识上的困难要求，从而能认真思考所要研究的问题。

（3）采用这一教学模式要求学生有一定的知识经验技能水平储备，并利用统觉原理来解决新问题，将问题情境转变为解决问题的情境，直到问题解决。

（4）教师要根据教学需要为学生提供必需的视听材料（幻灯、录像等）、必需材料（参考书、文献等），教师备课要编制明确、系统的问题来反映教学内容，以问题带教学。

"指导——发现"教学模式最大的优点在于使学生学会如何学习，如何发现问题和解决问题，在学习篮球战术、理解攻守关系和掌握技术重点或难点时运用，效果更为显著。但也有局限性，它需要学生有一定的知识经验和技能储备。

（三）"掌握学习"教学模式

1. 指导思想

"掌握学习"教学模式的主要思想是在集体教学的前提下，明确具体的教学目标，提供足够的学习时间，改进教学内容结构和教学方法，加强教学过程中的反馈与矫正，在学生面临学习困难的时候给予帮助，从而使绝大部分学生都能够真正地掌握学校所教学科的内容。其理论基础是卡罗尔"学校学习模式"的基本观点。布鲁姆认为教育目标都有外显行为等特点，都是可以测定的。布鲁姆的教学评价理论把教学评价置于教学过程之中，对照教学目标及时做出价值判断，测定教学目标是否达到，有效地进行指导教学一连串反馈活动，对调节教学过程、提高教学水平、保证学生学习任务的完成起着十分重要的作用。

2. 教学目标

其教学目标在于大面积提高教学质量。提出"绝大多数学生都能学到学校所教的一切东西"，承认所有学生具有均等学习的机会。"掌握学习"是在通常的班级集体教学的条件下进行的，力求把集体施教和因人施教统一起来。

3. 操作程序

（1）为掌握定向。即向学生介绍掌握学习的一般程序，使学生适应这种学习方法，明确学什么、怎样学，达到什么程度。

（2）为掌握而教。其具体步骤如下。

①根据确定的单元教学目标及其教学进程，教师按预定的教学计划，采取班级教学的形式对全体学生集体教学。

②在单元教学结束，对全体学生进行单元的形成性测验。

③分析测试结果。凡达到掌握目标的学生，进行巩固性、扩展性学习，或教其他同学；凡未达到目标的学生，则分析其错误产生的原因，进行矫正学习。矫正手段包括个别辅导、小组合作性学习，教师有重点的指导等。

④再进行一次形成性测验，待大部分学生都已掌握了这个单元的内容以后，再转入下一单元的学习。如此循环往复，直到全部教材学完。

（3）为掌握分等。即在学完全部教材之后，对全班学生进行终结性测验。成绩评定是依据预先规定的标准。分为"已掌握A"和"未掌握B"两等。或将未掌握水平分为B、C、D、E、F等，借以表明学生的具体水平。终结性评价还应作为进一步提高的诊断性评定，使学生明确学习努力的方向。

4. 实现条件

（1）师生双方对"掌握学习"都要抱有信心。教师对学生应有真诚的期待，相信绝大多数学生都能学好，教师自身也要坚定信心，坚信能使绝大多数的学生学好。学生则要有两个先决条件，一是"认知前提能力"，即学习相应的基础知识、技术、技能的能力以及预习课程、学习习惯等；二是"情感前提特征"，即学习兴趣、胜任感、自信心等。

（2）确定篮球教学的内容、目标和测量手段。确定教学内容，要明确学习范围；确定掌握目标，要明确教学目标的达成度；形成性或终结性测验的内容要覆盖所有目标。

（3）为掌握制订计划，内容包括：设计教学单元，及其教学时间；制订单元具体的掌握目标；编制单元形成性测验内容；准备矫正的手段，如个别辅导、小组学习、重新教学等形式。

"掌握学习"教学模式，以反馈——矫正为核心，围绕教学目标，运用多种方式的形成性评价，根据评价结果，确定教学难点，然后安排重新教学，2～3人一组的相互帮助和教材指导等矫正措施进行教学。结果证明，在提高"差等生""中等生"的成绩方面有显著的效果。但该模式的许多问题还要在实践中加以研究和解决。如教学内容要以单元划分怎样才更科学、合理；教师上课前要做许多准备工作，要采用多种教学手段和方法，势必增加教师的负担；"因材施教"问题也要进一步研究。对于优等生则比较不适应，深化学习和扩展性学习难以解决。

（四）"程序"教学模式

1. 指导思想

程序教学就是将教学内容分成许多小步子，系统地排列起来，学生对小步子所提出的问题作出反应，确认以后再进入下一步学习。

程序教学的理论基础是新行为主义的学习理论。新行为主义者在学习理论上是以联结主义的原理来阐明学习现象。他们认为，学习是通过刺激——反应——强化而形成行为的。斯金纳根据操作性条件反射的实验提出：任何复杂的行为都可以用一种逐步接近、积累的方法由简单行为联系而成。据此，他建立了程序教学模式。他认为，程序教学的关键在于要精密设计操作的过程，建立特定的强化，使学习者通过学习得到外部或内在的满足。

2. 教学目标

这一教学模式在于教给学习者某种具体的技能、观念，或其他内部或外部的行为方式，如掌握某些智力技能或行为技能等。

3. 操作程序

将篮球技术、战术教学内容依据认知规律和技能形成的规律，分解成为若干个相互联系的小步子，使之成为便于学习的逻辑序列，同时建立相应的评价信息反馈系统。教学开始以后，学生依据小步子进行学习，学习后及时进行评价，依据评价结果对学习效果进行即时反馈。如达到了预定的标准，则进行下一步学习；如没有达到标准，则返回去重新学习，并配以相应的矫正措施。

4. 实现条件

采用这一模式，需把教学内容根据学习过程分解为许多小步子，并按一定的次序排列好。每一小步子均有技能达到的标准。程序教学的四条原则如下。

①小步子原则。每两个学习项目内容的差距越小越好。

②积极反应原则。学生学习效果的外显反应，要快速地体现在技能掌握的程度上。

③即时确认原则。学生作出反应，要得到及时的肯定或否定。

④自定步调原则。学习速度可以根据自己的情况来决定。

程序教学的优点是可以使学习内容化难为易，易于学生掌握和巩固；及时反馈、及时强化，有利于调动学生学习的积极性，及时调整学生的学习；可以根据各人的情况，自定步调，确定学习进度，有利于因材施教，在篮球技术教学中运用效果较好。不足之处是由于学生自定步调，学生练习的内容与方法不尽一致，不便于教师的教学组织。

（五）"学导式"教学模式

1. 指导思想

"学导式"教学模式是指教学活动以学生自学为主，教师的指导始终贯穿于学生自学的教学模式。其理论依据为以下几个方面。

（1）"教为主导，学为主体"的辩证统一的教学观。教学活动是教师的教与学生的学的有机结合。教师的主导作用主要体现在提出学习目标、要求，安排学习计划、内容，指导学生学习方法等；学生的主体地位只有通过学生主动地学习才能实现。

（2）"独立性与依赖性相统一"的心理发展观。学生是正在成长中的个体，随着年龄的增长，独立性日益增强，他们希望独立学习、自己管理自己。但是，他们认识能力还不成熟，自我评价和自我控制能力都不强，还离不开教师的指导。因此，在教学中教师必须考虑学生的独立性，培养他们的自学能力，同时要加以正确的指导。

（3）"学会学习"的学习观。当代知识激增，更新过程加快，教师不可能教给学生受用终身的知识，因此，培养学生自学能力、教会学生学习比传授知识更为重要。

2. 教学目标

以自学能力的培养为主要目标，实现以"教"为主向以"导"为主的转变。

3. 操作程序

（1）提出要求。根据教学需要，教师对自学的范围、重点和要解决的问题提出要求，让学生有目的地学习。

（2）自学。根据要求，学生自学，教师巡视，了解自学情况，及时解决学生个别问题。

（3）讨论、启发。学生针对共同的问题开展讨论（分小小组、小组、班级讨论），通过讨论相互启发、提高认识，捕捉疑点、难点；在讨论的基础上，由教师做启发性讲解，解惑、点拨、指迷，给学生提供解决问题的思路和方法，提高学生的认识水平。

（4）练习运用。通过完成相关的练习、实际操作等，使学生将所获得的知识在运用中得以检验、巩固。

（5）评价、小结。教师对练习结果及时评价，并根据反馈信息，采取巩固性或补充性教学。评价方式有教师评价、学生互评、自评等。小结是指学习一个阶段后，要求学生将所学知识系统化、概括化并联系原有知识，从整体上理解所学内容。小结可以由师生共同作出，也可以由教师指导学生先归纳，教师再补充总结。

4. 实现条件

（1）教师要有以"学"为主，"导"为主线正确的教学指导思想，教师是"指导者""引导者"，要充分相信学生能自学，积极指导学生自学。

（2）教师要设计要求明确的自学提纲，提供必备的参考材料。要有一套指导学生自学的方法。该模式要求学生有一定的阅读能力，在篮球战术教学中运用效果较好。

"学导式"教学模式可以提高学生学习的主动性和主体意识，有利于学生自学能力和学习习惯的培养，加速创造性思维能力的发展。采用这一教学模式，教师虽然少讲了，只起点拨、解疑的作用，但对教师的主导作用要求却更高了。如果教师不能做到这一点，自学就会导致自流，这种模式的优越性就难以体现。

（六）"合作学习"教学模式

1. 指导思想

"合作学习"教学模式主张用人道主义的原则和个性民主化的原则来改造教育和教学过程，处理教育和教学过程中人与人之间的关系，激发学习热情，培养个性和谐发展的人。其理论依据是苏联阿莫纳什维利为代表的"合作教育学"。这种"合作学习"的关系表明个人目标和同伴群体之间是相互依存的，使学生感到只有在和自己有关的其他同伴达到目标的前提下，他自己才能达到个人的目标，这种结构可以产生学生群体之间相互作用的积极效果，而改善教学的整体效益，建立"互助合作小组"是实现学生群体合作目标的基本手段。

2. 教学目标

"合作学习"模式通过异质分组，合理竞争，促进学生社会交往能力的发展，有效地促进差生学习成绩的提高，充分调动学生的积极性，大面积提高学生的学习成绩。

3. 操作程序

教学中依据自愿的原则把学生分成人数不等的若干个小组，练习时要以小组为单位结成"伙伴对子"。小组内发挥技术骨干的作用，优生帮助差生。教学过程中多运用小组练习、小组竞赛和小组评价等方法进行活动，在小组和伙伴的合作活动中学习掌握篮球教学的内容。其操作程序是：异质分组——小组内协作学习与组间竞争——个人和小组合计总分的评价方式。

4. 实现条件

（1）要在教师的指导下，将全班分成几个异质学习小组，各小组的素质、技能大致相等。

（2）"合作学习"小组是一个亲密友好的群体，小组成员之间平等交往，彼此尊重、相互依赖。

（3）小组的内部协作与小组的外部竞争同等重要。通过小组的内部协作，个人成绩与小组总成绩挂钩，促进小组成员形成和谐、友好、平等的关系；通过小组的外部竞争，可以培养学生的竞争意识，激发学生的练习积极性。

（七）"领会"教学模式

1. 指导思想

领会教学模式的着眼点是从传统强调动作技术转移到培养学生的兴趣及认知能力。把学生认知能力和战术意识的培养视为核心，将训练学生应付多种复杂情况的能力作为学习的关键，并根据学生的需要因人而异地教授多种技巧动作，强调的是学生理解掌握篮球运动规律及相应的技巧和战术。首先倡导在球类教学中采用"任务教学"代替传统"技巧教学"的是英国洛夫堡大学的宾嘉和霍普两位教授。

2. 教学目标

让学生掌握篮球运动的本质规律和内在联系，即把战术意识学习置于首位，让学生明白在如何运用技巧的前提下学习技巧，然后通过反复的练习和比赛加以巩固，使学生建立篮球运动和比赛的概念，获得一些战术意识，在理解的基础上学习相应的动作技巧，提高学生的学习兴趣。

3. 操作程序

领会教学模式主要包括六个部分，如图 2-2 所示。

领会教学模式以"项目介绍"和"比赛概述"作为学习篮球运动的开始，通过教师的讲解，让学生了解篮球运动的项目特点和比赛规则（如比赛场地、比赛时间的限制、得分的方法等），以及比赛所涉及的基本技巧。在此基础上，对学生进行战术意识培养。教师在介绍了战术之后，将结合实战向学生演示一些如何应付临场复杂情况的方法，对学生进行"瞬时决断能力训练"，培养和训练学生全面观察、把握时机、及时应变的能力。根据临场情况的不断变化，要求学生做出决断——"做什么"，并选择能取得最佳效果的技巧——"如何做"。在学生对比赛过程有所了解，并有了相应实践后，教师才视学生的能力及不同需要，引导教学进入"技巧演示"阶段，开始教授学生各种动作的要领和合理运用技巧的诀窍。在学生学习了技巧动作后，教师安排学生通过反复的练习和比赛来巩固，从而促使他们"动作完成"——完成相应的、有质量有效果的动作，最终达到比赛中的运用自如。

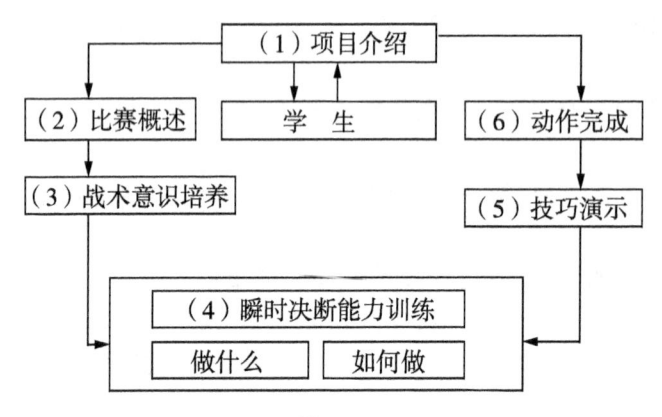

图 2-2

4. 实现条件

（1）从篮球运动整体特征入手，然后再回到具体技能的学习，最后回到整体认识和训练中。

（2）强调从战术意识入手，把战术意识贯穿在各个教学环节中，突出整体意识和以战术为主导的特征。

（3）突出主要运动技术，可忽略一些枝节性的运动技术。

（4）注重比赛形式，并在比赛和和实践中培养学生对篮球项目的理解。教学往往从"尝试性比赛"开始，以"总结性比赛"结束。

第三章 篮球训练

第一节 篮球意识及其培养

一、篮球意识的概念、特点和要素

（一）篮球意识的概念

篮球意识是指篮球运动员从事篮球实践活动中，经过大脑积极思维而产生的一种正确反映篮球运动规律性的特殊机能和能力，它是篮球运动员在长期篮球实践活动的认识过程中，提炼、积累起来的一种正确心理和生理机能的反射性行动的总称。简而言之，是篮球运动员对篮球运动比赛规律客观现实的主观反映。

篮球意识的形成有一定的规律，需要经过较长时期科学、系统的训练，并在无数次激烈的球场比赛实践中打磨、不断地积累知识和经验而逐步形成的。它随着运动员篮球技能的形成过程而产生，也随着篮球技术、战术的发展过程而提高，并形成自己的特点、规律和构架。可见，实践是"正确篮球意识"从感觉阶段的概念、判断，到推理阶段的决断过程。

（二）篮球意识的特点

1. 潜在性

人的有目的、有意识的行动，是由大脑思维对客观事物的反映，引起感觉、表象、判断而决定的。篮球运动员在比赛场上的行动，实质上是对比赛中出现的各种复杂情况，通过本身具有的篮球意识的推理、判断而决定行动的。运动员篮球意识的形成，是随着他在长期篮球实践活动中积累知识和经验而发展起来的，并以观念的形式存在于运动员的头脑中，平时看不见、摸不着，具有潜在性。而在篮球比赛中，运动员所具有的篮球意识就会由潜在变为显现，并自觉地对运动员的行动起指挥作用。

2. 能动性

篮球意识的能动性表现在篮球运动员在行动前主动地反映攻守情况，并在意识的支配下积极地、创造性地调整自己的战术行为，既能使己方最大范围地限制对方的优势发挥,又能最大范围地充分发挥自身的技术优势、素质优势和其他优势,并可使运动员在自己处于相对弱小的情况下,通过意识活动将自己的局部或个别环节上的优势放大,从而战胜在整体上比自己强大的对手。

3. 连续性

篮球比赛中的进攻和防守行动极少是单一性的,而常常表现为连续的、不间断的攻守行动。运动员在比赛中的各种行动,都是在篮球意识支配下进行的。因此,运动员在连续的行动过程中,必然会产生连续的意识活动,以支配不间断的行动。一次战术行动的结束,往往就是下一次战术行动的开始。运动员进行思维和决策,必然要在获得特定的战术行动决策信息的基础上,经过分析判断方能最后作出决定。信息是思维过程得以进行的基本资料。没有各种信息,思维难以进行。这就要求运动员"意在动前,意在动中",不间断地思维决策。因此,篮球运动员的意识活动具有连续性的特点。

4. 瞬时性

篮球比赛中,运动员的各种攻防行动常发生在转瞬之间。这就要求运动员的意识活动必须敏捷,即从观察、判断、思维到决策等一系列意识活动过程必须在瞬间完成,否则,将会贻误战机。特别是在激烈对抗的情况下,运动员往往是运用直觉思维的形式来进行意识活动的,直觉思维具有非逻辑性、突发性、下意识性等特征,这些都表现出篮球意识的瞬时性特点。

5. 择优性

在比赛中,当出现某一战术局面时,运动员通过篮球意识的作用,会从几种可行的具体的行动方案中选择其中一种"相对最好"的行动方法。确定原则为:进攻中取其威胁较大、方法较简单、成功可能性大的;防守中取其利大弊小、效果好的。篮球运动员在比赛中的所有行动决策,都表现出"利取其大、弊取其小"的择优性特点。

(三)篮球意识的结构要素

1. 知识体系

知识体系包括篮球运动的专项基础理论知识和应用理论、发展前沿和趋势、基本的技术和战术方法原则、技术和战术运用的规律、篮球规则和裁判知识等,是篮球运动员进行意识活动的物质基础。

2. 实践经验

实践经验是运动员在长期篮球运动实践过程中积累的,对比赛中技术、战术运用和应变的规律的实战体验与经历,是篮球运动员对攻守信息进行思维判断的基础。

3. 心智活动能力

心智活动能力是篮球运动员进行意识活动的大脑的机能能力。其包括以下四个方面。

（1）观察是篮球运动员意识活动的前提。任何一种反应以及随之所采取的一切行动，都取决于观察所获得的信息。改善篮球运动员的观察能力，最重要的是对运动员视野范围进行训练。一开始就应注意对运动员进行观察习惯的训练，形成宽阔的观察能力。在一般观察能力的基础上，再进一步培养运动视觉的选择能力，使之在全面观察的基础上，把视线集中在重点位置、区域和人身上，把场上攻守队员的行动收入自己视野范围内，从中进行选择与分辨，然后决定如何行动，这样才能在瞬间做出正确的行动。

（2）良好的判断能力应表现为决策正确、及时，并有预见性。篮球比赛十分激烈，瞬息万变，即使运动员正确观察到了场上情况，如不能作出正确判断，也是不能收到良好的效果。在培养篮球意识过程中，提高运动员对场上情况的分析判断能力极为重要。运动员首先要理解技术、战术的特点及运用变化规律，并结合场上的具体情况进行预测和判断，以期能准确地估计出双方行动的意图，提高分析判断能力。

（3）具有良好的篮球意识的运动员必须对观察判断好的情况作出快速反应，这样才能及时、准确地抓住战机。从观察场上情况进行分析判断，到将分析判断的结果经过运动神经传导至肌肉产生相应的应变行动，这是一个复杂的神经活动过程，训练可以加速这一活动过程。

（4）战术思维能力在实施战术方案时，充分调动和运用自己的各种心智能力去预见可能发生的情况和预测形势的发展，并迅速准确地考虑对手、自己及全场的情况，是明确自己战术意图、选择战术手段的一种能力，也是培养篮球意识的主要内容。

（四）篮球意识的作用

球场上运动员一切正确的行动都是运动员在自身正确意识指导下的客观反映，起着以下具体作用。

1. 支配性作用

具有正确篮球意识的运动员，通常在训练和比赛中，就能以正确的潜在意识支配自己的合理行动，决断应变时机，自觉主动并创造性地根据已经变化的，或预测可能变化的情况，及时调整自己的思路和决策行动，从而有针对性地、有效地发挥与发展自己和全队的特长，表现出高度意识化的主观能动性作用和对篮球技术、战术与谋略运用的放大性作用，达到在激烈复杂的比赛对抗下始终把握全局的主动性。

2. 行动选择作用

运动员在比赛过程中，某一时刻所意识到的攻守对抗情况不是笼统的，而是依据比赛分层次、分轻重缓急和有选择的。一般情况下，运动员首先意识到当时攻守对抗态势。在纷杂的情况中，重点意识与自身行动意向最为密切的信息，进而做出准确的判断和选择，为个人的战术行动做出正确的定向。

3. 行动预见作用

篮球意识不但是对比赛对抗现实情景的主动反应，而且可预见到攻守态势的下一步发展和某种可能。通过对攻守态势发展和可能的预测，来决定采取的个人战术行动，进而实现对技术、战术行动的主动调节。

二、篮球意识的形成过程及其影响因素

（一）篮球意识的形成过程

篮球运动员在比赛中的意识活动过程，实质是一个对比赛情景认识的过程。在这个过程中，运动员的篮球意识表现为意识和行动的相互作用。首先，是运动员的自我意识运动。时刻意识到自己在全队中的地位和作用，同时必须意识到在攻守双方对抗中以我为主的战略思想，还要意识到自己在对抗中所处的位置、条件和应该采用的行动方法，这是意识对行动实施调节作用的前提。其次，是意向指引的积极行动。运动员在主观意向的指引下，意识活动时刻都在主动获取攻守情况变化和行动结果的反馈信息，进而在战术思维的参与下，选择更为有效的行动方法。当所采取的行动奏效时，效果信息将使意识得到进一步强化和提高。

1. 训练比赛中的观察感知

感知是运动员意识到比赛现实客观存在的前提条件，没有感知就不可能产生意向和思维。篮球运动员主要是通过视觉观察的感知来获得场上信息。通常优秀篮球运动员都具有良好的观察能力，他们的视野范围超过普通人，这是多年训练实践中反复磨炼的结果。另外，篮球运动员的观察感知具有选择性的特点。比赛中的诸多信息，可能同时进入运动员的视野，但不可能都被注意到。哪种信息首先被视觉感知，取决于它与运动员主观意识中比赛目标意义的相关程度。通常与目标意义相关程度高的信息，被首先感知到的可能性较大；反之，可能性则小。一般情况下，运动员在主观意向的指引下，首先感知到的是那些与主观意向相关的攻守对抗信息，而对于其他信息则忽略不计。可见，篮球运动员的视觉感知受主观意向的指引，而视觉感知又是意识过程的必要条件。

2. 激烈对抗条件下作出的瞬时思维判断与决策

篮球运动规律决定了比赛场上的情况瞬息万变，运动员的思维与决策行动必须与此相适应，要时刻意识到情况的变化。运动员在观察感知比赛情景的基础上，通过思维对场上攻防情况作出准确的判断，进而做出行动的决策。这一过程是在瞬间实现的。具有良好篮球意识的运动员，通常能够准确地把握复杂的比赛对抗变化情况，做到行动大胆、果断、准确、自如。这是他们在多年训练和实战比赛中积累起来的高度精密的意识活动反映。因此，运动员的瞬时判断、思维与决策过程是篮球意识活动的核心，培养篮球意识必须重视围绕提高瞬时的思维与决策能力来进行。

3. 积极、合理、准确的行动应答

篮球意识对比赛的能动作用，表现在运动员能够针对场上情况做出准确合理的攻守行动的强烈应答。对比赛事态的观察感知与思维判断的目的，是进行决策和行动。因此，行动的合理性、积极性是篮球运动员的意识水平和实践对抗能力较强的标志。在篮球意识与对抗行动的相互作用关系中，尽管行动是第一性的，但行动离不开意识的主导，行动只有在一定意向的指引下才能成为有目标的主动行动。否则，就会使行动失去目标，成为无意识的或是错误意识指引下的盲目行动。应该指出，意识主导下的行动需要一定的物质条件。比赛中，运动员的行动受自身身体素质和机能能力的影响，当运动员身体机能不佳、出现过度疲劳而使体能下降时，行动会受到影响，常常出现"心有余而力不足"的情况。这种现象更进一步说明，在篮球运动的物质与精神、存在与意识关系中，物质与存在是第一性的，精神与意识是第二性的。没有物质与存在作为基础，意识与精神就不能发挥应有的作用。

4. 意识行动效果的评价与反馈

在篮球比赛中，运动员的篮球意识强弱与攻守对抗行动的激烈程度是始终相互伴随的。依据意识的规律和特点，由于大多数技术动作是由无意识机能控制的，因此，运动员往往意识不到行动的过程，而行动的结果常常成为意识活动的重点。这是由于运动员守攻行动的结果与行动意向的目标密切相关，因此，运动员会始终意识到攻守过程的成效。在运动员的大脑中枢内，存在着与行动结果相对应的智能评价模型，这些模型是篮球意识的重要组成部分。具体来说，运动员依据评价模型能够意识到哪些行动是奏效的，而哪些是失败的，因此，评价与行动时刻相伴。成功的行动可对意识进行强化，失败受挫的行动可使意识中的智能模型得到修正，运动员的篮球意识在不断的评价——反馈过程中得到完善。

（二）篮球意识形成过程的影响因素

实践证明，与意识关系最为密切的心理因素是注意和记忆，同时行动也是意识的主要因素。篮球意识的品质也不例外，它也受运动员的注意、记忆等心理因素影响。科学地分析篮球运动员比赛中的注意和记忆功能的特点，对于正确培养运动员篮球意识具有积极的意义。

1. 感知与注意

在篮球比赛中，运动员可通过多种渠道来感知场上攻守对抗的变化。例如听觉、视觉和触觉都可以同时接收到来自场上的各种信息，然而哪些信息能够进入意识的领域，取决于运动员注意的指向和注意的广度，其中，观察感觉是关键，因而要扩大视野范围。一般来说，注意是指对比赛场上诸多感知信息进入意识领域的选择和局限，运动员的注意指向受主观意向的指引。主观意向就是在比赛攻守目标的控制下，决定注意对有关信息进行取舍的评价体系。

篮球比赛过程中运动员的有意注意指向，通常集中于具有较高评价效果的攻守战术及技术运用结果的有关信息，而把自身行动和对球的控制过程放在注意的边缘；大脑高级神经中枢的有意识注意指向集中于与战术目标更为密切的对抗情节信息，而把其他相对次要的运动操作信息交给较低级的神经中枢来进行控制。

在篮球运动的注意品质中，注意的广度和敏锐性反映运动员对比赛情况变化的洞察能力。优秀篮球运动员由于具有较好的视野基本功而使注意的广度增加，平时篮球运动训练中所形容的"眼观六路，耳听八方"，就是指注意范围的增大，使其能够意识到最隐蔽和最有利的攻击机会，在传出出其不意的好球的同时，把防守者的注意力吸引到不利位置上来，为同伴进攻得分创造良好的条件。在篮球运动训练中，影响注意分配的重要因素是篮球运动特有的专门性知觉，即手、脚、腰、眼基本功的扎实程度。例如，手对球的控制能力是手与球之间的专门性知觉，熟练的手上功夫可使运动员不必通过意识就实现对球的控制，即使在对手严密防守和抢夺时，也能熟练自如地进行控制，并能保护球的安全，而把意识的注意重点放在如何超越和攻击上。此时运动员的注意不在球的安全，而是采用行动后对手的位置变化。当意识到机会到来时立即抓住，实施有效的攻击行动。因此，具有良好的专门性知觉和基本功是建立篮球意识的重要保证，教学训练中必须给予高度的重视。

2. 记忆与思维

记忆和思维与篮球意识的形成关系十分密切。人的记忆可分为短时记忆和长时记忆，短时记忆一般指注意指向所感知到的一切信息，这些信息在记忆中停留很短时间就会被别的信息取代，在篮球运动比赛中则表现为对瞬息之间情况变化的感知和记忆。长时记忆是指经过检索意识到价值的信息，这些信息通过记忆在头脑中长期保留，使用时可随时提取，是深刻的感知和学习的结果。篮球运动员的长时记忆中储存的信息一般是关于技术、战术打法的智能模型，这些模型是在平时教学训练中积累起来的。比赛中技术、战术运用的成功体验也可以成为智能模型，在长时记忆中储存，当遇到类似的情景时，就会立刻被激活和提取，成为引导行动的意向。与篮球意识有关记忆的内容主要有以下两部分。

（1）篮球运动的相关知识。人们对客观存在现实的认识是意识的核心，而对客观存在的正确认识常表现为各种形态的知识。篮球意识的建立和培养，也必须以有关篮球运动知识的学习为基础，在运动员的头脑中建立丰富的篮球知识体系。当运动员掌握了有关篮球的社会文化知识，就会对篮球运动产生正确的情感，进而形成正确的篮球实践动机；当运动员掌握了关于比赛攻守对抗技术、战术运用规律的知识，就能正确地反映比赛的现实，用知识来指导攻守行动；当运动员掌握了正确完成技术的方法以后，就能够进行有意识定向的练习，进而使技术水平迅速提高。因此，学习和掌握篮球知识，可以强化记忆、促进思维，对于培养正确的篮球意识具有重要的意义。

（2）临场实践对抗的经验和体验。篮球比赛临场经验和实战对抗体验是一种特殊的知识形态，具有"只能意会、不能准确表述"的特点。它是在比赛场上获得的，是运动员在与对手的实战较量中运用技术、战术配合和身体的体能实施攻守行动时得到的体会，这种亲身体验被运动员意识到并进入长时记忆。体验的长期积累就形成了宝贵的实战经验。在篮球运动员的记忆中，实战经验以智能模型的方式进行储存。每当在新的实战比赛中，当运动员感知到经历过的相似对抗情况时，储存于头脑中的智能模型会立即被意识提取，成为唤起和指引行为的主观意向，由此产生意识主导下的个人战术行动。

3. 行动与反馈

篮球运动员在比赛中的行动必须由意向来指引，这是意识对行动的调节作用。而正确和富有成效的行动又可以反过来影响篮球意识的形成，这是行动效果对意识的反馈作用。因此，行动与反馈是篮球意识形成过程中不可缺少的关键因素。

（1）行动受意向的指引。篮球运动员的意识可通过具体攻守行动表现出来，运动员在行动之前，首先在意识中产生与目标相关的行动意向，这样才能使行动具有明确的目的性。篮球运动比赛具有复杂多变的特点，就使行动意向必须具有明确的目的性。也就是说，在攻守总目标之下，运动员可同时具有多种行动的可能，与目标最为贴近的行动意向优先被意识提取和采用。因此，篮球意识水平高的运动员在比赛场上总是能够做出快速、准确、合理的行动，而篮球意识水平低的运动员由于感知和注意等方面的原因，经常产生错误的意向，致使所采取的行动屡屡受挫。

（2）行动需要体能、技能和意志力的保证。篮球意识指引下的个人战术行动，需要一定的体能和技能来保证。在激烈的对抗和竞争中，当双方都意识到应采取的行动时，双方行动的效果除了意识和智慧作用之外，很大程度上取决于体能和技能，体能强、技术好的一方行动容易奏效。因此，仅仅有良好的篮球意识，而缺乏必要的身体素质和持续大强度运动的能力也难于在比赛中争取主动。要提高篮球意识水平，就要加强身体素质和体能的训练，使篮球意识与身体运动能力同步发展。

（3）无意识控制机能对个人技术、打法运用的控制。在初学篮球阶段，完成技术动作依赖意识的控制，这是学习篮球必然经历的过程；而在进行大量练习之后，当技术动作逐步熟练起来时，则动作渐渐脱离有意识的支配，控制动作过程的神经中枢逐渐下移，进入无意识机能控制领域。例如，优秀篮球运动员在抢篮板球时，无须注意起跳用力的过程和方法。在技术动作进入自动化阶段之后，一般无须思维和注意来关注动作，只有在出现意外问题时才重新唤起意识的注意。因此，技术动作的反复实践练习，本质上也是对运动技能进行长时记忆的过程，只是它进入长时记忆储存时，不是语言、词汇的形态，而是体验的形态。篮球运动员技术训练的目的，就是使更多的技能动力定型进入长时记忆，使更多的技术动作在完成时脱离意识的控制。运动员的无意识领域是构成篮球意识的重要组成部分。无意识是指那些不需要注意指向来调节的神经中枢控制机能，运动员无意识控制机能的高度发展是篮球运动训练的必然结果，也是评价篮球运动员竞技水平的重要标志。运动员在训练和比赛中练就的打法和成功经验，在意识的主导下历经大量的练习，在熟练的过程中也可以逐步脱离意识的控制，进入无意识控制领域，成为由无意识机能控制的自动化操作过程。这样，就可以使运动员的意识关注更为重要的比赛情况，在激烈的争夺中去意识那些更为复杂、更加新颖和对本队获得比赛胜利目标意义更大的信息。可见，篮球运动教学和训练的过程，就是发展运动员无意识机能对运动行为进行控制的过程，运动员无意识控制机能的高度发展是其长期从事篮球运动实践的结果，只有使无意识控制机能得到适当的发展，篮球意识才能加速建立起来。

三、篮球运动意识培养的途径与评定

篮球意识的形成有其独自的规律性，这个规律即"实践—认识—再实践—再认识"，从而使认识升华。为此，篮球运动员意识的提高，需要经过教练员长期科学、系统地进行思想、文化、科技熏陶及在训练、比赛中渗透，以及运动员主动在篮球运动实践中自我积累、提炼和加工。它随着运动员运动技能的形成而产生，也随着技术、战术能力的提高及在比赛实践中经受磨炼而提高。只有对运动员进行有计划、有目的的培养，才能使运动员的意识与身体、技术、战术得到有效和谐的发展。篮球运动实践是形成篮球意识的源泉，篮球意识的形成是带规律性的认识过程，即从感觉阶段到概念、判断和推理阶段的过程。运动员在比赛中的行动正确与否，取决于感觉、知觉和思维加工。思维加工的过程短而正确，意识活动过程的时间就短，建立的意识反射能力就强，行动就正确。篮球意识的培养要贯穿于技术、战术训练的始终，因为篮球意识只有在实战中运用才具有实际意义。在技术训练中渗透意识培养，是培养运动员篮球意识的基本途径；反复练习战术配合（通过战术训练及比赛），是培养与提高运动员篮球意识的主要手段；丰富运动员的理论知识，改善和提高运动员的知识结构，重视与心理训练的结合，可以促进运动员篮球意识的形成与深化。从篮球运动员的意识活动过程看，从对攻守信息的感知（观察场上情况）到以"标准模式"为依据的思维决策，直至具体行动，都与运动员的观察能力、分析判断能力、反应能力、战术思维能力密切相关，这些正是篮球意识结构中心智活动能力的要素。可见，培养运动员的篮球意识，就是要在训练和实战过程中使其建立正确的"思维模式"，使其在正确思维模式的指导下不断总结，积累实战经验，巩固正确的篮球意识行动。

（一）篮球意识的培养途径

1. 在技术训练中培养运动员的篮球意识

篮球意识是长期、有计划地在整个训练过程中不断渗透才形成的。一名篮球运动员从开始参加篮球运动训练到结束篮球运动生涯，教练员都在不间断地采取各种手段和方法潜移默化地对其进行篮球意识的培养与熏陶，这就是对运动员不知不觉地进行点点滴滴的意识加工、渗透与提炼，使之产生和形成一种正确的潜意识。运动员之所以能在球场上随心所欲地运用应变技术、战术，正是其潜意识的作用。而最初的技术基础训练阶段是关键。在技术对抗训练阶段，特别要重视在技术动作的个性训练中培养运动员的篮球对抗意识，着重解决运动员心智能力中的观察能力和分析判断能力的提高，并在能力培养过程中丰富运动员的基本知识体系，积累技术运用经验。

（1）培养观察能力。培养观察能力是形成篮球意识的前提。在篮球比赛中，运动员对任何一个技术动作的运用与应变，首先取决于能否周密地瞬间进行正确的观察。为此，在技术训练初期就必须重视观察习惯和观察能力的培养，加强视野训练，并且在训练一般观察能力的基础上，要进一步培养运动员的视觉选择能力。

加强视野训练，提高眼睛余光的观察能力。篮球比赛瞬息万变，绝大多数情况下主要用眼睛余光来观察全场情况的变化，捕捉战机，及时应变，如观察运动员的面部表情、移动速度、方向、角度、节奏、球的落点、配合的路线、攻守特点等，所以要特别强调培养运动员用眼睛的余光扩大视野，提高用余光观察的能力。在技术训练中，可用有助于扩大视野的技术动作来培养运动员的余光观察能力，如：在练习运球技术时，要求运动员用余光照顾球，观察的重点是场上双方全面的攻守情况；在练习传接球技术时，可采用多人快速传接球（如防守）练习，要求用余光观察接球人及其防守情况，接球后立即将球传出，并要求传球及时、准确到位。在两个技术动作以上的组合性技术衔接中，特别要注意观察能力的培养，这对提高运用技术的应变能力极为重要。如"运球突破—传球"或"运球突破—急停跳投"，运动员不仅要考虑自己的被防守情况，还要观察场上同伴的位置、移动及其被防守的情况，以便于及时、准确地做出判断。

培养视觉选择力。视觉选择力是在全面观察的基础上，把视线集中在特别重要的位置、区域和队员身上的能力。培养篮球运动员的视觉选择力，就是要训练善于把场上其他队员的行动收入自己的视野范围内，并从中进行选择与分辨，以便正确决策行动。实践证明，篮球运动员在比赛中对攻守信息的获取是有先后顺序的。如抢到后场篮板球时，观察的一般规律是：首先观察前场，然后再观察中场，最后观察后场的依次"观察模式"；在突破和投篮时，要重点观察篮下的变化；抢篮板球时，要考虑投篮队员的距离，以及自己和篮圈所形成的角度、对方队员抢篮板球的组织特点和队员的位置等，但观察的重点是球的落点。在技术训练中，不断总结带有规律性的"观察模式"组合，将某种练习方法应用于教学训练之中，是培养运动员篮球意识的重要任务和有效方法。

（2）培养分析判断能力。通过技术动作的实战运用训练，可培养篮球运动员的分析判断与运用技术的应变能力。基本技术中的每个动作方法都有其特点、应用范围、条件及"规格"标准，在比赛中具有相对独特的战术价值。这些既是运动员在比赛中意识活动的物质基础，又是技术训练中培养运动员篮球意识的重要内容。篮球比赛激烈多变，每个技术动作在运用方式上不可能一成不变；同一动作的不同时间、不同位置、不同条件下都可能千差万别。所以，要重视从技术动作个性训练中培养篮球意识，在对抗因素和对抗条件中培养篮球意识，在运用真假技术的变化中培养篮球意识。这就要求教练员对运动员在掌握正确动作"规格"的基础上，还要使技术动作具有对抗性、应变性和实效性，以简练适时的方式去解决临场的各种具体问题。通过技术动作的实战运用训练，可使运动员在掌握"规格"标准的技术动作基础上，进一步强化技术运用的特点、范围、条件及变化规律，为在比赛情况下合理地运用与应变技术、创新发展变异个性绝招技术打下物质基础。同时，不断培养运动员在各种攻守具体情况下的分析判断和应变能力，积累技术运用与应变的实践经验，就能使运动员在篮球比赛中分析判断及时、准确，应变合理，运用有实效，达到在技术动作的运用训练中既掌握动作应变方法，又培养应变意识的目的。

2. 在战术训练及比赛中培养运动员的篮球意识

在战术训练中培养篮球意识，首先在单个战术配合训练时使队员了解战术的结构及配合的规律、方法、特点和每个战术位置上的职责、作用，提高战术变化的灵活性。战术训练最重要的任务就是培养提高运动员个人和整体协同作战意识的战术行动能力，提高运动员整体竞技水平，而发展运动员的战术能力要以培养运动员的篮球意识为主。战术训练不仅是熟练一种或多种战术配合方法，更要重视培养战术素养，提高运动员的篮球意识。在比赛中，运动员的每一个行动都属于战术性的活动，有其明显的战术目的。在与同伴的战术配合中，意识起着支配行动的作用，决定战术的实现。篮球意识的核心要素是战术思维能力，所以在战术训练阶段培养运动员的篮球意识，应主要发展运动员的战术思维能力。

篮球运动员在训练与比赛的思维决策中，一方面，需要用已有的概念、原则、原理等理论知识去思考，形成理论思维；另一方面，篮球运动员意识活动时的思维决策又需要用从运动实践中获得的诸多经验知识去思考，进而形成经验思维。此外，篮球运动员在比赛中的战术行动是极其丰富繁杂的，在对抗状态下进行战术思维活动，常常要以经验的"直觉"方式进行思维决策，去解决自己面临的战术任务，即形成直觉思维。篮球意识活动时的思维类型不同，对于运动员的思维决策起的作用也不相同。理论思维运用知识、概念等进行思维决策，在意识活动中主要从"宏观"的角度上发挥作用；"直觉思维"是在运动员对对方意向不明、时间紧迫和对抗激烈状态下解决小范围个人战术行动时发挥"随机应变"的作用。

为此，教练员对于设计组织每一种战术配合如何行动都要有一个基本的"标准模式"，并且要用这个"标准模式"去衡量运动员的战术行为是否适当。运动员应在思维决策过程中以"标准模式"的思想语言方式进行活动。实际上，运动员接受教练员的指导和训练的过程，就是运动员在战术决策及行动方面向"标准模式"趋近的过程。

篮球比赛中攻守对抗瞬息万变，因而在不同的位置和不同的攻守对抗状态下的战术思维决策，应有不同的合理"思维模式"。随着情况和位置的变更，其战术思维决策的"思维模式"也在变更，进行思维决策的主导因素也是不相同的。即随着情况的改变，战术思维决策活动的主导因素主次作用是变化的，由其主次作用的变化形成思维决策活动过程的变化。在不同情况下，相应改变思维决策的主要因素和思维决策活动中的主次地位以及前后序列，不但可以"简化"技术思维决策活动过程，提高战术思维决策活动效率，而且能够使运动员在复杂的环境下尽快获取自己所需要的战术决策信息并尽快作出决策。对运动员来说，在平时训练中依照教练员的"思维模式"进行战术思维活动，是提高篮球意识的有效途径。这就要求教练员在篮球战术训练过程中，有计划、有步骤地将各种战术行动的"标准模式"以思维决策的形式传授给运动员，并通过比赛的反复磨炼，不断总结经验，从而不断提高运动员的篮球意识。总之，教练员在战术训练中要使运动员掌握不同战术的运用时机、结构、特点、配合规律及变化，就要明确战术位置分工职责与各位置的相关关系，就要加强现代战术打法趋势意识的针对性训练，选择典型战术应用演示，提高战术意识。而对抗训练与实战竞赛是形成正确战术意识的最主要途径。

3. 提高文化理论素质，完善知识结构，丰富篮球意识

由于现代科学的发展和各学科的相互渗透对体育科学的影响，推动着各专项体育运动的迅速发展，篮球运动当然也受社会科学、自然科学以及其他综合学科的影响。一名运动员掌握知识的深广度、一个球队整体的知识结构水平的高低，是直接影响教练员能否用现代化科学知识培养运动员的一个重要因素。因为篮球运动员头脑形成的某种意识和功能，都是以相应的某些文化科技知识结构作基础的。知识结构不同，功能也就不同。尤其是现代篮球比赛的高度集体性和综合化，需要运动员具有更突出的才智和意识，而掌握必要的知识基础对提高篮球意识修养起着保障作用。从国外篮球资料获悉，当前各国篮球劲旅，都十分重视队伍的文化知识结构。例如，在美国职业队和业余队中绝大部分运动员，以及前南斯拉夫等世界先进水平队伍中许多优秀运动员，无不都是有相当文化知识的大学生。运动员通过学习和训练掌握综合文化、理论知识和形成合理的、必备的知识结构（知识的深度和广度），提高专项素养，是形成和丰富篮球意识的重要因素。

篮球运动员在意识活动时的理论思维必须善于运用概念、原理、原则、规律等思维语言，这些思维语言属于理论知识范畴，是以相关文化科技知识作基础的。由于理论知识在一定的时期内是相对稳定的，具有高度概括性和普遍指导意义，有助于运动员在相对较短的时间内掌握其内涵，从而促使运动员的篮球意识快速形成。因此，在训练中重视文化科技理论知识的传授，有利于加速培养和发展运动员的篮球意识。

篮球运动员的知识主要包括：了解运动生涯过程中必知的常规知识，专项运动的发展趋势，理解技术和战术的特点、原理，专项运动规律以及规则裁判法，掌握各种相关学科基础理论知识；掌握马克思主义哲学的基本观点、唯物辩证的基本原则和逻辑学；还要阅读一些古今中外的兵法、战例等。借以开拓思路，拓宽思维领域，从各种文化知识中吸取营养，丰富智慧，增加灵感，提高想象力、理解力和创造力。这不仅要增加运动员必备基础知识含量，而且还要特别重视通过训练把他们具备的知识充分地运用到篮球实践中，通过理论知识的学习，使每名运动员都成为既具有共性，又具有个性的拥有不同知识结构的人。

运动员的篮球意识绝不是孤立存在的，单纯就篮球意识来进行意识培养是很难奏效的。篮球意识的提高涉及诸多因素，例如，运动员的观察能力、分析判断能力、对教练员作战意图的理解能力、综合分析能力、抽象思维能力、理论知识水平及实践经验等。对我国篮球运动高水平运动员来说，迫切需要重视的是如何提高他们的基础知识及与基础的相关科技知识，克服通常存在的竞技高水平、文化低层次、素质待教养的状态。一名有良好意识的优秀篮球运动员，其综合分析能力和抽象思维能力必须是较强的。为了提高运动员的篮球意识，篮球管理部门和教练员必须重视他们的文化素质的提高。教练员平时训练中结合实际战例分析、传授理论知识，提高运动员的综合分析和抽象思维能力，也是培养和丰富运动员篮球意识的有效途径。

4. 通过心理训练培养运动员的篮球意识

篮球意识是运动员在基本技术、战术学习和比赛实践中，通过大脑分析、判断、推理的积极思维过程而形成的一种能正确反映篮球运动规律与特点的能力，是运动员心智能力的集中表现，因此，良好的心理素质是运动员篮球意识得以发展的重要因素。篮球意识是随着技术、战术的学习而逐步形成的，加之认知训练、意志训练和心理调整训练等一般心理辅助训练，可使组成运动员篮球意识结构要素的心智能力得到改善和提高，为篮球意识的提高打下坚实的基础。通过有目的的一般心理训练，可提高运动员的感知觉能力的反应速度。而运动员专门化知觉能力的建立和提高，是培养篮球意识的重要内容，为此，教练员应加强篮球运动员球感和临场感的培养。其中，反应速度是指运动员意识活动的应答时间，缩短应答时间可提高意识活动的效率。培养运动员的意志品质，提高自我调节能力和情绪控制能力，学会调节心理状态的方法，以创造临场时的良好心理环境，为比赛中的正确意识活动做好必要的心理准备。总之，比赛期间的心理训练是培养和提高篮球意识的主要手段，即通过赛间、临赛的心理训练，促使运动员的心理处于最佳的状态，保证运动员在正确的篮球意识支配下采取自己的行动。

5. 重视意识培养与作风训练相结合

凶悍的拼搏对抗是现代篮球比赛的基本特点，因此，比赛中正确的行动需要以顽强的作风为保障。所以说，意识强、作风强、技巧强、体能强，才能队伍强、队员强，最后构成实力强。篮球意识与良好比赛作风都是运动员头脑中必备的精神素质，是一个事物中的两个不同的侧面，既有区别又有密切联系。我国篮球运动在20世纪50年代中期曾提出"积极主动、勇猛顽强、快速灵活、全面准确"十六字方针，它既是世界篮球运动发展特征的要求，也是我国篮球运动发展的经验总结，被认为是从我国篮球国情出发，在比赛作风、技术特点、战术风格上提出的发展方向，至今仍然符合世界篮球运动发展总趋势和我国篮球运动的国情。就"十六字方针"的实质来说，它既反映了我国篮球运动员具备的和将要培养的技术、战术特点，又深刻包含了篮球意识和良好作风的内容及它们之间的辩证关系。其中，"积极主动、勇猛顽强"就是指运动员必备的精神面貌和比赛作风，而"快速、灵活、全面、准确"则是指运动员需要具备的在篮球意识指导下表现出的技术特点和战术风格，从而构成了中国型的篮球运动。可见技术和战术的特点、风格和意识与作风之间是相辅相成的，运动员没有良好的作风，就不可能在比赛中体现出篮球意识，而没有篮球意识作指导，要想反映出良好的作风和最大限度地发挥技术、战术的作用也是不可能的。

当然，我们所要培养的运动员，并非是鲁莽的蛮干，而是"智谋"与"勇敢"行为相结合。而"谋略"正来源于篮球意识，是篮球意识具体而生动的反映。长期以来，在训练工作中并未能真正理解这种辩证关系，把作风训练与意识培养有机地统一起来，所以有些优秀运动员，在关键时刻该"拼"而"拼"不上去，该"抢"而"抢"不下来，其固然有技术等方面的因素，但平时缺少培养作风与培养篮球意识相结合的训练，却是关键因素。我国原五连冠女排和我国女足长盛不衰正在于作风强、技术强等诸强因素的统一结合，才确保她们获得优异的成绩。

（二）篮球意识的评定

1. 篮球意识的评定原则

篮球意识以主观观念的形式存在于运动员的大脑中。意识活动是在大脑中进行的，人们不能直接看见意识活动的内容，但这并不是说就不能对篮球意识进行评定。意识是人的头脑中主观观念的形式和客观存在的内容对立统一，虽然意识的形式是主观的，但其反映的内容是客观的，并且人的行动是受意识支配的。通过观察行动表现，可以间接了解意识活动的情况。篮球运动员在比赛中的观察、判断、思维决策等意识活动内容，只能通过运动员在篮球意识支配下所做出的"应答式"行动来反映。因此，行动的正确与否是评定篮球意识的主要依据，所以，运动员的篮球意识应以在其意识指导下行动的正确性为原则来评定。

篮球比赛中每一个人的各个行动都属于战术性活动，是在篮球意识支配下的行动，个人行动也不能仅理解为单独存在的、无意识的活动，任何行动都是处在集体配合当中。技术的合理运用和应变，完全是通过战略决策和战术组织体现出来的，球场上每项技术、战术的运用，都是受一定的篮球意识支配的。因此，对于比赛中运动员的每个行动，都必须超脱单纯的技术概念，而应将它们视为体现篮球意识的反馈信息。

运动员在良好篮球意识支配下的行动应表现为：行动的正确性、行动的目的性、行动的预见性、行动的隐蔽性、行动的应变性、行动的创造性、行动的实效性和配合的协调性。通过观察判断这几方面信息的反馈，便能客观地评定出运动员的篮球意识水平。

2. 篮球意识的评定方法

目前，教练员在评定运动员的篮球意识时，大多是依靠自身的经验或临场技术、战术行动效果的统计分析，没有一种比较客观的量化性评定方法。通常采用战术录像片的方式，为运动员提供一些"逼真"的战术配合场景，让运动员根据战术场景确定自己的决策行动，以此考查运动员的意识水平。还有采用战术配合示意图的方法测试评价运动员的意识水平，这也只是战术录像方法的简便替代。从测试的内容及方式来看，它们都具有较明显的局限性和随意性，并且战术情景示意的仿真程度较低。篮球运动是一种对抗性极强的项目，队员之间的对抗是动态的，而非静态的，完全脱离比赛的实际情况而单独对运动员的意识水平作出评定，不仅不能客观地对运动员的意识作出评定，而且这样的评定结果是无意义的。因此，行动是篮球意识的根本归宿和最终表现，篮球意识的评定应以在意识指导下行动的正确性为原则来进行。对运动员篮球意识的评定必须与比赛的实际结合起来，只有通过运动员在比赛中的意识表现才能真正反映其意识水平，运动员的篮球意识只有在比赛的实际运用中才具有价值。

对运动员的篮球意识评定是一个难认定量的问题，目前还没有一种客观的定量评定方法，尚需进一步探讨和研究。

第二节　篮球运动员的体能训练

一、体能训练基础

体能是各项运动的基础，要想成为高水平的篮球运动员，首先要具备体能基础。良好的体能不仅能使运动员承受大强度的运动，而且出众的体能可以促使球员在比赛中充分发挥其潜能，从而给运动员带来广阔的发展空间。

（一）能量供应体系

良好的体能需要大量的练习。人体在练习时所需要的能量分别由三个能源系统供给：ATP-CP磷酸原系统、酵解能系统、氧化能系统。ATP-CP供能体系和糖元乳酸供能体系均为无氧供能体系。篮球运动员需要进行不断重复的短时间、高强度运动，相对于长时间、低强度的运动项目，它与无氧供能系统关系更为密切。

在篮球运动过程中，每一种能量供应体系作用于不同阶段，显示了三种能量供应系统在练习的不同阶段所起的主要作用及其作用时间。值得注意的是，在整个供能过程中，几个供能体系都是起作用的，它们共同作用于不同的运动阶段，但是在不同的运动阶段总是以一种供能为主的。篮球运动过程中的能量供应本质上是一种以ATP-CP磷酸原系统为主，以酵解能系统为辅，以氧化能系统为基础的综合供能的过程。

（二）体能恢复

强度大是篮球运动的特点，因此，迅速恢复体能对运动员而言至关重要。运动员在比赛或训练时会经常感到疲惫，但体能突出的运动员能够迅速恢复，并保持高水平的竞技状态。

1. 短期恢复

对于体能良好的运动员来说，在一次暂停或犯规罚球时间（20～30秒）里，ATP-CP能量供应体系只能恢复一半，完全恢复需要2～5分钟的时间；糖元乳酸供能体系在20～30分钟内只能恢复一半，完整的恢复需要一小时或更长的时间。

2. 长期恢复

由于营养、酶消耗以及组织破坏程度的不同，长期恢复需两天至几天不等。平衡的膳食、适当的休息和合理的体能训练，能够加快身体的恢复、修复及补充。碳水化合物是ATP-CP和糖元乳酸供能体系的主要能量来源。

二、篮球运动的体能训练

（一）篮球专项力量素质训练

1. 专项力量素质训练的目的与任务

力量素质是篮球运动中的首要素质，对其他素质的发展起着重要作用，也是运动员掌握运动技能、提高运动成绩的基础。篮球专项力量训练的目的是在身体训练中根据篮球专项特点及对力量素质的专门要求，采取与专项运动紧密联系的力量训练手段和方法，以提高篮球运动员专项力量素质。

篮球专项力量训练的任务是全面发展运动员的力量素质，着重提高与篮球专项技术特点相关的力量素质，从而促进运动员技术、战术及其他身体素质水平的提高，增强运动员的对抗能力，防止关节、肌肉等运动损伤，并培养运动员顽强的意志、品质和拼搏精神。

2. 专项力量素质训练的理论基础

力量素质是指人体神经肌肉系统在工作时克服或对抗阻力的能力。篮球专项力量素质训练主要指针对发展运动员的最大力量、速度力量和力量耐力的训练。最大力量也称绝对力量，是指肌肉随意收缩克服最大阻力的能力。最大力量表现为骨骼肌的收缩力，其收缩能力受参加肌肉工作的运动单位数量、神经冲动频率与强度的影响，参加肌肉工作的运动单位越多，肌肉收缩力越大。速度力量是指运动时，肌肉快速克服阻力的能力，是力量与速度的有机结合。爆发力量是速度力量的一种表现形式，是指张力已经开始增加的肌肉以最快的速度克服阻力的能力。肌肉在运动时克服阻力的过程中，阻力越大，速度越慢。力量耐力是指运动时肌肉长时间克服一定阻力的能力。阻力越大，运动的时间越短。只有在克服一定的较小阻力的情况下，才能长时间地持续运动，或重复尽可能多的克服阻力的次数。

力量素质的决定因素主要有肌肉生理横断面面积、中枢系统发放神经冲动的强度与频率、专项所需的肌纤维质量、肌肉群之间的协调关系、骨杠杆的机械效率。

专项力量素质训练中，采用中等负荷练习，使肌肉较多地重复收缩，可促使该肌肉中的肌纤维增粗，收缩肌蛋白增多，从而增大肌肉生理横断面积。

专项力量素质训练中，采用大负荷、快速率的练习，由于刺激强度大，运动中枢神经系统发放神经冲动的强度和频率较高，能动员更多的运动单位参加肌肉工作，从而有效地使肌肉在短时间里发挥出较大的力量。

专项力量素质训练中，采用结合篮球专项特点的中、小负荷练习，可有效地改善中枢神经系统功能调整的一致性，改善肌肉群之间的协调关系。

专项力量训练中对练习手段和相关的技术动作进行必要的生物力学分析，使练习手段达到骨杠杆的最佳机械效率，可提高动作及练习的质量。

篮球运动员既要有在瞬间就能发挥出来的爆发力，又要有持续较长时间的耐力性力量，所以要在全面提高红、白肌纤维质量的基础上，重视提高白肌纤维质量。训练中，可根据不同负荷重量时参与活动的肌纤维也不相同的规律进行针对性训练。当采用本人最大力量的 1/2 以上负荷时，参与活动的主要是白肌纤维；采用本人最大力量的 1/4 以下负荷时，参与活动的主要是红肌纤维。

3. 专项力量素质的训练安排

篮球专项力量的训练应符合篮球运动专项的力量特点，在训练过程中根据不同的对象、不同的训练水平、不同的训练时期和不同的训练任务合理安排专项力量训练的内容，选择有效的手段和方法。力量训练的安排应遵循以下几点。

（1）篮球运动员的力量训练要科学地安排训练内容。篮球运动的力量素质要求比较全面，不同力量素质能力既有联系又有区别。在安排力量训练计划过程中，要严格按照不同的力量能力的发展目的，合理安排练习的负荷强度、练习的重复次数与组数、练习的持续时间及组间的间歇时间。一般安排如下。

发展最大力量，多采用负荷强度大（极限负荷的60%～85%或85%以上），练习的重复次数少（4～8次或1～3次），组数多（5～8组），组间间歇时间长（2～3分钟或3分钟以上）的训练方法与手段。

发展速度力量，多采用中等负荷强度（极限负荷的40%～60%），练习的重复次数较少（5～10次），组数较多（3～6组），组间间歇的时间较长（2～3分钟）的训练手段与方法。发展力量耐力，多采用中小负荷强度，练习的重复次数多（一般要达到极限的重复次数），练习的组数少（在保证每组达到极限重复次数的前提下确定），组间间歇时间较短（60～90秒）。

（2）专项力量训练的安排应符合运动员的年龄、性别特征。一般认为，男篮运动员在25岁左右力量达到最佳水平，女运动员在20岁左右达到最大力量。青少年运动员的速度力量、力量耐力的发展比最大力量发展得快一些并且早一些，因此，青少年运动员的专项力量训练要以小肌肉群力量和小负荷徒手力量训练方法为主，着重发展其速度力量与力量耐力，以增加肌肉中毛细血管和肌红蛋白的数量，改进输氧功能。较大负荷的力量训练应在16岁左右，或以后进行安排。

（3）篮球运动员的专项力量训练要根据训练任务的不同安排训练计划，在训练准备前期应以中小力量为主；在训练提高期应以大中力量为主、小力量为辅；在比赛前期应以小负荷、轻重量、小肌肉群力量为主，尤其是远端肢体应为小力量负荷。在比赛期和休整期应用小负荷、轻重量，保持肌肉的收缩能力。

（4）篮球运动员力量训练的安排要注意各肌肉力量的平衡发展，既要重视大肌肉群的力量练习，又要重视小肌肉群的力量练习；既要重视发展上下肢力量的训练，也不可忽视腰背肌群的力量训练。同时，要针对运动员的专项力量素质弱点，有针对性地安排力量素质训练，要力求做到区别对待。并要针对专项技术动作的肌肉用力部位发展专项力量，可模拟专项技术动作进行专项力量训练。

4. 专项力量训练方法的选择与应用

（1）专项力量训练的主要手段分为发展手指、手腕力量，发展上肢力量，发展腰、腹力量，发展下肢力量。

发展手指、手腕力量，内容如下。

①指卧撑、连续做击掌俯卧撑等练习。

②握力器、握捏网球和抛接铅球等练习。

③两人面对坐地，两腿分开，用指腕力量传递篮球或实心球。

④双手握哑铃或杠铃杆，直臂快速屈手腕练习。

发展上肢力量，内容如下。

①用杠铃做各种举重练习。
②负重做传球、投篮动作等练习。
③用实心球做传球、投篮动作练习。
④快速连续传接球练习。

发展腰、腹力量，内容如下。
①仰卧举腿、仰卧快速屈体、仰卧起坐。
②侧卧体侧屈、俯卧体后屈。
③肩负杠铃做体前屈或转体。
④展腹跳。爆发起跳并充分展腹，向后屈膝，两手尽可能地触脚跟。
⑤跳起空中折体、转身等，空中传接球、投篮等练习。

发展下肢力量，内容如下。
①肩负杠铃深蹲或半蹲练习。
②肩负杠铃快速用力起跳或连续提踵练习。
③蛙跳、立定跳远、多级跳、跳绳、跳台阶、跳深等练习。
④连续起跳摸篮板（圈）或连续深蹲跳起等练习。

（2）专项力量素质必须经过长期系统的训练才能不断提高和发展。由于运动员年龄、训练水平和训练年限不同，在多年系统训练中，专项力量训练的比重也会随之变化。（表3-1）

表3-1 多年系统专项力量训练安排比重

阶段 百分比 素质	基础训练	初级专项训练	专项提高训练	高水平训练
一般	70	50	30	20
专项最大力量	5	10	22	25
专项速度力量	13	22	25	30
专项力量耐力	12	20	23	25

发展专项力量素质实施过程中，可以将专项力量训练分成以上四个阶段。
基础阶段专项力量训练安排示例如下。
①力量训练基础阶段的训练任务：提高和发展一般身体素质，发展专项速度力量、专项力量耐力。
②训练课的组成：间歇性循环力量练习，定时循环力量练习。
③课例：定时循环力量练习。（表3-2）

表 3-2 定时循环力量训练安排示例

组成 要求 内容	负荷	练习时间（秒）	间歇时间（秒）	组数	组间间歇（分）
仰卧举腿	体重	30	20	3	2
跑台阶	体重	30	20	3	2
快速连续传接球	球重	30	20	3	2
立卧撑	体重	30	20	3	2

（二）篮球专项速度素质训练

1. 专项速度训练的目的与任务

速度素质在篮球运动员的身体素质中占有特殊重要的地位，良好的速度素质是运动员在比赛中取得时间和空间优势的重要因素，也是运动员在比赛中技术、战术运用能否奏效的决定性因素。

篮球专项速度训练的目的任务就是根据篮球专项特点对运动员速度素质的专门要求，采用有针对性的速度训练手段和方法，以全面发展运动员的速度素质，从而确保篮球技术动作的结构特点与速度要素最大发挥程度相吻合，使运动员的速度能力在比赛中得到充分发挥。

2. 专项速度训练的理论基础

速度素质是指人体进行快速运动的能力。包括人体对刺激快速反应的能力和快速完成动作的能力，以及快速位移的能力。

速度素质按人体在运动中的表现形式分为反应速度、动作速度和位移速度。

反应速度的快慢取决于信号通过反射弧各环节所需的时间，以及条件反射的巩固程度（即完成技术动作的熟练程度）。

动作速度的决定因素有肌肉中快肌纤维百分数及其肥大程度；肌纤维的兴奋性；完成技术动作的熟练程度。

位移速度的决定因素有肌肉中快肌纤维百分数及其肥大程度；运动神经中枢兴奋与抑制的转换速度；肌肉的伸展性和弹性；各中枢之间的协调性，条件反射的巩固程度。

篮球技术动作是在瞬间变化中表现出各种不同的时空特征，仅仅是简单的判断反应不能适应这种瞬息万变，必须事先从时空特征上判断某一动作出现，从而提前采取相应的对策，显然这种判断是有概率的，提高这种概率的正确性就是改善篮球运动员反应速度的重要方向。

篮球运动技术具有快速突然性，因此其供能特点是无氧供能，快肌纤维比慢肌纤维在无氧供能时转换的 ATP 更多，功率更大，快速肌肉收缩所完成的技术才更快；篮球技术动作过程是肌肉有序的收缩用力，技术动作在比赛中是在对抗下完成，因此在发展速度素质的同时，还需要发展最大力量和快速力量，提高动作速度的爆发力。

发展篮球运动员的位移速度必须提高影响位移速度的动作频率和动作的幅度。动作频率最受神经过程灵活性影响，动作幅度与肌肉的伸展性和弹性相关。同时还必须使速度要素与反应起动、加速等与篮球技术动作环节相适应。

专项速度训练中，采用对各类信号进行应答反应的练习能有效提高运动员中枢神经系统的机能水平，以提高运动员的反应速度。

专项速度训练中，采用快速完成技术动作的重复练习及相关的力量训练和发展柔韧性的练习，可提高肌肉中的肌纤维的体积和重量，增强肌肉的力量、伸展性、肌纤维的兴奋性，有利于提高动作速度。

专项速度训练中，采用高负荷强度（极限负荷的85%以上）短距离的重复练习及相关的力量、耐力、柔韧训练可提高运动神经中枢兴奋与抑制的转换速度，增大肌力及肌肉的伸展性和弹性，改善各中枢间的协调性，以提高运动员的移动速度。

3. 专项速度素质的训练安排

篮球专项速度的训练应符合篮球比赛对专项速度素质的要求，合理地安排专项速度训练的内容，选择有效的手段和方法，全面提高运动员的反应速度、动作速度和位移速度。

专项速度训练的安排应遵循以下几点。

（1）要科学地安排训练内容。其内容分为发展反应速度、动作速度、位移速度的训练。发展反应速度的训练，应经常利用突然发出的视、听信号进行重复练习（即发出信号让运动员做出相应的某一动作）；按信号做选择性练习（即运动员根据各种信号的复杂程度的变化做出相应的应答动作）；移动目标的练习（即运动员对移动目标迅速做出应答反应）。发展动作速度的训练，应采用与篮球比赛动作相似并能高速完成的动作进行重复练习；采用视、听信号等外界刺激，加快动作速度和简单的练习；运用负重做专门的动作速度练习；根据篮球比赛的时空要求，缩小时间和空间界限提高动作速度的练习。发展位移速度的训练，应采用重复的训练，每次练习的强度通常为85%～100%，持续时间不宜超过10秒钟，重复的次数和组数以不影响强度的保持为限，并注重发展腿、腰、腹部位的力量训练，促进运动员移动速度的强度。

（2）要把快速跑动与篮球专项技术动作练习衔接协调起来。确保运动员在运用技术过程中不降低跑动速度；速度练习中的专项技术的难度不宜过大，必须把主要注意力放在提高速度上。

（3）要有针对性。发展反应速度的练习要与加强观察力、时空判断能力的训练密切结合；发展动作速度的练习，须注重增强肌肉的可塑性、可伸展性及肌肉内部和肌肉群间的协调性；发展移动速度练习，则需注重提高运动员的非乳酸无氧供能能力及ATP再合成的能力。

（4）要根据训练任务合理安排速度训练的顺序。在周期训练中，专项速度训练应尽量安排在训练准备前期；在各专项素质训练的安排中，速度素质应安排在力量和耐力素质的前面，以确保运动员在较好的体能和精神状态下完成速度练习的量和强度。

4. 专项速度素质训练方法的选择与应用

（1）篮球专项速度素质训练的主要手段分为各种专门性练习、各种起动跑练习、篮球移动技术中各种跑的练习、结合球的速度练习。

各种专门性练习，包括小步跑、后踢腿跑、高抬腿跑、左右侧交叉步跑、跨跳步跑结合、加速度跑、跑台阶、上下坡跑和牵引跑等，以提高运动员的位移速度。

各种起动跑练习，内容如下。

①原地或移动中，根据视、听信号突然起动或加速跑（10～30米）。

②各种姿势的起跑（10～30米），采用蹲踞式、站立式、侧身站立、背向站立等。

③起跳落地后立即起动侧身加速跑，以提高运动员的起动反应速度。用各种姿势起跑，各种短距离的往返跑、追逐跑。

篮球移动技术中各种跑的练习，包括在篮球场上做绕障碍跑、变向跑、侧身跑、后退跑、弧线跑和折线跑等练习，各种防守步法练习。

结合球的速度练习，内容如下。

①队员做跑动中的自抛、自接或向前自掷地滚球的接球、抢球。

②全场直线运球跑，变速运球跑，并结合行进间投篮练习。

③全速跑接长距离传球上篮。

④原地对墙快速传球，两人行进间快速传接球上篮。

⑤中线或三分线外快速行进间跨跳步投篮。

⑥各种距离的快速移动接球投篮（跳投）练习。

⑦全场快攻以多打少（二攻一、三攻二、四攻三），快攻二攻一、三攻二，并结合攻守转换的练习。

（2）发展专项速度素质实施过程中，大多与篮球技术训练结合起来进行组织，举例见表3-3。

表3-3 篮球专项速度素质训练安排示例

内容	组数	间歇时间	项间间歇
1. 二人面对站立听信号追逐跑	10米×10	10秒	1分钟
2. 端线背向双足跳听信号转身快跑	20米×10	30秒	3分钟
3. 全场直线快速运球上篮	单程往返×6 单程往返×6	30秒 60秒	3分钟 2分钟
4. 二人交叉传接球上篮	30秒×6	60秒	2分钟
5. 30秒自投自抢三分球	30秒×6	60秒	2分钟
6. 滑跑滑接频步夹击	30秒×6	60秒	2分钟

以上练习也可根据全训练课的安排有选择地穿插进行。

（三）篮球专项耐力素质训练

1. 专项速度训练的目的与任务

耐力素质是篮球运动员的重要素质，是运动员在训练和比赛过程中抗疲劳能力的反映。现代篮球比赛需要运动员在长时间、高速度的移动和激烈对抗中完成各种复杂动作，这就对专项耐力素质提出了很高要求。

篮球专项耐力素质训练的目的任务，就是根据篮球专项对耐力素质的专门要求，在发展有氧耐力的基础上着重提高运动员的无氧耐力水平，以确保运动员在比赛中始终保持足够的精力和旺盛的斗志，从而保证其技术、战术水平的正常发挥。

2. 专项耐力素质训练的理论基础

专项耐力素质是指人体克服专项运动负荷所产生的抗疲劳的能力。

耐力素质根据人体的生理系统可分为肌肉耐力和心血管系统耐力；从供能特点角度又可将心血管系统耐力分为有氧耐力和无氧耐力。

篮球专项耐力素质训练主要指发展运动员的有氧耐力和无氧耐力的训练。

有氧耐力素质的决定因素有：有氧代谢能力；能源物质（主要是糖元和脂肪）的储备；肌肉、关节、韧带等支撑运动器官对长时间负荷的承受能力。

无氧耐力素质的决定因素有：无氧酵解能力；机体组织抗乳酸能力；能源物质（主要是ATP和CP）的储备；支撑运动器官对长时间、大强度工作的承受能力。

篮球运动员在剧烈运动时，肌肉收缩活动中主要依靠ATP、CP的直接消耗和糖元酵解供能。篮球专项无氧耐力素质的训练就是要提高ATP、CP和肌糖元的数量；增强酸性物质的缓冲能力，提高神经细胞抗酸的耐受能力。同样，专项有氧耐力素质的提高，则能快速消除乳酸的堆积，并提高肌糖元的贮备量。从而确保篮球运动员在高速、持久的比赛中准确地发挥技术、战术水平。

专项耐力素质训练中，采用极限负荷强度的70%左右的持续负荷练习，可提高肌肉中肌蛋白和肌糖元的贮量，改善糖和脂肪的供能调节能力，从而提高运动员的有氧代谢能力。专项耐力素质训练中，采用快速率、短距离持续练习，能有效地提高ATP与CP的快速分解合成能力，以提高非乳酸无氧耐力。

专项耐力素质训练中，采用1～2分钟高负荷强度（极限负荷的85%以上）的持续练习的间歇训练能使运动员血乳酸维持在较高水平，以适应和提高机体的乳酸耐受能力。

3. 专项耐力素质的训练安排

篮球专项耐力素质的训练应符合篮球专项总体代谢的特点，科学合理地安排教学训练的内容，选择有效的手段和方法，在提高有氧耐力的基础上着重提高运动员的无氧耐力素质。

专项耐力素质训练的安排应遵循以下几点。

（1）篮球专项耐力素质以无氧耐力素质为主，应有针对性地安排训练的内容，要根据不同耐力素质的特点，合理地安排练习的负荷强度，练习的重复次数与组数，练习的持续时间及组间的间歇时间。一般安排如下。

发展非乳酸无氧耐力的训练，多采用高强度小间歇的练习方法，负荷度达到极限负荷的95%，练习的组数多（5～6组），重复次数少（3～4次），距离短（15—30—50米），并控制间歇时间，以提高ATP及CP的快速分解合成能力。

发展乳酸无氧耐力的训练，多采用负荷强度大（极限负荷的80%～90%），练习的重复次数少（3～4次），组数较多（3～5组）的练习方法，负荷时间控制在1～2分钟，间歇时间采用逐渐缩短的方法。如第一、二次之间间歇6～5分钟，第二、三次之间间歇5～4分钟，第三、四次之间间歇4～3分钟，这样有利于使体内乳酸堆积达到较高值。

（2）篮球专项耐力素质训练的安排中应重视有氧耐力水平的提高。要首先发展运动员的有氧耐力素质，使运动员的有氧耐力素质达到一定的能力水平后，再重点发展无氧耐力。有氧能力训练的安排多采用持续匀速负荷和变速负荷的练习方法。负荷强度一般应控制在接近无氧阈的强度，心率控制在160次/分钟左右。

（3）篮球运动员的专项耐力素质训练应根据训练任务的不同，安排训练计划的内容。在训练准备前期，应以发展有氧耐力素质为主；在训练提高期和赛前阶段应以发展无氧耐力素质为主在周训练计划中，每周一般只安排2～3次强度大或者持续时间较长的大运动量耐力训练。

（4）篮球专项耐力素质训练的安排应与专项技术、战术训练有机结合。应安排长时间专项对抗练习或加大防守和进攻技术训练强度，以提高运动员在疲劳状况下运用技术、战术的能力。

（5）篮球专项耐力训练的安排要充分考虑负荷的指标要求，运动员的营养状况、睡眠休息情况，身体的恢复是否适应新的刺激等因素，避免可能因疲劳而影响其他素质和技术、战术的训练。

4. 专项耐力素质训练方法的选择与应用

（1）专项耐力素质训练的主要手段如下。

①不同距离的中长跑、越野跑、爬山等。

②连续进行400米跑；各种中长距离的变速跑。

③长时间的防守脚步练习；快攻练习；利用球场上各种距离做连续的往返折回跑。

④连续进行长时间的各种攻守技术练习。

⑤短距离如30米、60米、100米反复冲刺跑，随着训练水平的提高，每次跑的间歇时间可逐步缩短。

⑥全场反复快速运球上篮；两三人全场反复快攻练习；一对一、二对二、三对三全场攻守或攻守转换练习等。

⑦综合练习。把各种跑、跳、防守脚步动作，投、突、传、运等动作组成的全场综合练习。

（2）发展专项耐力素质实施过程中，除了在田径场进行专门训练外，也应与技术、战术配合结合起来组织训练。举例见表3-4。

表3-4　篮球专项耐力素质训练安排示例

内容	组数	间歇时间
1. 五线多重复折返跑	五线单重复 ×3 组	2～4 分钟
	五线双重复 ×3 组	2～4 分钟
2. 三人直线推进	二往返 4 中篮 ×6 组	2～4 分钟
	三往返 6 中篮 ×6 组	2～4 分钟
3. 全场紧逼五对五攻守对抗	一方中五球/组 ×3 组	1.5 分钟
4. 连续抢地滚球回传	20 次/组 ×5 组	5 分钟

可根据训练课的任务选择一定的练习内容与组数。

（四）篮球专项灵敏素质训练

1. 专项灵敏素质训练的目的与任务

灵敏素质是篮球运动员的运动技能和各种素质在运动过程中的综合表现。现代篮球运动对抗激烈，快速多变，这就要求运动员具备良好的判断能力和反应速度，并在比赛中，各种复杂变换条件下能够迅速、准确协调地做出应答动作。良好的灵敏素质有助于运动员掌握各种复杂技术、战术和提高场上的应变能力，对篮球运动有着重要作用。

专项灵敏素质训练的目的就是在全面提高与灵敏素质相关的反应速度、柔韧性、爆发力，改善肌肉的弹性和关节、韧带的伸展性的基础上，使篮球运动员的各种素质能力（包括掌握动作能力、平衡能力和节奏感）均衡、协调发展，以提高运动员的专项灵敏素质。

2. 专项灵敏素质训练的理论基础

灵敏素质是指在各种突然变换的条件下，运动员能够迅速、准确、协调地改变身体运动的空间位置和运动方向，以适应变化的外环境的能力。

灵敏素质是一种综合素质，与人对空间位置和对时间感觉的能力有关，也与速度和力量等素质的发展有关。

灵敏素质的影响因素有：大脑皮层神经过程的灵活性；力量、速度、耐力、弹跳、柔韧等素质的能力；时空判断能力与反应速度；运动技能掌握的数量和熟练程度以及年龄、性别、体重、疲劳程度等。

神经过程的灵活性高，兴奋与抑制的转换速度快，神经系统对人体各种复杂的移动用力程度及其控制能力就高，在身体素质良好全面的基础条件下动作的快速性、准确性和协调性就好。篮球运动员的专项灵敏素质的训练就是要提高球感、动作感，以及提高球的速度、力量、距离和各种篮球技术、战术时空特征的综合信息量，增加传入强度，提高各种感受器对微弱信息的感受能力。发展专项灵敏素质的训练应在各种复杂变化的训练和比赛条件下进行，将各种时空特点通过信息加工，与大脑皮质建立联系，形成固定的动作反应，从而提高反应的灵敏度。同时，各种信息所建立的神经联系越多，神经过程的灵活性就越高，各种应变性条件反射就越快。因而在篮球专项训练和比赛中，熟练掌握各种篮球技术、战术的数量越多、质量越高，灵敏素质则越好。

同样，身体素质的均衡发展，对保持正确的动作用力，克服阻力条件下快速灵活地完成动作也有一定作用。如反应速度、起动速度、加速度、弹跳素质都对灵活性有重要影响；长时间的激烈运动要以耐力素质作保障，否则，运动中过早出现疲劳就会引起神经系统保护性抑制，出现反应迟钝、动作迟缓。

3. 专项灵敏素质的训练安排

篮球专项灵敏素质的训练应符合篮球专项对灵敏素质的专门要求，科学合理地安排好教学训练的内容，选择有效的手段和方法，以提高专项运动员的灵敏素质。

专项灵敏素质训练的教学安排应遵循以下几点。

（1）篮球运动员的专项灵敏素质的训练应根据训练任务的要求，有计划地设计复杂的运动环境，并在训练中针对变化的条件发展相应的运动技术和技能，以提高运动员技术运用的灵活性和应变能力，以达到提高运动员灵敏素质的目的。

（2）篮球专项灵敏素质训练的安排，通常练习负荷强度较大（极限负荷的60%～85%），持续时间较短（1分钟以内），练习重复次数较少（3～5次），练习应安排在每次课精力最充沛的阶段，以便提高练习效果。

（3）篮球专项灵敏素质训练的教学安排中应注重加强视野、观察力、脚步移动能力和手控制球、支配球能力的训练。

（4）发展专项灵敏素质的训练可安排换项训练内容，以培养运动员在新异和复杂环境下的主动性、创造性，达到提高灵敏素质的目的。如采用足球练习提高脚步的灵活性；采用排球练习发展弹跳的爆发力。

4. 专项灵敏素质训练方法的选择与应用

（1）篮球专项灵敏素质训练的主要手段如下。

①按教练员发出的视、听信号，做各种滚翻，并结合起动快跑的练习。

②两人一组做影子练习，即一人做动作，另一人模仿；一对一进行各种追逐、闪躲练习。

③脚步、腰、胯的灵活性练习，将各种脚步动作组合成综合练习，在全场进行练习，按教练员发出的视、听信号迅速改变动作。

④结合球的灵敏练习，接不同方向、不同距离、不同速度及不同位置的困难球；在篮球场上做各种变向运球移动的组合练习（如体前变向、胯下、背后、后转身等

变向跑运球)。

⑤各种篮球基本技术、战术基础配合的对抗练习(一攻一、二攻二、三攻三等),并结合攻守转换的练习。

(2)发展专项灵敏素质实施过程中,应根据训练课的任务,从综合训练的实际出发交替安排训练的内容和练习方法。

(五)篮球专项弹跳素质训练

1. 专项弹跳素质训练的目的与任务

弹跳素质是篮球运动员的一项重要身体素质。运动员良好的弹跳素质,不仅可以提高其争夺空间优势的能力,扩大控制攻守范围,也能更好地掌握高难技术和完成复杂动作。

篮球专项弹跳素质的训练目的就是在发展一般弹跳素质的基础上根据篮球专项特点,改善运动员的起跳技术,提高专项弹跳素质,使其在比赛的各种情况下发挥出弹跳的最好效果。

2. 专项弹跳素质训练的理论基础

弹跳素质是指通过下肢和全身协调用力,使人体迅速弹起腾空的能力。篮球专项弹跳素质是运动员篮球比赛中争取高度和速度,即争夺空间控制权的能力。弹跳素质是一项综合素质,主要表现为下肢的爆发力,影响弹跳素质的重要因素有力量素质、速度素质和协调性。

在力量练习中采用大重量(80%、90%极根负荷),动作速度快、少次数的练习方法,可改善肌肉机能并提高股后肌群的力量和伸展性,从而提高下肢力量中的爆发力。

在速度练习中采用快速完成技术动作的重复练习,有利于改善神经中枢兴奋与抑制相互转化的灵活性,提高肌肉收缩速度,也有助于爆发力的增长。

采用模仿比赛实际情况的跳跃练习,有助于改善各种起跳技术,使运动员在比赛中发挥出弹跳的最好效果。

3. 专项弹跳素质训练的教学安排

篮球专项弹跳素质的训练应符合篮球专项对弹跳素质的专门要求,科学合理地安排好教学训练的内容,选择有效的手段和方法,以达到发展专项弹跳素质的目的。

专项弹跳素质训练教学安排应遵循以下几点。

(1)篮球专项弹跳素质训练的安排应以大强度、少次数、多组数的练习为主,每次之间的间歇时间要适当。

(2)篮球专项弹跳素质训练中应着重安排发展下肢小肌群的力量素质练习,并注意提高运动员肌肉的伸展性和弹性,以改善肌肉协调用力的次序。

(3)篮球专项弹跳素质训练中应尽量安排接近比赛实际情况的跳跃练习,以提高各种起跳技术;应多安排在对抗条件下的弹跳素质练习,以提高运动员在起跳前或在空中身体的对抗能力和适应条件变化的空中应变能力。

（4）篮球专项弹跳素质训练的安排中应注重运动员的起跳动作与起跳前的运球、接球等动作，以及起跳后的投篮、抢篮板球、封盖和接、传球等动作衔接的训练。

4. 专项弹跳素质训练方法的选择与应用

（1）专项弹跳素质训练的主要手段如下。

①跳台阶、跳凳、跳栏架、立定跳远、多级跳、连续深蹲跳、收腹跳和跳深等练习。

②跳绳练习。单、双摇跳，单、双脚双摇跳，规定时间和次数的跳等。

③原地或上步连续单脚或双脚起跳摸篮板或篮圈；行进间单脚起跳摸篮圈；移动中按信号突然用单、双脚向侧、前、后跳起做抢断球模仿动作等练习。

④一人一球，篮下原地连续起跳托球碰板；多人一组一球，依次在篮下一侧或两侧用单手和双手托球碰板若干次。

⑤跳起在空中抢篮板球转身—传球练习。

（2）发展专项弹跳素质实施过程中，可多采用负重方法练习或其他辅助器械结合练习，也须安排与实际比赛运用的技术动作一致的练习。举例见表3-5。

表3-5 篮球专项弹跳素质训练安排示例

内容	次数/组数	间歇时间
1. 单脚换脚跳（球场对角线）	10组	2分钟
2. 左右跳凳	20次/组×6组	3分钟
3. 全场紧逼五对五攻守对抗	20次/组×3组	2分钟
4. 原地双脚连续起跳摸篮板	15次/组×3组	2分钟
5. 多人一组一球连续托球碰板	10次/组×3组	3分钟
6. 助跑摸高	10次/组×3组	3分钟

每次训练课选择几种方法，可增加练习的次数、组数或改变间歇时间。

（六）篮球专项柔韧素质训练

1. 专项柔韧素质训练的目的与任务

柔韧素质对篮球运动也十分重要，是运动员在完成专项技术动作过程中各关节活动的幅度及肌肉和韧带的伸展能力。发展柔韧素质对篮球技术动作的掌握和运用有着积极的促进作用，良好的柔韧素质可以减少运动损伤，对提高其他身体素质也有着密切的关系。

篮球专项柔韧素质训练的目的任务就是在身体训练中重视运动员柔韧素质的发展，根据篮球专项对柔韧素质的专门要求，有针对性地安排柔韧素质训练的手段和方法，以提高运动员各关节韧带的活动幅度和伸展能力，特别是腰、髋、肩、踝、腕关节韧带的伸展活动能力。

2. 专项柔韧素质训练的理论基础

篮球专项柔韧素质是指运动员在从事专项运动过程中各关节活动的幅度及肌肉和韧带的伸展能力。

决定柔韧素质的主要因素有：关节骨结构（髋、肩、踝、腕等关节的韧带、肌腱、肌肉和皮肤的弹性）；关节周围组织体积的大小；神经系统支配骨骼肌的机能；肌肉紧张和放松的能力以及年龄、性别、训练水平等。

骨关节的构造，决定了关节运动范围的极限，附着在关节周围的肌肉、肌腱、韧带、关节囊的弹性好坏影响着运动关节不同结构所能达到的活动范围。在不同的年龄时期，关节囊的大小、肌肉韧带的弹性、椎间盘的弹性会发生很大变化，年龄越小，关节的灵活性越好。

篮球专项在柔韧素质训练中，应采取长期的有针对性的训练去改变关节囊和韧带的弹性，改造关节面的形状。且年龄的变化在一定程度上决定了柔韧的发展趋向，年龄越小发展柔韧性越好。女子篮球运动员由于骨关节构造、软组织的质量与男子有所不同，一般而言，女子柔韧性要好于男子。此外，外部环境与各种物理因素对柔韧素质也有一定作用，时间、季节、气候、准备活动、按摩等，对肌肉的弹性、伸展性都有不同程度的影响，如准备活动和按摩后肌肉的弹性和伸展提高；在疲劳状态以及篮球训练和比赛中间，长时间休息也会影响肌肉的弹性，降低柔韧性。

3. 专项柔韧素质训练的教学安排

篮球柔韧素质训练应根据篮球专项对柔韧素质的专门要求，科学合理地安排好教学训练的内容，选择有效的手段和方法，处理好练习的强度，重复的次数、组数，间歇时间和动作要求。一般安排如下。

（1）练习的强度。柔韧素质训练的强度主要反映在用力的大小和负重的多少两个方面，无论是主动性或被动性练习，其用力均需逐渐加大。加大的程度，以运动员的自我感觉为依据，当感到胀痛难以忍受时应停止。采用负重进行柔韧素质训练，一般控制在3～5千克之内，动力性拉伸负重可轻些，静力拉伸负重可重些。练习强度的提高应逐渐实施，不可过快、过猛，防止损伤。

（2）练习重复的次数、组数。由于篮球专项柔韧素质训练的早期专门化特点，其柔韧素质训练又划分为发展柔韧素质和保持柔韧素质两个阶段。因而不同阶段的练习重复次数、组数应有所区别。一般动力性拉伸练习每组可做10～12次，6～12秒之间；静力性拉伸练习，则可固定在30秒钟或30秒钟以上，应视运动员的训练程度、性别和水平层次而定。组数的安排亦如此。

（3）间歇时间。可根据运动员的感觉确定，并与练习的关节部位有关。当运动员在一组练习后感到基本恢复可进行下一组时就开始；大关节练习后的间歇，要比小关节练习后的间歇时间长些。在间歇时间里，可做一些放松和按摩活动。

（4）动作要求。进行柔韧练习时，运动幅度要逐渐增大，并到位，以尽量拉长肌肉和韧带；动作可采用缓慢的速度也可采用急骤式的速度进行，并相互交替。

4. 专项柔韧素质训练方法的选择与应用

（1）篮球专项柔韧素质训练的主要手段如下。

①两手指交叉相握，手心向外做压指、压腕等动作，充分向前、向上伸展或有节奏地向下振压。

②两臂做不对称的大绕环、转肩等动作。在背后一手从上往下伸，一手从下向上伸，使两手在背后做拉、伸练习。

③利用器材或同伴帮助做压肩、拉肩、转肩等动作；利用肋木做各种压腿、拉长肌肉、韧带和扩大各关节活动范围的练习。

④站立，体前屈下压或靠墙站立，体前屈下压，用手指摸地或握踝，前弓步和侧弓步压腿；纵劈腿和横劈腿，勾脚尖前踢腿和侧踢腿。

⑤在地板上做"跨栏步"拉、压腿、胯练习；各种负重和不负重的背伸、展腹屈体练习及腿肌伸展练习（如仰卧起坐前压腿）。

⑥悬垂练习。利用身体的重力做单杠、双杠、肋木上正反肩关节的悬垂练习。直角悬垂压腿练习。

（2）发展专项柔韧素质实施过程中，可根据训练课的任务并结合队员的具体情况，综合考虑进行安排，内容与练习时间的长短相对灵活。

第三节　篮球运动员的心理训练

一、心理训练的含义

心理训练是对人们的心理状态进行有意识的作用，使其发生有利于活动的变化。心理训练首先出现在20世纪初期，从病理心理学的应用开始。当时，德国精神病理学家舒尔茨用瑜伽的放松动作、催眠性暗示给病人进行以松弛机体和精神状态为特征的治疗，获得了显著的心理疗效。此后，放松治疗方法在体育运动中被广泛使用，对缓解运动员的临场紧张感起到了重要的缓解作用。随着各种心理训练方法在体育运动的广泛应用，心理训练的手段也趋于具体化、科学化，并使用现代科技进行记录和监控。概括地说，运动员的心理训练是指：有意识、有目的地采用一定的办法、手段，对运动员的心理过程和个性心理特征施加影响，使其学会调节和控制自己的心理状态和运动行为的过程。（见图3-1）

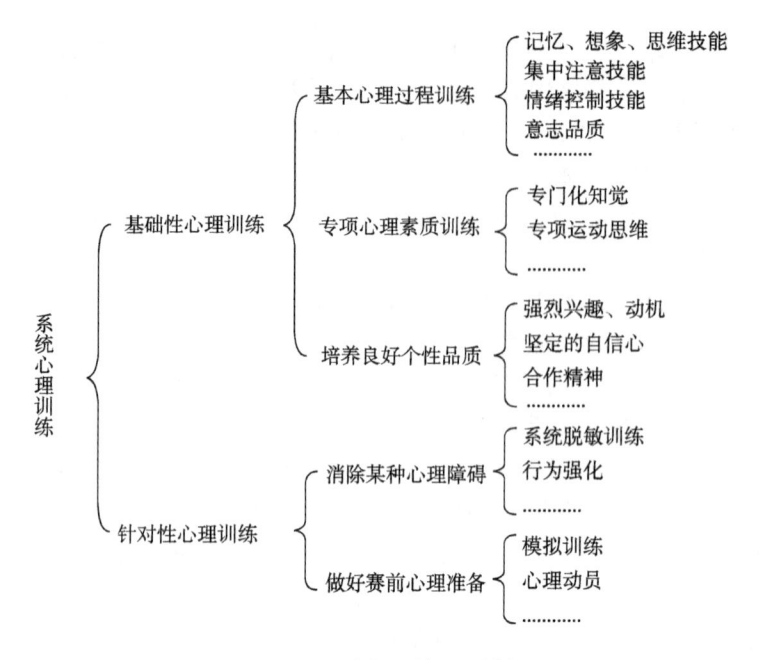

```
                    ┌─ 基本心理过程训练 ─┬─ 记忆、想象、思维技能
                    │                    │  集中注意技能
                    │                    │  情绪控制技能
                    │                    │  意志品质
                    │                    └─ …………
       ┌─ 基础性心理训练 ─┤
       │            │   专项心理素质训练 ─┬─ 专门化知觉
       │            │                    │  专项运动思维
       │            │                    └─ …………
系统   │            │
心理 ──┤            └─ 培养良好个性品质 ─┬─ 强烈兴趣、动机
训练   │                                 │  坚定的自信心
       │                                 │  合作精神
       │                                 └─ …………
       │
       │            ┌─ 消除某种心理障碍 ─┬─ 系统脱敏训练
       │            │                    │  行为强化
       └─ 针对性心理训练 ┤                └─ …………
                    │
                    └─ 做好赛前心理准备 ─┬─ 模拟训练
                                         │  心理动员
                                         └─ …………
```

图 3-1 运动员系统心理训练

心理训练是现代化竞技运动训练系统中不可缺少的一部分，影响、制约着运动员身体、技术、战术水平的改善和体现，可以促进运动员心理过程的不断完善，形成专项运动所需要的良好个性心理特征，获得高水平的心理能量储备，使运动员的心理状态适应训练和比赛的要求，为达到最佳竞技状态和创造优异成绩奠定良好的心理基础。然而，在实践中，大多数教导员对体能训练、技术训练和战术训练都比较熟悉，有着丰富理论和实践经验，但是对什么是心理训练、练什么、怎么练并不十分清楚，甚至在认识上存在一些误区。因此，有必要对系统心理训练做简要的概括。系统的心理训练可分为两大部分：一为基础心理训练，旨在发展运动员参加训练和比赛所必需的基本心理素质；二为针对性的训练，旨在为某个具体比赛做好心理准备，以针对某些心理障碍进行的心理训练等。

（一）基本心理过程训练

基本心理过程训练是其他心理训练的基础，主要包括认知过程、情绪控制和意志品质训练等。发展运动记忆能使运动员在头脑中对动作的表象和概念有清晰的印象，能快速准确地记忆动作，从而完成组合技术及战术配合。在移动训练中学会利用肌肉运动表象的能力。训练运动思维能力，能够使运动员迅速分析临时情况的变化并提高完成战术任务的能力等。注意品质是运动员最重要的心理素质之一，在基础训练阶段，发展注意力将对运动员整个运动生涯起着重要影响。进行注意的广度、注意稳定性、注意转移和注意分配的训练，能使运动员在短时间内根据活动任务的

要求进行长时间的注意集中或灵活地转移，或完成复杂的注意分配任务等。进行情绪稳定和适宜兴奋的训练，能提高运动员的情绪控制能力。进行意志品质的训练能培养运动员的自觉性、独立性、坚韧性和果断性。

（二）专项心理素质训练

专项心理素质包括专门化知觉和专项运动思维等。运动专门化知觉是运动员在运动实践中，经长期专项训练所形成的一种精细的主体运动知觉，它能对器械、场地、运动媒介物质（水、空气等）及专项运动的时间、空间特性等做出高度敏锐和精细分化的识别与感知。运动员在完成动作时，需要多种感知参与，其中，肌肉运动感觉尤其重要。在运动中经反复训练，与某一专项相关联的分析器得到高度发展并结合时，专门化知觉才能形成。不同项目的专门化直觉是不同的，如球类运动员的"球感"，游泳运动员的"水感"，击剑运动员的"剑感"，射击运动员的"枪感"等。专门化知觉的形成需要较长的时间，在教练员提示下进行有意识的培养，运动员的自我反馈能力又较强时，如训练方法得当，可在一年左右形成。通过自发练习形成专门化知觉一般需要 5～6 年时间。各项目之间存在明显差异。

如长期终止训练或身体过度疲劳、有伤病或在过分强烈的情绪状态下，专门化知觉可以减弱或消失。专门化知觉的发展水平与技术水平成正比，它既是掌握专项技术的先决条件，又是专项训练的结果；既是其他运动能力的基础，又是现实技战术的前提。所以，专门化知觉是技术达到高水平并表现竞技状态的优秀运动员的心理标志。专门化知觉在发展水平上的差异可以测量。例如，可通过对刺激微小变化的知觉清晰度让运动员进行自我判断，也可用控制刺激量的方法加以测定。专项运动思维是判断高水平运动员的重要标志，以运动员对所从事的运动项目的深刻理解和对运动规律的正确认识为基础，表现为技术运用及战术行动的合理性。

（三）良好个性品质的培养

培养良好的个性品质在基础心理训练中具有重要意义，他和运动员能否坚持长期的艰苦训练并取得优异成绩有很大关系。有些运动员虽然具有较好的身体条件，但由于缺乏专项运动所需要的个性品质，虽经多年训练，但成绩不佳，这在运动实践中不乏其例。在基础训练阶段，尤其应重视对运动员兴趣和动机的培养。兴趣对训练活动有着非常重要的作用，运动员的训练兴趣一经激发，他们就会产生高度的注意、愉快的情绪及持久的意志努力，从而提高训练效果。长期训练容易使运动员产生乏味、枯燥、厌倦的情绪。引导运动员形成正确的动机，乃至形成强烈的成就动机，将会使其产生一种强大的动力，从而主动地、创造性地训练。运动员只有在良好动机的支持下，才能发展对专项运动的稳定兴趣和能力。另外，培养和发展合作精神已经是现代训练和比赛的必要条件。无论是集体项目还是个人项目，都要在当今高度激烈的竞争中获胜，仅靠个人的力量是不可能实现的。团队合作精神、集体凝聚力已不仅仅是体育竞技的专利，而且是一切社会竞争的有力保障。队员与队员、队员与教练员、队员与随队人员、工作人员之间高度合作，精诚团结，才能培养出一支战无不胜的队伍，才能培养出高水平的运动员。

针对性心理训练部分，包括消除心理障碍和赛前心理准备两方面的内容。消除运动员的心理障碍采用的方法较多借鉴临床心理治疗的方法。在运动训练中，采用此法是较为被动的，是在运动员出现心理问题后采用的补救措施。理想的训练过程包括完整的基础心理训练，使运动员具备良好的心理素质，不出现或少出现心理问题。赛前心理准备方法是心理训练的重要环节。赛前是运动员调节和控制心理能量的关键时期，训练实践中运用较多的方法是模拟训练和心理动员。

二、篮球运动员的心理素质分析

篮球运动是开放性的同场运动项目。运动员在有限的时间和空间内，以控球为手段，通过与同伴的配合，突破对方的防线，从而达到将球投入对方球篮的目的。熟练地控球、精准地投篮、默契地配合、激烈地对抗，篮球运动员的这些特点决定了运动员必须具备以下重要心理素质。

（一）专门化知觉

篮球运动员的专门化知觉突出表现为：球感和时空感。

1. 球感

球感是运动员在长期专项训练中发展起来的对球的性质（形状、大小、轻重、弹性等）及运动规律的精细感知，表现为对球的熟练控制和随意支配上。球感是一种复合感知，是在视觉、触觉、动觉、时空知觉及运动知觉的共同参与下形成的。篮球场上熟练的运球突破和精确的投篮固然离不开良好的球感，但更重要的是，篮球运动是集体对抗项目，同伴间的密切配合是制胜的关键。配合需要有运动员的全面观察，良好的球感是运动员在球场上获得更多的主动权和自由，运动员可以把注意力转向对场上形势的观察及技战术的运用上。因此，良好的球感是优秀运动员必备的心理素质之一。

2. 时空感

时空感是指篮球运动员在场上对时间和空间特征的感知。时间知觉是运动员对场上形势的延续性和顺序性的反映；空间知觉是指场上运动员对同伴、对手、球篮的位置、距离、高度等空间特征的反映。篮球比赛攻守对抗瞬息万变，进攻机会稍纵即逝，并有3秒、5秒、8秒和24秒的规则限制。运动员只有具有良好的时空感，才能准确地预见和判断对手及同伴的行动，从而争取时间，并获得有利的空间。例如一次成功的助攻传球，需要运动员准确的判断同伴的位置、移动的方向及速度，同时采用适当的传球方式穿越防守队员并考虑球飞行的速度，传出的球要有适当的提前量，做到"人到球到"。跳球、抢篮板球、抢断球等都需要运动员具有准确的时空判断能力。

（二）思维

集体对抗项目中都注重战术行动，篮球尤为突出。从某种意义上说，战术是篮球比赛的灵魂，一切战术行动都是在意识的支配下完成的。战术意识是指运动员按照一定的战术目的正确合理地应用技术和战术的自觉心理活动，表现为运动员能根据场上情况的变化，随机应变地决定自己的行动方案，并能与同伴密切配合，充分发挥技战术特长，以克敌制胜。从心理学角度分析，运动员战术意识的核心就是思维能力。篮球战术可以分为个人战术行动和战术配合行动。相应的，思维也分为个人思维和集体思维。

1. 个人思维

思维是借助语言、表象或动作实现的对客观事物的概括和间接认识，是认识的高级形式。它能揭晓事物的本质特征和内部联系，并主要表现在概括形成和问题解决的活动中。运动员在比赛中，面临着无数需要解决的问题情境：如何摆脱，合适切入，面对防守是投篮、突破，还是传球以及如何防守等，所有这些问题均需要运动员迅速做出决策和行动。这些决策过程是运动员在头脑进行信息加工的过程。运动员的头脑可以看作是一个复杂的信息加工系统。运动员的思维决策过程可以概括为一个以信息加工为核心的行为控制系统。该系统由决策的环境、决策的人和决策结果三要素构成，三个要素之间是密切相关的。

运动员在环境中获取信息，通过信息加工确定策略，付诸行动后产生决策结果。在这个系统中，运动员的决策行动受环境和决策结果反馈的影响；决策结果是不确定的，并非只由决策行动决定，还取决于环境的变化；决策结果对决策者产生直接的影响，也对环境产生影响。篮球运动员在运动情境中的个人思维决策过程具有明显特征，可以概括为以下三点。

（1）问题的空间性。运动员在比赛中面临的问题都是在空间上呈现的，篮球的位置、对手的位置、同伴的位置，以及要达成的目标状态构成了一个空间问题情绪。因此，运动员的视觉搜索能力是快速识别的基础。

（2）过程的时间压力。多数的运动决策过程是要求快速完成的，甚至是瞬间完成的。比赛时的攻守时机转瞬即逝，正确及时的决策就会得分或防守成功，从而赢得主动权；反之就会失去机会，甚至输掉比赛。因此，决策速度是衡量决策水平的重要指标。

（3）结果的不确定性和即时性。运动情境中的决策结果不仅仅取决于决策者，还取决于环境的变化和影响，同样情境下的相同决策可能产生不同的决策结果。因此，不存在绝对正确的决策和永远正确的决策。衡量决策好坏的唯一标准就是决策结果的好坏。运动决策的结果是在决策行动后随即表现出来的，能结合决策结果灵活采取决策行动的运动员才能争取主动。篮球运动员良好的思维品质表现为：灵活性、敏捷性、预见性和创造性等。

2. 集体思维

篮球运动中的战术配合行动分为基础战术配合和全队战术配合。无论是进攻的传切、掩护、策应还是防守中的交换、关门、夹击等，篮球比赛中的所有配合行动都是建立在一个共同的基础之上，那就是集体思维。集体思维是指全队或场上部分队员之间，在共同的目标引导下，对同一问题情境产生相同的概括反映的过程。良好的集体思维表现是队员间的配合默契、行动一致，具有协同性和互补性，这也是所有教练员在训练过程中最希望达到的一种境界。集体思维能力的形成是建立在对篮球运动规律的正确认识基础上的，通过队员间的长期磨合，形成共同的指导思想和行动原则，从而表现出在思维上和行动上的一致性。集体思想是成功完成配合的基础，因此，它是篮球运动中最重要的心理素质之一。

（三）意志

意志是有意识的支配、调节行为，通过克服困难，以实现预定目的的心理过程。意志品质包括：坚韧性、顽强性、果断性、自控力、目标清晰度和自信心。篮球运动员的意志品质突出表现在激烈的攻守对抗中能为实现既定目标做出克服困难的努力。篮球比赛过程复杂多变，运动员运用技术过程的条件不断变化，意想不到的困难与障碍层出不穷，运动员的意志品质对比赛的胜负起着至关重要的作用。具有良好意志品质的运动员能在比赛落后时不气馁，失败时不泄气，在紧张激烈的比赛中敢打敢拼，始终具有充足的信心和清晰的目标；而意志品质薄弱的运动员在比赛双方比分紧咬、体力消耗大的情况下，会变得信心不足，情绪不稳，甚至忙中出错或表现失常。总之，篮球比赛中要求的各种心理能力都要通过意志行动表现出来，意志品质的作用不言而喻。

（四）情绪

情绪是人对客观事物的态度体验及相应的行为反应，体育竞技中的情绪稳定是运动员最佳心理状态中最核心的内容，是训练水平正常发挥的保证，所以，情绪稳定是运动员的主要心理因素。由于篮球比赛紧张激烈，运动员的整个身心都处于极度的紧张状态，伴随产生的强烈而鲜明的情感体验也是丰富的。尤其是在势均力敌的比赛中，运动员的情感随着客观条件的变化而不断变化，运动员的情绪必然会直接影响技术、战术的发挥，从而影响比赛的结果。因此，优秀运动员要具有良好的自我情绪控制和调节能力，善于根据场上情况适当调节情绪水平，避免产生过于兴奋或消极的情绪。

（五）团队凝聚力

运动员是由一定成员构成的团队。运动员的凝聚力可以看作是广义社会学中的团队凝聚力，是反映团队倾向于凝聚在一起、共同去追求某一目标或对象的动态过程。凝聚力分为任务凝聚力和社会凝聚力。任务凝聚力是指运动队中的队员团结一致为实现某一特殊的和可识别的目标做出的努力程度。在篮球比赛中，当球队开始组织一个连续进攻战术或展开全面紧逼防守战术时，体现的是任务凝聚力；社会凝聚力是指队中成员相互欣赏，并喜欢成为队中一员的程度。团队凝聚力是充分发挥球队整体实力的有力保障，增强团队凝聚力除了可以提高运动员的比赛成绩外，还可以产生其他积极影响，比如集体自我效能、参加比赛的动机和心理动力等。

三、篮球心理训练

（一）篮球运动训练构成及关系

现代篮球运动训练体系包括体能训练、技术训练、战术训练和心理训练。理论上的体系构成并不意味着各部分是相互独立的。在训练实践中是相互交叉、相辅相成的。脱离技术、战术特点的体能训练是盲目的、无效的；脱离战术背景的技术训练只是简单的身体操练。战术训练也包含着体能和技术的综合训练，心理训练则是渗透到训练过程的各个环节中的。在各种训练过程中，心理训练的侧重有所不同。体能训练是枯燥的，需要运动员保持积极的心态、高度的自制力、坚韧性和顽强性，因此，体能训练也是培养运动员意志品质和情绪的最佳时机；技术训练是运动员形成专项知觉的主要过程，也是进行表象训练的有利时机，同时注意培养运动员良好思维品质，使所学技术能学以致用；战术训练就是思维训练的过程，除进行个人思维训练外，更重要的是进行集体思维训练。同时，通过完成共同的战术训练目的培养团队凝聚力。

（二）篮球心理训练原则

1. 自觉性原则

自觉性原则包括两方面含义，一是指教练员自觉地运用心理训练；二是指运动员自觉地接受和进行心理训练。不可否认一些教练员在训练中也采用过一些方法对运动员进行心理训练，并取得了一些效果。但大多数还是根据自己的经验自发地或被动地采用心理训练。如有些教练员在看到运动员遇到困难时不能坚持下去，缺乏顽强拼搏的精神，才意识到要对运动员进行意志品质的训练；有些是在运动员因为情绪紧张而比赛失败后，才想到要对运动员在赛前请一位运动心理学专家来帮助队员解决心理问题。教练员必须明白，对运动员的心理训练最理想的方式是由教练员负责实施。教练员应通过提高经验技能并进行心理训练，就像每天传授和提高运动员的体能和技术、战术水平一样，要有意识、有计划地自觉进行。同时，教练员对心理训练的投入也会直接影响运动员对心理训练的投入。

另一方面，心理训练的效果很大程度上取决于运动员的自觉积极性。被动地接受心理训练或应付式的执行不会有好的效果。在激发运动员对心理训练的自觉积极性时，首先要让运动员掌握心理学的有关知识，了解心理活动规律，充分认识心理训练的作用，从而掌握心理训练方法，自觉积极地进行训练。其次是教练员应及时反馈，并激励运动员，做好启发和诱导工作。

2. 长期性、系统性原则

有些教练员认识到了心理训练的重要性，但由于缺乏对心理训练的系统了解，在安排心理训练的时间时，认为青少年只需要抽出20%的训练时数进行心理训练；而对高水平运动员抽出80%的时数用于心理训练。这是对心理训练时间安排的一种片面理解。还有些教练员和运动员在心理训练方面仅仅做出了一点点努力就想收到惊人的效果，有些运动员只尝试了几次就放松训练、想象训练，只上过几次心理课，他们就不干了，因为没有收到立竿见影的效果，他们甚至怀疑心理训练的作用。这种功利化的期望就像在一年内要训练出世界冠军一样是不现实的。也有些教练员对心理训练的理解仅局限于如放松训练、表象训练等个别具体方法的掌握和应用上。应该指出，教练员必须认识到心理训练并不是一种速效的兴奋剂，必须付出艰苦的努力来发展心理技能。心理训练也是一项长期的工作，教练员必须完整理解、全面系统地贯彻对运动员的心理训练，而不是个别零散地选用，只有这样才能收到心理训练的整体效果。

3. 与体能、专项技战术相结合原则

心理训练与体能及技战术训练相互依存、相互制约、相互促进的，教练员要像理解自身项目中的体能和技术、战术一样理解心理训练。把心理训练的内容巧妙地贯穿到身体、技战术训练中去，贯穿到每个动作的正确掌握和对动作错误的纠正中去，贯穿到每一个技术应用及配合中去，使专项训练中渗透着心理训练的内容，成为日常训练中不可缺少的组成部分。

4. 有形训练与无形训练相结合的原则

使用具体手段和现代仪器解决心理问题，在运动心理学中称为有形心理训练。这种训练采用的手段具体、有形、有色，可直接感知。所用辅助仪器的定量分析细致、可靠，对运动员和教练员都是清楚的、明确的，丝毫无保密的地方。与此相反，还存在另一种形式的训练，即无形心理训练。它着重从认知上改变运动员的看法。此种方法多结合运动训练和比赛进行，甚至在教练员与运动员的生活中自然进行。教练员有意识地进行而运动员在不知不觉中自然接受的。无形心理训练着眼于整体性的长期心理调节，不局限于个体心理异常状态的解除，但对于运动员的心理运动发展来说，无形心理训练却起着决定的作用。在实际训练中，应当将无形心理训练与有形心理训练结合起来，以无形心理训练为基础，以有形心理训练为手段，解决各自的心理障碍。

5. 区别对待原则

进行心理训练时要根据运动员的个人心理差异区别对待。例如，有的运动员属于活泼型，他们注意表现为灵活性高，转移能力强，但稳定性较差。有的运动员属于安静型，注意则表现为稳定性好，灵活性不足。教练员应根据运动员注意特点的差异，对前者加强注意稳定性训练，对后者加强注意转移和分配的训练。又如，在比赛中运动员经常产生恐惧、胆怯的心理状态，有的可能由于技术的原因引起，有的可能由于经验不足引起，有的可能因为困难的存在而引起等。必须根据不同原因，采取不同方法或措施，区别对待，帮助运动员克服恐惧、胆怯的心理。

（三）篮球心理训练方法

很多教练员认为，心理训练是用一些特殊的方法单独进行的，有的不知道如何进行心理训练。事实上，心理训练不是单独进行的，它可以体现在训练的每一个环节中，脱离体能、技战术训练的心理训练不会有理想的效果。心理训练，方法可以是多样的，甚至是具有创造性的。

1. 结合体能的心理训练

现代篮球运动的激烈对抗和快速的攻守转换对运动员的体能要求越来高，体能训练受到高度重视。在体能训练过程中，增加体能不是唯一的目的。体能训练就是要通过系统地增加负荷或难度提高运动员的身体能力，这与培养意志品质的方法特点相同。通过加大困难、克服困难、战胜困难来培养运动员的意志品质，在所有的手段和方法中是最有效的。在训练中，有目的地提高训练的难度，包括环境条件、人为设施的保障、疲劳状态、消极情绪等，要求运动员有限制地经过努力克服困难，完成任务。当运动员在此过程中主观感受到战胜困难的喜悦时，就会增加信心，精神饱满。

2. 综合技术的心理训练

篮球是技术性要求很高的运动项目，技术训练是任何时期不可缺少的训练内容。高度发展的专项知觉需要长期、不断地训练作保证，而目标设置训练是保证技术稳定提高的有效办法。在技术训练过程中，把长期的目标分解成具体的、可实现的目标，逐渐达到最终目的。同时，技术训练过程也是提高运动员个人思维能力和表现能力的过程。关于目标设置训练及表象训练等具体方法在运动心理学中是较为成熟的，教练员和运动员可以参考相关专著或文章。但重要的不是方法本身的套用和模仿，而是在对专项技术发展规律充分理解的基础上，进行创造性的应用，同时，使运动员学会心理训练的方法，使心理训练为技术训练服务。例如，在训练投篮时，教练员可以和运动员一起设置如下目标：在投篮距离上设置由近及远的目标；在难度上设置由易到难的目标；在训练要求上可以要求提高命中率或在提高难度的基础上保持命中率，如未达标可以实施一定的惩罚措施，这也是提高运动员情绪稳定性的方法之一。结合技术的心理训练关键在于对技术和心理训练的深刻理解。理解技术本身对心理素质有何要求,理解心理素质如何对技术发挥作用。比如,投篮是一项基本技术,它对运动员的专项运动知觉要求很高,而在比赛的关键时刻它对情绪稳定性要求更高。反之,同一种技术训练,由于要求不同,所训练的心理素质也不同。无压力的自由投篮是对专项运动知觉的训练;有压力的投篮是对运动员情绪的训练;一次投篮练习1000次以上实际上是意志力的训练。

3. 结合战术的心理训练

篮球战术训练中包括最重要的心理训练内容就是思维训练和团队凝聚力的培养。思维训练可以从个人思维训练和集体思维训练两个角度进行。个人思维训练结合个人战术行动进行训练,主要培养队员根据本队整体战术的需要和对方攻守的特点,以及临场变化的趋势。

第四节　我国篮球运动训练中存在的主要问题和对策

一、我国篮球运动训练中存在的主要问题

(一)训练的综合化水平低

训练的综合化是由提高运动员整体竞技能力训练水平的要求所确定的。因为任何一种训练方法、内容、手段,在解决运动员整体竞技能力的提高上只能起到某一方面的作用。训练的综合化在高水平运动员的训练中主要体现在:将多学科的知识和科研成果应用于运动训练过程;各种训练方法、手段的综合运用;训练的各方面的内容在训练不同时期和阶段的同步安排;单元训练时间内身体、技术、战术、心理、意识训练的综合进行。我国篮球运动员的整体竞技能力较低,这与训练的综合化程度不高有直接联系。我们的训练内容和手段都过于简单化,满足不了现代篮球运动发展的要求。训练中往往只注重运动员技战术方面的训练,忽略体能、心理、意识等方面的提高(与国外高水平篮球运动员相比,我国运动员恰恰是在体能、心理素质和战术意识方面差距较大),影响了运动员整体竞技水平的提高,导致我们的运动员竞技能力不全面,适应不了现代篮球运动的发展需要。某些篮球"明星"队员在国内比赛中身手不凡,而到了国际赛场上却表现平平,暴露出体能、意识、心理方面的不足,这也反映出其整体竞技能力低的问题。

（二）训练的负荷强度偏低

篮球运动是一项高强度的比赛项目，篮球运动训练尤其要注重负荷强度的要求。而我国篮球训练中恰恰忽略了这一关键因素。从省市队到国家队，训练的次数和时间相对较长，而训练的强度相对偏低，以致训练质量不高，效果不好。表现在国际大赛中适应不了现代篮球比赛高强度、高速度、强对抗的要求。美国教练看了我国国家队的训练后就坦言：训练强度太低，训练质量不高。我们都知道韩国篮球队的投篮命中率极高，出了不少神投手，这与他们平时投篮训练的强度大直接相关。他们每次投篮训练的要求是投中700个，如按平均70%的命中率，则需要投1000次，从这个数字来看，不仅负荷的量大，负荷的强度也十分突出。又如1996年在北京举行四国篮球争霸战期间，以巴西国家队的一次训练课来说，训练的量（训练时间、练习的次数等）并不大，但训练的强度非常大，投篮练习全部是在快速移动中完成的，极具针对性，远远大于比赛时的强度要求；快攻练习时间很短，但要求高质量连续完成，其攻守转换速度大大高于比赛。再看看我们的训练，一天三次训练，每次训练课的时间为2小时，负荷的量可谓不小。但训练过程中，运动员是出工不出力，训练节奏松散，训练要求低，导致训练的强度远远低于国外高水平篮球队，甚至低于比赛时的强度。由此来看，国内的神投手在国际比赛中命中率大打折扣就不足为奇了。

（三）后备力量的培养问题严重

从1995年篮球改革以来，我国篮球从赛制改革入手，充分利用外资，给中国篮球注入了活力，通过赛制的改变，篮球俱乐部的运作，把前几年不够景气的篮球市场炒作了起来，使篮球球市日趋火爆。虽然从1995年到现在我国篮球进行了一系列的改革，但一直没有摆脱篮球水平的滑坡态势。特别是1997年，所有国字号的球队在国际重大比赛中全面失手，究其原因，是我们只注重抓了市场，没有重视抓水平，特别是近年来没有抓篮球后备力量的培养，以致我国篮球后备力量严重缺乏。后备力量的培养一直是个困扰中国篮球发展的老问题，它直接关系到中国篮球改革今后的发展。

二、我国篮球运动训练对策

（一）努力提高科学化训练的程度

提高训练科学化水平，首先必须解决的是观念和认识上的问题。要坚定走科学化训练道路的信心，这是我国篮球走向世界的必由之路。我国各层次的篮球教练员基本上都是退役的运动员，他们有着十分丰富的篮球实践经验，这是非常宝贵的财富。如果因此就完全靠经验来实施训练，使训练停留在经验训练的水平，那么我国的篮球训练不仅不会有突破，久而久之只能导致训练水平逐渐下降。事实上，经验训练与科学训练是不矛盾的，成功的符合规律的经验是很宝贵的财富，只是它还处于认识的感性阶段，还不是一种自觉的有意识的训练行为，需要升华为理论，成为理性的认识。只有真正掌握了现代篮球运动训练规律并与上升为理性认识的经验结合起来，不断钻研，不断创新，用科学仪器和方法，测定数据、指标来检查动作质量、训练效果和控制负荷，使身体、心理、技战术等方面得到充分的协调发展，并通过对各项指标变化的监控，合理地控制训练过程，解决好运动负荷的合理安排问题、训练周期的划分问题、训练恢复问题等重大训练实际问题，才能真正达到科学化训练的程度，取得最佳的训练效果。

（二）抓好篮球后备力量的培养

优秀苗子＋科学训练＝成功，这已成为人们的共识。没有好的苗子，再好的训练条件也很难培养出高水平的人才。因此，要科学选材，早期培养。篮球运动员一般在20岁左右才能成熟，而训练要10年左右的时间，这样10岁就要开始培养。要正确处理好普及与提高的关系，特别是要抓好篮球运动的普及工作，利用现在篮球市场逐步升温的有利条件，采取有效措施，吸引广大青少年去看篮球、爱篮球、练篮球，积极鼓励他们参加篮球的业余训练，为后备力量的培养开辟广阔的人才市场，只有参加篮球运动的青少年人口多了，加之科学地引导和训练，才能最终解决篮球后备力量短缺问题，使我国篮球事业后继有人。这几年赛制改革后，引进外资在竞赛上花了不少钱，应再用一部分钱来做篮球的普及工作，在全国各省市真正办一些篮球学校，为中国篮球撒点种子。以战略眼光，把握住眼前的机会，把基层篮球工作者的积极性充分调动起来，扎扎实实地做好后备人才的培养工作。

（三）努力提高教练员的水平

教练员是实践训练工作的主导，因此，培养和造就一批有丰富实践经验及掌握现代科学知识的优秀教练员，是推动与发展我国篮球事业的一项具有战略意义的任务。教练员的成长，不能单靠实践，更需要学习、借鉴和不断探索、钻研。提高训练科学化水平，要解决的问题很多，但其中最重要、最关键的问题是教练员的水平。而教练员水平的高低又取决于其素质和知识结构，只懂专项，不具备多种综合知识的教练员，在现代篮球运动训练中是很难有所作为的。篮球改革以后，竞赛制度杠杆抓上去了，而训练工作忽视了。可恰恰训练当中忽略的不是整个训练，而是培养训练人的人，即忽略了教练员的培养。任何项目成绩好的时候，教练员起着重要的作用。所以，主管部门要切实加强篮球教练员的培训工作，要将此项工作落到实处，对教练员，尤其是青年队教练一定要有计划地培养。只有教练员的素质提高了，才能真正提高我国篮球运动训练的科学化水平。

第四章　篮球技术

第一节　篮球技术概述

一、篮球技术发展溯源

篮球技术在初创时期主要出现有控制球类的技术动作。早期的技术主要是模仿其他球类技术动作并移植到篮球运动中。篮球的发明人奈史密斯的体育生涯，就是在一场橄榄球比赛中作为观众而自告奋勇地替补一个开场，不久被打破鼻子的中锋而开始。因此，篮球萌芽期的近距离传球采用橄榄球中经常使用的双手抛球，远距离传球采用单手大轮臂式传球。投篮技术主要沿用了古代球类游戏活动中经常使用的单手胸前投球和双手抛球投篮。

早期绝大部分技术是在原地进行的。1897年出现了运球，但是据奈史密斯先生的学生拉尔·比说："博士反对运球。"但运球技术出现了并为运动员所掌握。1901年后规则改为可以运球，但运球队员不能投篮。1908年取消了运球队员不能投篮的规定，运球队员才可以运球投篮，但禁止两次运球。由于运球技术的发展，篮球运动的其他技术也获得了相应的发展。1910年又出现了单、双手低手传球，单手肩上传球，腋下传球。那时的篮球技术大致可分为六类，即身体平衡、脚步动作、切入技术、传球技术、运球技术和投篮技术，而抢篮板球技术作为集体配合而列入战术中。身体平衡包括有进攻的身体重心和防守的身体重心。脚步动作包括起动、停步、转身、虚晃、假动作、跳起等技术。切入技术包括时机、变速、变向、迂回、行进间切入、绕到球场外再入场、策应切入等。传球技术有胸前传球、肩上传球、勾手传球、反弹传球、头上传球、向后反弹传球、肩后传球、变向假动作传球、传低球、低手传球、腋下传球、背后传球、拍传球、跳起传球等。

由于运球技术的发展，1922年美国匹兹堡大学教练H·C·卡尔森首创了"8"字型进攻战术。它把以前站立式进攻配合改变为行进间运球的固定配合。"8"字进攻战术在20世纪20年代在美国风靡一时。这种战术的改变和完善又促进了技术的提高和发展。人们进一步总结和研究后发现，"8"字进攻只是进攻的序幕，必须将传球和投篮技术结合起来才有进攻威胁。

1928年美国宾夕法尼亚投篮名手路易斯·谢弗里赞那首创了双脚离地腾空时出

手的单手肩上投篮。由于篮球早期投篮技术都是用双手胸前投篮，双手头上投篮，双手头上扔球投篮和双手低手抛球投篮，谢弗里·赞那的投篮技术并没有引起人们的注意。20世纪30年代的世界著名球星汉克·路易塞帝是出生在旧金山的意大利移民后裔，上初中时他就有较出众的双手投篮技术。但因个子矮小，他的双手投篮由于出手低而经常受封盖，影响了投篮命中率。于是他勤思苦练，终于掌握了单手跳起投篮的绝技。

他进入斯坦福大学以后，在代表二年级学生参加全校比赛时，他以跳起单手投篮的独特技术独得大学联赛的305分，同年他参加NCAA篮球联赛又独得416分，随即受到全美篮球界的青睐。1936年NCAA篮球联赛中，他的跳起单手肩上投篮技术更加完美，为斯坦福大学战胜全美实力最强的长岛大学立下头功。在4年的大学生涯里他用跳起投篮技术创造了累计得1596分的全美历史最高纪录，3次获得全美最佳篮球运动员的荣誉，从此，他声名远扬。由此，跳起单手投篮技术在当时便成为篮球最新颖时尚的运动技术而盛行起来。汉克·路易塞帝的跳起单手肩上投篮技术是篮球运动技术发展的里程碑。国际篮联在篮球荣誉纪念馆里陈列着"单手投篮创造者"的照片和题词。斯坦福篮球纪念馆现在还保留了他当年穿的7号球衣。1987年2月22日，斯坦福大学球队司职后卫的队友菲不松纳在斯坦福大学校园铸造了一尊汉克·路易塞帝的全身铜像，以纪念他为篮球事业做出的贡献。

1892年奈史密斯制定的原始规则第三条规定："持球队员不准带球跑。"但当时带球跑的定义含糊不清，人们的理解不一样。1930年明确规定："持球队员若有一足占据原地，则可向各个方向转身，不能持球走。"规则的发展，给篮球技术的进步创造了条件，因此在当年南美洲举办的第一次洲际男子篮球锦标赛就出现了勾手投篮、空中转身投篮、跳起低手投篮、前转身撤步投篮技术。1931年由于规则又增定了面对面防守被视为阻挡犯规的条款。防守技术上要求更合理，防守技巧上要求更强。各种滑步、交叉步、后撤步的移动步法要求更精细，防守技术成为篮球训练中的重要内容。

1933年《女子篮球规则》规定："球员持球在手，向任何方向做越量之行进，谓之带球跑。"进一步解释说明："一球员快跑时接球，如果裁判员认为该球员确已尽力在两步之内停止或将球掷出去，应予以宽容，越量就是两步以外。"由此，持球突破技术有了迅速的发展，并开始运用简单的组合技术，使技术动作不断创新，动作速度加快，出现了各种单手和行进间技术。由于持球突破技术的发展，对防守技术的要求更高，难度更大。1935年在瑞士举行的第1届欧洲锦标赛中，夹击技术已广泛运用。1937年，紧逼防守从技术上又有改进。错位防守、放弱堵强的领防技术进一步提高。

第二次世界大战结束以后，篮球运动的"8"字进攻年代逐步到了换位进攻年代，运动员的个人技术要求更加全面。位置技术一方面在技术训练中出现分化，但在战略、战术要求上又相互融合。

20世纪40年代末到50年代初，各队都一味追求高大中锋。因此，这一时期篮板球技术获得了空前的发展，使人们在战略思想上意识到谁控制了篮板球，谁就控制了篮球比赛。为了限制像乔治·迈肯这样高大队员的篮下优势，美国NBA率先修改规则，将原来6英尺的3秒限制区扩大为12英尺。国际篮联1956年也将限制区扩大成5.8米×3.6米的梯形。

20世纪60年代出现了以防守见长的篮球巨星比尔·拉塞尔，他用那神话般的防守和盖帽技巧带领波士顿凯尔特人队11次夺得总冠军。因此，人们对防守的看法有了新的认识，提出了"以防守制约进攻"的理论。这一时期，防守中锋技术出现了错位防守、绕前防守和挤压防中锋技术，以至于NBA最伟大的篮球巨星张伯伦未能在拉塞尔的防守面前获得一次总冠军，从而留下终生遗憾。

20世纪70年代，随着防守战术的多样化，技术动作的日渐完善，眼花瞭乱的胯下运球、背后运球、左右手抛投上篮技术及其一系列组合技术，尤其是以贾巴尔为代表的中锋勾手技术都获得了广泛的运用，把过去偶尔使用的各种"花草"技术，演练成为篮球运动员必备的基本功。

现代篮球技术是融合速度、高度、力量、灵敏、熟练动作为一体。1984年，三分规则的出现不仅促进了远距离投篮技术，而且加强了中锋内外结合的技术能力。近年来，由于运动员的身体素质不断提高，对抗性技术也不断发展。迈克尔·乔丹急停后仰投篮的招牌技术、行进间抛投技术及各种扣篮技术在比赛中得到广泛应用。总之，篮球运动技术是随着规则的不断演化、战术的不断创新、身体素质的不断提高而发展的。

二、篮球技术的作用和特征

（一）篮球技术的作用

篮球技术是指在篮球比赛中，运动员为战胜对手，所采用的各种专门动作方法的总称，它包括由这些动作方法组合而成的攻守技术动作体系。

篮球技术是篮球比赛的基本手段，也是运动员比赛行为的核心。在比赛中，队员的智慧、技能、应变能力、作风和创造力都是通过篮球技术在对抗中集中表现出来的，它是运动员竞技水平最显著的标志。

篮球技术又是篮球战术的基础。在比赛中，运动员技术的运用和表现，实质上都是通过各种战术形式和方法得以实现的。在比赛中，战术是形式，技术是内容，任何战术意图和战术方法的实现，都需要熟练准确的技术动作和应变能力作保证。

因此，篮球技术的运用，既要体现技术动作方法的合理性，又要体现解决比赛任务的实效性。在比赛中，一切技术的运用都是以技术动作的组合形式出现的，技术动作的组合是攻守对抗的基础，也是技术运用的重要保证。队员只有在掌握多种单个技术动作的基础上，形成规范的动作定型，达到快速、熟练、准确，为技术动作的组合运用打下基础，才能提高运动员技术的应变能力。

（二）篮球技术的基本特征

1. 技术与技术动作的关系

篮球技术是以技术动作为基础，以身体素质为保证，以意识为前导，以战术为形式，通过各种技术动作在比赛中来体现的，反映了运动员技术动作完成的合理性、实效性和观赏性。

就技术与技术动作的相互关系而言，技术含义相对比较广泛，而技术动作的含义则比较具体。从广义来看，技术是运动员在比赛中所完成的动作，具有运用的成分；而技术动作则是具体化的技术方法或手段，是指技术动作本身的规格、表现形式、运动节奏、身体姿势、动作轨迹、动作时间、动作速度、动作力量、速率、节奏等方面。

当涉及技术问题时，往往需要注意动作本身的各个因素，还要考虑技术动作的效果，而这种"效果"是运动员通过完成各种动作，在对抗的环境下表现出来。所以说，动作是技术的表现形式，是技术的载体；技术是动作的内在属性、内在根据。技术必须通过动作表现出来，只有通过技术动作的表现，才能在比赛中表现出运动员的技术。

简单地讲，篮球技术动作就是单个基础动作。篮球技术动作的完成都是按照一定的顺序、方向、路线、节奏、时间、空间和用力的严格规定进行的。篮球技术中任何技术动作都有严格的动作规范和要求。其动作方法必须适应人体解剖学和运动生物力学的基本原理，并以篮球规则为依据。正确的技术动作应是合理、完美的，既协调又省力，并适应对抗的需要。

2. 篮球技术动作的特征

（1）动作完成的变异性。篮球技术动作具有相对稳定的动作环节，各环节之间按一定顺序连接构成，组成技术的微观结构。如双手胸前传球有蹬地、伸臂、翻腕、手指拨球4个环节，这4个环节按特定的、不予更改的顺序构成双手胸前传球的动作结构。从动作的完成角度来讲，技术动作的结构是不能随意改变的。对动作基本环节的掌握程度和对各个环节的串联节奏，决定着技术动作的完成质量与效果。

然而，在比赛中技术动作的运用必须随着场上的变化而变化，根据对手情况，灵活地改变固有的动作结构，即改变技术动作完成时的用力大小、方向、节奏、时间、动作幅度，确定运用技术的方式，创造性地完成各种攻守技术，它反映了运动员篮球意识与技术储备的有机结合。

（2）动作组合的多变性。多变性表现为动作组合的固定与不固定相结合。篮球技术的动作包含着固定与不固定两个方面：从单个动作结构来看，它是固定的；但从两个或两个以上单个动作的组合来看，它又是不固定的。如双手胸前传球的动作是固定的，它是运动员经过反复的练习与雕刻而形成的；而双手胸前传球后不论是与徒手摆脱切入组合，还是与掩护组合，都要根据场上的情况而决定，体现了不固定性。篮球动作的固定性保证着动作质量，而不固定性则是动作实效性的基础。

（3）动作运用的多元性。篮球运动隶属开放式技能项目。从篮球技术的外部现象来看，技术动作有位移和非位移、支撑状态和无支撑状态、周期性的和非周期性，以及双手和单手的动作。运动成分和运动要素多种多样，表现在方法上有单个动作和组合动作，而组合动作又有有球的组合和无球的组合、有球与无球的混合组合，技术的完成形式多属于组合形式，动作运用具有多元化特征。

3. 篮球技术的特征

（1）身体动作与控制支配球的结合。篮球技术区别于其他运动项目技术的最显著特点，就是运动者用手直接控制和支配球，并与全身协调配合组成各种专门动作，最后通过手部的动作控制、支配球的运行和争夺获球，使身体动作与控制支配球融合为一体，展现出篮球技术的魅力。

（2）动态与对抗的结合。篮球竞赛本身就是一个攻守对抗的动态过程，一切篮球技术都是在动态和对抗中操作，快速、准确、实用、多变，充分表明了在争取时空主动上的合理性和创造性，两者的结合则是篮球技术的又一特征。

（3）相对稳定与随机应变的结合。任何运动技术都具有相对稳定的动作环节，篮球技术也不例外，但它又是必须随着环境的变化而变化，随着对手的变化而变化，并要及时做出应答动作的开放性技能。要在攻守对抗中各种不同条件下去组合动作，随机应变创造性地完成攻守任务。

（4）规范性与个体差异的结合。任何运动技术都必须符合科学的原理而具有一定的规范性，某些动作环节的规范影响着球的运行和效果，因此，必须按规律来操作。然而，队员有个体的差异性而表现出不同动作的特点和风格，这在篮球比赛中尤为突出，因此，在训练与比赛中不能强求动作外形的模式，而要讲求实效。对于比赛中运动员技术动作的完成，应视赛场情况的变化和运动员自身应变能力而定，除强调一般技术规格外，还可表现个人的技术特点。

三、篮球技术的运用基础与特点

篮球技术的运用，是指运动员个人在比赛行动中合理使用技术动作的表现与发挥。

（一）篮球技术运用基础

比赛实践证明，运动员的技术运用要想发挥最佳效果，主要取决于以下因素。
①全面、熟练掌握各种技术动作是技术运用的前提。

②良好的体能是技术运用的保证。
③稳定的心理素质是技术运用的灵魂。
以上三点缺一不可，它们相互影响，相互促进，是篮球技术运用的基础。

（二）篮球技术的运用特点

现代篮球技术的运用特点主要表现如下。

1. 快速性

篮球比赛速度日趋加快，双方在攻守交错中对抗，必须果断迅速地作出决断并付诸行动，否则错过时机，场上情况又会发生变化。机不可失，决断与行动必须迅速统一，这样才能取得主动与优势。

2. 组合性

篮球技术在比赛中运用时，几乎都是动作组合的运用，而不是单个动作或固定程序的运用。必须根据不同情况，采用先后组合、同步组合、无球组合、有球组合等形式去应对比赛中出现的各种变化，去完成攻守的具体任务。

3. 多变性

篮球技术运用不仅有动作组合的多样性，还在于行动中的多变性，表现在动作操作上的主变、应变、静中变、动中变，以及在方向、速度、路线、节奏、幅度等方面的变化，最后达到准确性的要求。实效与多变是技术运用的核心，也是最为突出的表现。

四、促进篮球技术发展的因素

在篮球运动发展过程中，技术的发展是最活跃、最积极和最有推动力的根本因素之一。篮球运动的每一次变革、每一次飞跃都与技术的发展密切相关，它是篮球运动发展的原动力。总结和研究篮球技术发展的因素，对促进篮球技术的创新，进一步推动篮球运动的发展具有积极的意义。

（一）运动员自身其他因素的发展

运动员身高的增长、身体素质的发展、智力与心理品质和意志品质的发展等，是促进篮球技术发展和提高的基础。身高是发展高空技巧的有利条件，良好的身体素质是技术运用的基础。身高与身体素质的结合，尤其是高大队员与速度和灵活性的统一，使比赛中攻守争夺的空间不断扩大，篮球技术运用的难度越来越大。许多高难度技术，如空中封盖、抢断、扣篮、后仰投篮等新技术的出现，都是在运动员自身竞技能力以外的其他因素发展的基础上得以提高与创新的。

（二）竞赛规则的修改与完善

篮球竞赛规则不断修改、完善，对篮球技术的发展起着导向和促进作用，影响攻守技术之间平衡与不平衡的发展。规则的一些具体规定，在一定的时间内也直接制约或推动着篮球技术的发展速度。1936年国际上正式统一了篮球规则之后，每过4年都要修改一次，主要目的是限制不合理的技术，促进合理技术的发展。规则的演变决定了篮球技术的发展方向。

（三）篮球战术的创新与发展

现代篮球战术发展对技术提出了更高的要求。战术失去技术的支撑就无法落实，篮球战术的每次创新和发展，必然引起从事篮球运动人员的积极研究与借鉴，努力改进技术及其训练法，促进技术向更高水平发展。

（四）竞赛与交流的进一步发展

篮球比赛是进攻与防守的激烈对抗，攻、守对立统一规律决定两者的互相依存、制约和互相促进。篮球技术实践证明，进攻技术往往起主导作用，在一定时期进攻技术发展了，必然会促进防守技术的提高；同时，防守技术的提高，也必然刺激进攻技术有新的突破。

现代竞技篮球运动的职业化，进一步提高了竞赛的技巧性、对抗的激烈性，加剧了人们对技术的投入和开发，成为是技术发展的重要途径。

现代篮球运动在世界范围的广泛开展和交流，不同年龄、不同性别、各种区域性、国际性的篮球竞赛的频繁进行，为篮球技术的交流提供良好机会，进一步促进了篮球技术的发展和提高。

（五）理论研究与科技运用的推动

篮球训练理论与实践不断创新，技术研究及其训练原理的应用与开发，体育科学中的许多基础学科和边缘学科的发展，使得它们的理论与方法为研究篮球技术的理论和动作方法的更新提供了依据，起到了指导和论证的作用，使技术的发展与作风、身体、战术、心理和智力等紧密结合，从而推动了篮球技术向精尖化、高水平方向迅速发展。现代科技在篮球运动中的运用，对篮球技术的发展和提高也起到了巨大的推动作用。

第二节 篮球技术分析

一、篮球技术的分类

篮球技术的分类就是将相同或类似的技术动作加以区分和归纳，分成不同的类别。科学的技术分类是便于深入认识篮球技术动作特征及其作用，揭示动作结构特点及其变化规律，研究技术动作之间及其变化规律，研究技术动作结构特点及其与战术的关系，促进技术的运用与发展，便于合理地安排教学与分析篮球技术的合理性，从而科学、系统地组织教学和训练工作。

篮球技术多种多样，作用各异，要加以区分，明确其相互隶属与并列关系。建立整体的逻辑层次，就必须有科学的分类依据。分类依据是构成分类体系的出发点，不同的分类依据会形成不同的分类体系。概括其分类依据主要有以下四点。（见表4-1）

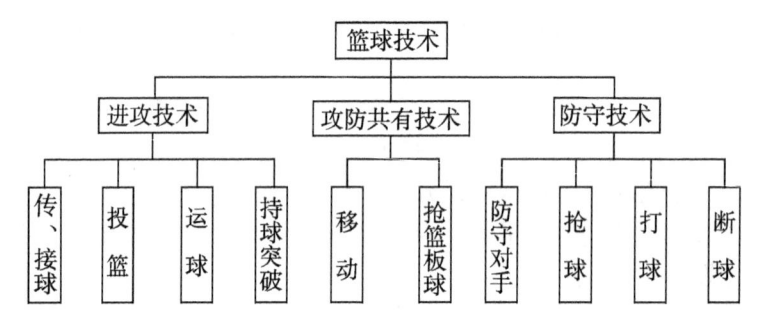

图 4-1 篮球技术的分类

（1）依据篮球运动本身固有的攻守对抗规律。篮球技术分成攻防共有技术、进攻技术和防守技术三大部分。

（2）依据技术动作的目的、任务和作用，把每部分技术区分、归纳成不同的类别。如进攻技术可归纳成传接球、运球、投篮等几类；防守技术可归纳成抢球、打球、断球、防守对手；攻防共有技术分为移动和抢篮板球。

（3）依据技术的动作结构特点，可以把技术动作区分为不同的动作方法。如投篮技术动作可分为单手投篮和双手投篮。每种动作方法又因其运用条件不同区分成不同的变形，如单手投篮分为原地单手肩上投篮、跳起单手肩上投篮等。这些具体的投篮方法都是从单手投篮动作方法中派生出来的。

（4）依据技术动作的不同形式，将篮球技术动作分成单个技术动作和组合技动作。该分类体系将篮球技术动作形成一个完整的网络系统，它的特点是分类目的明确、结构严谨、层次分明，既明确了技术动作的联系和区别，又确定了技术之间的从属关系，准确地概括了篮球技术运作的全部内容。这一分类体系对我国篮球教材建设、指导教学训练及培养专业人才等方面都发挥了重大作用。

二、篮球技术分析

（一）篮球技术分析的原理

技术分析是技术训练的前提，目的是为尽快掌握正确的技术动作，改进和提高技术运用能力，创造有效的训练手段和方法，充分发挥技术在比赛中的作用。篮球技术动作质量和效能受到多种因素的影响。在进行技术分析时，必须运用多种科学原理进行综合分析，才能得出正确的评价。

1. 运动解剖学原理

根据技术动作结构分析运动器官（主要是肌肉）的工作方式，主要依据运动解剖学原理进行。每个技术动作各个组成部分之间存在固定的内在联系，称为动作结构。动作结构是确定技术动作合理性的主要依据，因此，分析动作要首先了解不同技术的作用及其动作结构特征，说明动作的各个阶段运动时身体各部分的姿态、顺序和特点，分析身体各关节运动的方向及各部位的关系。如该动作由人体哪些环节参与，各关节角度和参加工作的肌肉工作特点，分清主要工作部位和起配合作用的环节，动作与体轴关系及身体各部位如何协调配合，以及完成动作时，人体处于何种状态等等。系统揭示人体各环节之间的运动器官及各器官系统的活动特点，阐明各器官系统的相互关系，掌握各项技术动作的结构特征与规律，使其符合人体运动解剖学原理，提高技术动作的合理性。

2. 生物力学原理

篮球技术动作是人体或人体与球结合的运动，是通过肢体与外界作用而完成的位移或特定攻、守动作。因此必须根据生物力学原理，分析整个人体在时间和空间的运动学形式和特点；分析引起人体运动各种力的来源及其相互作用的动力学特征，包括球受人体和地面（篮板）作用力在空中的运动特点等等。

篮球运动技术动作包括人体或球的线性运动、角运动（转动）及两者结合的复合运动。运动学特征主要表现为位移（或肢体移动）的速率、速度、加速度和重力加速度变化。动力学特征主要分析人体的质量与惯性、内力与外力及其相互作用、力矩与杠杆原理、重心和平衡等对技术的作用和影响。如身体的姿势直接影响平衡的稳定性和起动能力（破坏平衡），移动速度及方向的变化受肌力作用改变动作结构引起外力（地面反作用力）相互作用所决定，传球涉及传球方式、出手速度、高度和空气对球的阻力；决定投篮效果球体飞行路线的因素是出手高度、速率、出手角度、入篮角以及飞行中遇到的空气阻力等，都必须运用生物力学原理，而分析持球进攻对抗技术动作的合理性、无球摆脱重心控制的灵活性，以及防守中快速出击和抢、断球的爆发力等，以便建立良好的技术动作模型，不断改进，使其向更加科学化的方向发展。

3. 运动生理学原理

在技术动作的教学中，较多运用人体结构和生物力学原理进行分析，使队员形成正确的技术动作定型。技术训练主要是改善人体各器官系统的生理功能，在掌握较多动作技能的基础上，通过不断提高难度和在复杂条件下实施强化作业，获得机动灵活、随机应变地运用组合技术动作的能力。篮球技术动作的效能，在很多方面受到人体生理机能的影响，所以技术动作分析离不开生理学原理指导。在近于比赛的高强度、大负荷训练条件下，强而集中的神经过程，对提高中枢神经系统调节运动性机能有良好作用；大脑皮层神经过程的强度、均衡性和灵活性得到改善，必然提高技术动作的条件反射性功能，提高技术动作的实效性。

事实上，优秀篮球运动员对声和光的反应潜伏期缩短，肌肉对攻守动作精确分化能力提高，视野、中央视觉、本体感觉和位觉感受器的兴奋性和敏感度提高，有助于精细感觉、准确判断和敏捷行动能力的提高。运动员的心肺功能及其受对手、位置、战术和战局影响产生的变化，都直接影响技术质量及其临场发挥。

试想，一个技术动作结构和用力都合理的队员，由于肌肉力量和心肺功能较差，在高强度激烈比赛中就很难表现出合理的技术动作效果。由于不同位置的队员代谢机能存在差异，所以队员的位置、攻守节奏和战术变化都会引起队员代谢功能的改变；在机体尚不适应的情况下，队员的对抗力度、摆脱与躲闪的灵活性，以及技术动作结构和应变能力必然下降，甚至会出现较多错误，所以提高技术运用能力必须重视生理学原理对技术的分析。

4. 运动心理学原理

个体心理差异明显影响技术动作的掌握、巩固提高和运用能力。技术动作不佳现象的背后，总是隐藏着技术教学和训练过程的特殊心理规律。采用人工心理调节手段，消除心理障碍和创伤，是保证在训练和比赛中正常发挥技术水平的重要方面。

由于教学、训练和比赛的情景和要求不同，队员的动机水平、求胜欲望、对手强弱和心理压力有很大差别，即使同一队员在不同情况下的技术表现能力往往有明显起落。这大多是心理因素所致，如受运用技术的动机强度、心理适应性、应激准备和预见能力等影响。比赛中，体力和心理能力消耗很大，如果没有适宜的心理过程，不能正确引导个性心理特征发展，即使身体素质、技术水平和战术训练较好，也很难在比赛中有好的发挥。在紧张激烈的比赛中，技术失常现象不能局限于技术原因，而要看心理作用。参加高水平比赛的运动员的心理因素往往起决定性作用。

在进行技术分析时，要考虑训练中的欲望和态度，增强意志力以克服困难，提高注意集中能力以抗外界干扰，建立自信心以发展技术能力。引导队员及同伴间进行心理能力和技术间的相互补偿（如拼抢篮板球以补偿投篮的不中；有效的补防以鼓励外线队员的逼上防守等），使队员保持良好的作战情绪，是保证技术发挥的有效手段。

在技术训练中，要使合理的动作结构、顺序与建立心理的稳定性密切结合。如中锋的抢位接球、攻击、抢篮板球和回传球等，按对抗顺序发生的攻击行为和有准备的应变程度，防守技术中敢于逼上的心理判断的时机选择，以及罚球时的念动训练等，都是运用心理学原理进行分析和改进的有效措施。

（二）篮球技术分析的原则

由于篮球技术很多，相互交叉组合，要求在对抗条件不断变化的情况下取得良好的技术效果。如何判定技术动作的合理性，给技术分析带来较大的难度，所以在具体操作时，除遵循基本原理以外，还应掌握技术动作分析的一般原则。

1. 实效性原则

此原则是根据不同的目的和任务确定不同的质量要求，按照运动技能形成的基本规律，从技能发展各阶段的实际出发，以达到相应阶段的教学训练效果为原则。例如在初学阶段主要是掌握单个动作。运用时期分析法，观察动作的结构，以判断动作的规范化程度是否形成正确的动作定型；在技术提高阶段，要学会初步运用，除进一步巩固已形成的各种技术动作定型以外，主要是掌握组合技术，分析动作应从技术之间衔接的连贯性、多种技术优化组合能力、简捷实效的动作质量，以及真假动作的合理变化入手；进入攻守对抗，是技术运用能力着重提高技术的运用能力阶段，主要分析动作的力量性、抗干扰能力、应变能力、时机选择及运用效果，较多体现为技术运用的战术意识水平。

2. 整体性原则

人体是一个统一的整体，技术动作是由人体各个部分协调配合完成的，分析篮球技术动作，应坚持整体性原则，从整体出发进行优化分析。整体分析是分析技术动作的完整过程。篮球技术动作都是由几个部分组成的，进行分析技术动作时，首先需确定动作的组成部分，进而分析各个部分在时间上的先后顺序及其关联和影响，由此明确技术动作的整体结构。如持球突破是由蹬跨、转体探肩，推放球和加速四个部分组成。蹬跨是非中枢脚向突破方向跨出的第一步，同时上体前倾转体探肩，侧靠防守人以减小阻截面积和保护球，随之就要向前推放球，第二次蹬地加速超越防守人。这四个部分动作虽然有先后顺序，但是没有明显的停顿，而是快速、协调、连贯地进行。同时，各个部分动作之间又互相影响。如跨出的步幅应适当大一些，步幅过小不利于抢占有利位置；步幅过大又不利于下一步的蹬地加速。推放球要做到以球领人，有利于保护球和加速，但过于前放对衔接下一动作不利。

优化分析就是分析组成技术动作的各个部分与整体动作的关系。各个部分对完整技术动作都有重要影响。提高了各个部分的功能，就会提高完整技术动作的效果，而且整体功能和属性大于各部分功能和属性之和，能收到事半功倍之效。同时要特别注意关键部分对技术动作的影响。关键部分解决得好，会促进整个技术动作效果的提高。如原地单手肩上投篮是由持球动作、蹬地、伸臂、压腕和拨球等部分组成。只有提高各部分的质量，才能保证整个投篮动作的效果。但其中投篮出手的腕、指用力和全身的协调配合，又是完成整个投篮动作的关键。这两个环节解决好了，就能有效地提高投篮技术的效果。

3. 优化发展原则

随着队员身体素质和身高的不断提高，比赛中攻守对抗的激烈程度越来越强，必然使篮球技术动作的对抗性逐步提高，技术运用日趋技巧化。所以分析篮球技术动作应遵循动态原则，从发展着眼，分析技术动作的变化趋势，从中发现发展规律。遵循优化发展原则应注意：技术动作的发展与队员身体素质和身高的发展相适应；进攻技术动作的发展要符合攻守对抗要求。例如运球技术：现在运用较多的是以肩为轴，用大臂发力做提拉式运球，这是因为防守队员与有球队员的距离越来越近，运用这种技术可以侧对或背对对手，使球远离防守队员，便于保护球和观察场上情况。由于运球力量和动作幅度较大，手对球形成吸按动作，可充分利用球反弹的惯性。在不违反规则的情况下，尽量延长手与球的接触时间，变化接触的部位，随时变化运球的方向和动作。高大队员运球时不必将身体重心降得太低，有利于提高运球速度和灵活性。

4. 个性差异原则

因年龄、性别、个体形态结构、身体素质和手、脚用力习惯等方面存在着差异，所以各个队员掌握和运用篮球技术动作必然有所区别。如原地单手肩上投篮，因少年和女子在力量方面与成年男子有较大差距，所以在他们运用这个动作时就要加大臂的工作距离，增加投篮力量。一般来说，女子和少年投篮姿势的持球点偏低，下肢各关节的弯曲程度较大，以加强腿部的蹬伸力量。特别是远距离投篮时，这些动作更加明显。因此，在分析技术动作时，在动作结构基本符合规格要求的前提下，应当注意到个性差异，承认差别，不可强求一致。

5. 规则准予原则

篮球规则对持（运）球移动和身体接触等技术的合法性有特定的要求，应在规则允许的范围内掌握和运用技术。超出规则规定的要求，即使该动作符合人体运动原理，也不准使用。所以，在分析技术动作时必须考虑规则准予原则，由此判定技术动作的合理性，并根据规则的变化确定动作规范和技术发展方式。例如，内中锋从三秒区左侧摆脱插上跨步接球，右脚在前先落地，如果他撤右脚后转身，跨左腿上篮，从动作结构、顺序、用力和效果上看可能是优化的，但规则规定，移动中接球先落地的脚为中枢脚，提起中枢脚再落地判为违例，因此该动作是不可取的。同样，跳起或在地面伸展肢体超出了"垂直原则"（圆柱体）与对方发生了身体接触，这种伸展就变成了犯规。所以在分析技术时，必须充分注意规则的严格限定。

（三）篮球技术分析的方法

每个教练员都应该知道如何判定和评价各项技术特征，诊断运动员的现实状态，同时对其技术水平进行分析。在训练的各个阶段都需要及时进行分析和评定，所以教练员必须掌握技术分析的方法。

1. 观察分析法

这是最常用的分析方法。简单的观察不需特殊仪器，适用于动作质量特征分析，如动作的节奏和精确性；复杂观察可用录像、影视和多媒体器材进行。通过比赛和训练对队员掌握和运用技术的情况进行观察、对比和分析，从中发现存在的问题。在采用正误对比分析时，观察人员头脑中应有正确动作的印象，也可以利用图片：影片和录像等与队员掌握的技术动作进行对比。既要发现技术动作的错误，也要进一步分析产生错误的原因。对技术动作运用的分析，首先应明确运用的标准，即是否能达到预期目的。由于比赛情况错综复杂、瞬息万变，让队员运用每个技术动作都能达到预期目的是不可能的，主要是通过观察分析找到达不到预期目的的原因。这些原因中有时是对对手的行动意图和周围情况判断不准，或运用技术动作不合理；有时是运用时机掌握不好或应变能力差；队员的思想和心理调整不好也会导致技术失常等等。对各干扰因素要做深入细微的分析，找出问题的症结，以便采取有效措施加以解决。

2. 动作结构分析法

动作结构分析法是按动作形式分析技术的结构，确定人体运动形式的构成、各部分的时间顺序、它们之间的关联，及在完整动作中的作用。即从时间上按技术动作完成的顺序对技术动作进行分析。除跑动以外，一般把篮球技术动作分为准备、工作和结束三个时期或阶段。在分析具体技术动作之前，要考虑到该动作的目的、任务、动作前所处的状态和在什么条件下完成。然后再按三个时期进行具体分析。

准备时期是为工作时期做好准备。这个时期主要抓准备姿势和预备动作，它能为工作期完成动作创造最有利的条件（改变有关关节的肌肉工作距离、方式和骨杠杆特征）。工作时期是完成主要（用力）动作的过程，它是整个动作的关键部分，动作的效果也取决于它的工作。如投篮技术的出手动作是主要动作。对主要动作的用力过程，要根据具体动作方法和任务来分析人体诸力相互作用的合理性。结束时期是要保证整个动作效果和使人体恢复到稳定状态的过程。在完成用力过程后，还有一定的延续动作使整个动作结束，在许多情况下为衔接下一动作做准备。结束时期的正确与否在组合技术的衔接运用中尤为重要。合理的结束动作也可避免不必要的损伤。时期分析法用来进一步详细描述动作方法，确定各时期范围的活动变化及其相互间关系的特点，在此基础上，研究和制定篮球技术动作的教法手段。

3. 生物力学分析法

生物力学分析法是运用运动解剖学和生物力学原理对技术动作进行分析，明确参与工作的骨骼、关节和肌肉工作形式与特点，分析完成技术动作时骨杠杆的比例关系、各关节角度的变化，以及各肌肉群用力的方向、大小、相互配合及其对技术动作的影响等等。动作结构分析法应与篮球运动攻、守对抗特点密切结合。例如，准备姿势是人体处于相对静止状态下完成的，主要由两脚开立、两膝弯曲和身体重心的控制三部分组成，两臂和上体起协调配合作用。篮球比赛中，队员的一切攻、守行动都是瞬时的应答性动作，不可能有较长的准备时间，但却要求在最短的时间里发挥出最大的运动效果，达到突然起动、变化方向和动作的目的。所以在比赛中必须随时使身体保持既有一定的稳定性，又有较大机动性的合理准备姿势。根据力学原理，物体在静止状态下的稳定性取决于三个条件：支撑面的大小、重心的高低；质量大小。物体的支撑面大、重心低、质量大，它的稳定性就大；反之稳定性则小。两脚开立可增大支撑面积；两膝弯曲会使身体重心下降（人体质量作为常数可不予考虑），从而加大人体的稳定性。然而，篮球比赛中要求有较大的机动性。为了使稳定性和机动性合理地统一于准备姿势之中，那么两脚开立的宽度和两膝关节角度是关键因素。

如果两脚开立面过窄，身体的支撑面小，稳定角（身体重心垂线与重心到支撑面边缘连线的夹角，它的角度越小，稳定性也越小）较小，有利于向各个方向起动，但是这种较小的稳定性在对抗中很容易失去身体的平衡，不利于迅速改变或衔接其他技术动作；相反，两脚开立过宽、人体重心降低，因稳定性太大，要破坏这种姿势，使身体由静止状态进入运动状态，要较长的时间（破坏平衡需使身体重心超出支撑面），所以不利于向各个方向突然起动。

合理的准备姿势要求两脚开立，与肩同宽。膝关节角度保持 135° 左右，踝关节角度在 70° 左右（这时的稳定角在 20° ～ 30° 之间）。这样既能保持较好的稳定性，又能在对抗中维持身体平衡，同时也具有较大的机动性，保证向各个方向迅速起动，使技术动作的稳定性与机动性趋于统一。

正确的准备姿势适度拉长了下肢三个关节的原动肌群（臀大肌、股四头肌和小腿三头肌等），能增大蹬地时肌肉爆发式收缩的力量。需要起动时，三个关节迅速伸直，以最大力量作用于地面，从而使人体获得相应的地面反作用力，产生较大的起动速度。

4. 控制分析法

控制分析法一般是从生理和心理两方面对技术动作特征进行分析，确定在动作技能形成各阶段影响技术提高和发挥的生理和心理因素，以便进行针对性训练。

影响篮球技术动作掌握和提高的生理因素主要指神经生理和感觉对技术的作用。如适宜兴奋性对动作协调性和准确性的作用；根据攻、守对抗规律建立正确的技术条件，身体对技术负荷的适应程度及其在激烈比赛中的生理应激能力。影响运动技能形成与发展的因素，包括发展视觉、听觉、位觉、皮肤感觉与本体感觉之间的相互作用，第一、二信号系统的相互作用，运动技能之间的良性影响，以及专项素质发展和消除疲劳对技术效果的作用等等。主要是掌握人体技能状态的变化规律对技术动作的影响，在训练和比赛的准备及实施中，不断诊断分析，及时调整改进。

对技术动作的心理分析，就是及时诊断影响运动员技能形成和发展的心理因素，找出原因，正确使用心理训练手段和方法，促进技术的提高与发挥。心理分析包括动机激励、情绪诱发与控制、运动知识与技能掌握过程中的心理调控、发展心理优势（思维、情绪、意志、性格等），以及比赛的心理准备、赛中情绪调控和赛后心理调整对动作的影响，消除在各个环节上直接或间接影响运动技能发展的消极因素和心理障碍。

5. 技术统计分析法

技术统计分析法是在比赛和训练中对队员掌握动作技术的情况进行数据统计，然后再进行具体分析，发现技术运用规律及出现的错误。如对投篮球落点的统计，假使有80%的不中球都落在篮圈右侧，就可以根据这一统计结果分析其原因，设法纠正。这种方法目的明确，简便易行，定量分析，说服力强。

运用统计分析法应首先确定统计的内容和方法，事先设计好统计表格，并对统计人员进行培训，熟悉统计的目的、内容、方法和要求，使统计工作准确无误。统计的场（课）次要尽量多一些。场（课）次太少，信度较低。对数据进行统计处理时，要排除偶然因素，保证分析的可靠性。

进行数据分析时，一定要采取实事求是的态度，尊重客观实际。切忌以主观判断作结论，或依赖某些权威观点代替材料。要尽量考虑到产生问题的各种因素，结论要符合实际，以便采取针对性措施解决存在的问题。

6. 综合分析法

涉及复杂技术的掌握与运用、纠正错误动作习惯和解决技术对抗难题等情况。影响技能发展的因素较多，不可能以一种方法足以说明和解决问题。这时可运用几种方法综合分析，能更准确地发现存在的问题及其干扰因素，并从不同方面同时加以改进，收到更好的效果。如对突破急停跳投技术动作的分析，可先从一攻一成功率统计开始，同时以录像或计算机观察其动作结构，然后进行生物力学分析。这样会得到更加全面、准确的结论，便于采用针对性训练措施。在进行综合分析时要注意方法选择的合理搭配，并有重点，力求简单易行，经济实效。

(四)篮球技术动作的要求

1. 单个技术动作

篮球运动的单个技术动作是篮球组合技术的基础,它包括投篮、传(接)球和运球等。组合技术是由几个单个技术动作组合而成,所以单个技术动作掌握得越多、越熟练,组合技术就越灵活、效果就越好。掌握和提高单个技术动作的质量和效果应达到以下要求。

(1)严格技术动作规范。动作规范是指必须达到的规定质量标准。篮球技术动作有一定的顺序、方向、路线、节奏、时间、空间和用力等规格要求,符合人体运动学和生物力学原理。正确的技术动作应既快捷有效,又协调省力。另外,技术动作必须适应对抗的需要,不单纯指对抗形式,更重要的是对抗动作结构。比如过去的运球技术动作是以肘关节为轴,小臂发力,用指、腕连续进行按拍动作,这是由于过去防守松动,防距远,防守人不积极干扰运球所致;而现在运球技术动作有时变为以肩关节为轴,大臂发力,前臂和手腕在体侧或身后进行吸拉式按拍动作,这种变化是由于贴身防守技术出现,防守距离缩小,防守人积极抢、打干扰破坏,运球者必须用身体把防守人和球隔开,达到保护球和设法攻击的目的。

(2)技术动作要有速度。动作速度是指技术动作完成的快、慢程度,是争取时间的重要条件。在正常情况下,技术动作必须快速完成,抗干扰,争取主动。例如跳起投篮,要求起跳快、出手快,在对方来不及防守时已完成动作。如果动作缓慢,就会被对手封盖,造成失误。快速动作是基础,在实际运用技术时,该快则快,该稳则稳,掌握好快、慢节奏变化,提高动作速度,必须有合理的准备姿势,动作协调熟练、简捷有力。

(3)技术动作要有力量。动作力量是完成动作时所用力量大小的标志。进攻中要想在对方贴身防守情况下跑得快、跳得高,并能摆脱防守去抢占有利位置或完成投篮动作,缺乏力量是很难做到的。防守中,要想顶、卡、堵截进攻队员的移动路线,在有身体接触的情况下封盖投篮或抢篮板球,没有力量也不能完成。增强技术动作力量,除发展上下肢、胸、背、肩和腰腹肌肉群的绝对力量、爆发力量和力量耐力外,还要学会用力的技巧。一般情况下,攻、守双方身体接触的一侧要主动用力,准备冲撞,以保持身体平衡。不接触的另一侧要会放松。否则,过于紧张、僵硬,会影响动作的效果。

(4)技术动作要协调放松。技术动作的协调性是指完成动作时,全身各部用力应协调一致。篮球技术动作有一定的顺序、方向和用力部位。做任何动作,都必须使肢体协调一致。例如原地单手肩上投篮,必须从双脚用力蹬地开始,然后是膝关节伸直,腰用力,上体伸展,抬大臂提肘,伸小臂,最后是屈腕,手指拨球。这是一套有严格规定,并按一定用力顺序、全身协调一致的配合动作。虽然球最后出手是手指和手腕的用力结果，但前面一系列协调动作是前提，肢体各环节必须用力一致，一气呵成。

（5）技术动作应有适当的幅度。技术动作的幅度是完成动作时肢体的伸展活动程度。一般情况下，篮球技术动作幅度应该大一些，这样可以赢得时间和快速占据位置，形成攻、防的有利条件。如果突破的第一步幅度大于防守球员的滑步或撤步幅度，进攻球员就占据了主动。相反，防守队员的滑步或撤步幅度大于突破球员第一步的跨出幅度，防守就堵住了突破的前进路线，使进攻球员陷入被动。当然动作幅度不是越大越好，因为动作幅度过大，不便于灵活变化，所以要使技术动作保持适当的幅度。保持或扩大技术动作的幅度，除了提高肌肉、关节和韧带的柔韧素质外，做动作应有一定的力量。

（6）保持技术动作的稳定性。动作的稳定性是指运动员完成动作时所表现出来的稳定程度。当前篮球比赛的对抗性必须经得起对抗和干扰。不能因比赛激烈程度的增加而出现技术运用的起伏不稳定。要使技术动作保持稳定，必须反复磨炼，形成稳固的动力定型，特别是关键性动作要达到娴熟牢固的程度。尤其是投篮、传球和运球时手指、手腕的翻、转、弹、拨动作必须有很好的控制支配能力。比赛中常常在失去身体平衡的情况下，仍能把球投进篮去，主要是靠运动员指、腕动作的稳定性。

技术动作稳定性经常受情绪变化的影响。对手的强弱、场地气候的变化、裁判及观众的影响等都会导致情绪的波动，这样必然影响技术动作的正常发挥，所以技术稳定性与心理稳定性直接相关。

（7）提高技术动作的准确性。技术动作的准确性是指技术动作的效果。篮球运动要求技术动作必须有高度的准确性，特别是传球和投篮动作的准确性，对完成战术配合取得比赛胜利有直接作用。技术动作的准确性、视觉反应、时间和空间判断、肌肉感觉及肌肉用力等因素的影响，同时与心理和动作的稳定性有直接关系。只有形成稳定的动力定型，在复杂对抗的条件下保持正常发挥，动作的准确性才能有保证。

提高动作的准确性和稳定性，必须严格要求，在比赛情景下多次重复练习。训练中要有明确的时间、次数、成功率和命中率等指标的具体要求，及时取得反馈信息，不断提高动作质量，才能使技术动作达到熟练稳定的程度。

2. 组合技术动作

比赛中，队员动作技术多是以组合技术动作出现的，单个技术动作较少看到。组合技术动作是技术运用的基本形式。运动员掌握了一定数量的单个动作之后，必须及时进行技术动作组合训练。实践证明，掌握组合技术动作越多，越熟练，技术运用和应变能力就越强。掌握组合技术动作有以下要求。

（1）组合技术动作要连贯、协调。组合技术动作连贯是指动作之间衔接流畅，没有停顿，一气呵成。协调是指先后动作之间用力的一致性。组合动作的连贯与协调是动作间衔接转换能力的表现。组合技术是由两个或两个以上单个动作组合而成的。有些组合技术可同步出现，如行进间传、接球，是由侧身跑和传、接球组成并同步完成；有的组合技术呈链锁式依次出现，如运球急停跳投是由运球、急停、接球和跳投四个动作组成，并先后依次出现。无论哪种组合形式都必须做到衔接连贯，配合协调。技术动作的连贯、协调与下面诸因素有关。

①掌握足够的单个技术动作并达到娴熟的程度：单个技术动作是组合技术的基础，只有学会每个动作并熟练完成才能保证组合动作的质量。掌握单个技术动作的数量越多、越熟练，组合技术的掌握就越快、质量越高。在进行组合技术训练时要有分有合，对其中某个不够熟练的动作也可单独练习，改进和熟练单个动作，可提高整体组合动作的质量。

②上一动作要为下一动作做好准备：按先后顺序组成的组合技术，在运用时也要按一定顺序完成，使动作间产生相互作用和制约关系。重要的是上一个动作不仅要完成好，还要为下一个动作做好准备，创造有利的条件，使之顺利地过渡到下一个动作。例如接球急停跳投，它是由四个动作组合而成的。接球的同时步法稳定才能做好急停；而急停、接球又为跳投做好准备，保证动作之间的衔接连贯。

③组合技术动作衔接要控制好身体重心：比赛中多数组合技术都是在跑、跳和转动中完成的，因此都涉及身体重心的控制。要控制好身体重心，必须在动作转换时掌握重心的移动方向。一般在做水平移动时要破坏身体平衡，使重心迅速超出身体的支撑面。而在急停时则要把身体重心控制在身体支撑面内。需要跳起来完成的组合技术动作，要求身体重心急速上升，落地后形成稳定支撑。在旋转中完成的组合技术动作，身体重心应保持在一个水平面内，不能过于起伏，以保证动作衔接的稳定性。

（2）组合技术动作应灵活、多变。组合技术动作的灵活多变是指在复杂的对抗条件下，运动员根据不同情况应变自如地完成动作的能力。篮球比赛千变万化，战机转瞬即逝，动作的转换要根据场上情况做到灵活、多变。组合技术动作的灵活、多变，要求每个单个技术动作应做到。

①点面结合要求完成任何一个动作或在任何一点上都可以有两个以上的进攻方向。既可以左，也可以右；既可正向，也可反向。当一个方向被堵死，能很自然地转移到另一个方向去进攻。点面结合可增加进攻的机会，扩大攻击范围，使动作灵活变化。例如中锋在篮下做插步挤投，没有遇到封盖可直接投篮，如遇对手严密封盖，可向反方向做横跨步勾手投篮或转身投篮。

②多种技术组合是指，一个技术动作能以多个方式和各种技术动作进行组合，各种组合方式应视比赛对手的不同情况灵活运用。例如抢篮板球可与传球相组合，也能和运球再传（投）球相组合。防守中的撤步动作，可与滑步、交叉步、追堵步相组合。训练中，必须把各种组合方式练熟、练精，才能在比赛中灵活运用。

③单个技术动作的多种变化形式，是指在一个组合技术动作中某个动作可以有多种方式。例如突破传球，可以是突破后单手传球，也可以是反弹传球或背后传球。运球投篮可以是高手投篮，也可以是低手投篮或反手投篮。单个技术变化形式是根据比赛情况灵活运用的。例如运球中将球传给中锋，当防守球员封堵上方时，就能很自然地向下做反弹传球，这种变化可以提高运用组合技术的灵活性和动作质量。

（3）组合技术动作应快速、准确。组合技术动作的快速指技术间衔接应敏捷、及时，没有停顿。篮球比赛中突出速度就能赢得时间和主动权，因此，完成组合技术动作的各个环节都必须衔接快、转换快、变化快，同时在快的基础上注意节奏的变化。在实际运用中需根据场上具体情况做到快、慢结合。该快则快，该稳则稳，达到摆脱对手完成攻击的目的。

组合技术动作的准确性是衡量组合技术动作的质量标准，准确是组合技术的根本目的。训练中要根据队员的实际水平提出时间、命中率、准确度和成功率等指标要求，激励队员高质量地完成组合技术动作。

第五章　篮球战术

第一节　篮球战术概述

一、篮球战术的概念和特性

（一）篮球战术的概念

篮球战术是篮球比赛中全体队员为战胜对手而合理运用技术，相互协调配合和组织整体配合所采取的合理有效的计谋和行动。它是队员充分发挥身体、技术水平的重要保证，也是凝聚和体现集体力量的纽带，往往在两队实力相当时，对比赛的胜负起决定性作用。灵活、机动、突然是篮球战术的本质特征。

进攻战术指全队在进攻中以得分为目的的行动方法。它包括进攻速度、方法、方式、阵形以及组织形式。进攻的速度，分快速反击、快速进攻、衔接段进攻、阵地进攻等形式；进攻的方法分外围、内线、两侧等形式；进攻的方式有运球、突分、投篮等形式；进攻的阵式有"1—2—2""1—3—1""2—1—2"等形式；进攻的组织形式有个人进攻、局部配合进攻和全队进攻等形式。

防守战术指全队在防守中阻止对手得分，实行守攻转化所采用的行动方式。它包括防守的点、区域、方式、阵形以及组织形式。防守的点分对持球队员和无球队员的行动、路线、方位的控制；防守的区域分对防守面的扩大、缩小以及点与点、点与面的连接；防守的方式分人盯人、区域联防、对位联防、混合联防等形式；防守阵形分"2—1—2""2—3""3—2"等；防守的组织形式分个人防守、局部补防、协防、全队防守等。

（二）篮球战术的特性

伴随着现代篮球比赛的高强度、高速度、高空优势、超强体能的对抗，篮球战术无论是在质量还是在数量上，较之过去都有了新的发展和变化，这些发展和变化归结起来形成了篮球战术一些重要的综合特性，并从以下几个方面表现出来。

1. 进攻与防守的统一

进攻与防守是篮球比赛中的主要矛盾，并直接反映到战术行动中。早期的篮球比赛中，攻与防是互相分离的，进攻就是进攻，防守只是防守，现代篮球战术将二者结合起来，即在进攻战术中包含防守的成分，在防守战术中又蕴涵进攻的行动，从而使战术行动丰富多样，构成一个具有攻防性质的整体。例如，在全场紧逼盯人防守中的局部夹击配合，造成进攻方的失误或丢球，防守中带有显著的攻击性成分。而在进攻战术的整体配合过程中，更加注重前场篮板球的争夺，同时注意处于后卫位置队员的及时后撤，使攻守处于平衡状态。

2. 固定配合与机动进攻的统一

固定配合是全队通过训练和比赛形成的相对稳定的配合形式；机动进攻则是在比赛中，运动员根据赛场千变万化的情况，瞬间采用的相应的配合行动。前者具有易于操作、目的明确、任务落实的特点，但同时容易形成对比赛情景的刻板化反应；后者则正好相反，在现代篮球竞赛中，随着科学化训练水平的提高，运动员文化、智能的发展，个人战术意识的加强，二者更加有效地结合起来，形成了灵活多变的战术形式，如当代的移动进攻战术的发展和变化。

3. 简单与复杂的统一

简单而有效是篮球战术所追求的目标，但随着训练水平的提高和攻守能力的发展，简单的战术易被对手识破而受到控制，为了创造更多的进攻机会，不让对手识别和破坏自己的战术行动，篮球比赛战术通常采用许多形式相对比较复杂的配合行动。然而，复杂的形式只是企图扰乱对手视听的干扰因素，目的在于掩饰简单而有效的战术行动，以复杂的背景实现简单有效的目的。

4. 目的性与针对性的统一

任何战术的组织都要从本队实际出发，根据队员身体、技术、意识、心理等条件，正确选择符合本队水平的攻、守战术形式和方法；同时，战术的运用又必须采取针锋相对的方法去制约和限制对方，而且要根据比赛形势的变化及时加以调整，才能争取比赛的主动权，进一步去夺取胜利。所以说，战术的目的性和针对性的统一，是篮球战术显著特性之一。

5. 个体性和整体性的统一

篮球比赛中的战术通常是以一种集体行动展现的，但球场上每名队员的战术行动，一方面，个体的活动反映队员个体的技术运用能力和特长，具有明显的个性化特征；另一方面，每名队员的活动又不是孤立进行的，而是在同伴活动的背景下实施的。比赛战术的实现，不仅依赖于队员个人活动的合理性和创造性的发挥，同时也必须依靠队员之间的协同配合才能实现。因此，任何战术行动都是在个体活动中体现出整体协同的特征，这正是个体性和整体性的统一。要处理好整体与个体之间的辩证关系，就要注重发挥集体力量的同时，注意队员的个人特点和能力的培养。现代篮球比赛中，明星队员作用的日益突出，正反映了这一特征。

二、篮球战术的功能

篮球战术是按比赛情景的需要将运动员个体的行动有针对性地组织起来，以完成比赛过程中的某个任务，解决所面临的某个具体问题的战术行为。凡具有战术意义的个人的动作才可称之为战术行为，不具有战术意义的动作（哪怕是一系列动作）无论如何也只能停留在动作的含义上。例如，中锋、后卫之间的运球挡拆配合，前锋、后卫之间的运球"8"字围绕配合，如果运动员把运球看作是某种战术目的的手段和途径，运球行为就形成了一次战术配合的组成部分，如果运动员只是把注意力集中在运球动作中，从后场推进到前场的话，那么，运球就没有战术行为的特征。由此分析，任何战术行为都具有为"下一步"，或者"后面几步"，或者出现几种可能性做准备的特征。正因为篮球战术行为具有这样的特征，战术在比赛过程中才可以发挥出如下一些功效和作用。

（一）诱导功能

战术总是为解决比赛过程中的一些情景而设计和实施的，这些情景能否按战术者的意愿转换和出现，在于战术行动者以某种行动予以诱导，使比赛情景在这类战术行动的作用下朝本方的意愿方向发展，这就是篮球战术的诱导功能。

（二）抑制功能

竞赛对抗的双方要想保持自己在竞赛过程中的有利地位，通常只有两种办法可以达到：一是尽可能地消除自己的弱点和不足的影响，尽最大的可能扬长避短；二是采取某种方式和方法抑制对手的长处，采取避实击虚的策略。然而，在实践中，由于一些本身无法克服的因素所形成的弱点，如身高、体重、力量、速度等不如对手，自己是难以消除的。在这样的情况下，可行的办法是设法抑制对手长处的发挥（因为在某种意义上讲，对手的长处恰恰是自己的短处）。很显然，抑制对手长处的发挥不可能以某一个动作来解决，而必须依赖一系列有目的的行动来完成，这就是战术的抑制功能。

（三）协同功能

在篮球比赛中，如果要使每一个在场上的队员既能够发挥其个人特长，又能做到相互合作，协同作战，充分发挥出集体大于个体相加的整体效果。这不仅需要运动员之间有共同的行为目标体系，还需要在行为方式上予以合理的组合，使前一名运动员的行动能够为后一步同伴的行动创造条件，直到达到最后所期望的目标。这种将不同的个体行动联系起来达到同一目标的作用，就是篮球比赛战术所具有的组织协同功能。

(四)过渡功能

比赛过程是一个相当复杂的过程,在这一过程中,各种情景不断发生变化,运动员的各方面条件也在不断发生变化。为了适应这种变化,比赛双方都必须在相互作用中根据情景和条件的变化特点适宜地改变自己的行为方式。通常,在激烈的对抗中,一种行为方式转化到另一种行为方式期间,需要采取一系列的行动来达到这种过渡的目的,因为在此期间,如果有所不当,就会给对手创造有利之机,使自己陷入困境。因此,过渡行动也是有计划、有步骤地进行的,它体现了比赛战术的调整过渡功能。例如,在一场比赛中,甲队在某一时间段的进攻成功率非常低,比分落后,此时,教练员可根据比赛情况利用本队中锋身材高大的特点,将球围绕内线进行转移,力求在对方的防守阵势中打开一个缺口,带动全局的发展。这一策略在比赛期间可以作为扭转被动局面的过渡,使全队由被动变主动。

(五)掩护功能

篮球比赛是在面对面的公开场合进行的,为了避免把自己的行动暴露出来而使对手有所准备,比赛的双方都力图隐瞒自己的真正意图而采取迂回的方式。这就需要用某种行动来迷惑对手,掩饰自己的行动目的。这一系列的行动也是经过精心布置和安排的,它可以使行动的真正目的在"下一步"或者"后面几步"的行动中才会显示出来,也可以采取直接的战术行动来掩护"下一步"或"后几步"的行动,这就表现出了比赛战术所具有的掩饰、掩护功能。

(六)增强功能

篮球比赛战术还具有使一支篮球队或一名运动员的战斗力增强的功能。当然,这种增强并不是说采用了某种战术而使其体能和技能得以提高,而是因为采用了能够充分发挥自己的特长或能够充分抑制对手发挥的战术后,使自己获得了有利的态势,使比赛局面朝有利的方向转换和发展。在这样的情况下,不仅有效地发挥了运动员的体能和技能,同时提高了运动员的士气,增强了斗志,坚定了信心,这无疑能够增强运动员(篮球队)的战斗力。

第二节　篮球战术的结构和设计原理

一、篮球战术的结构

篮球战术结构是指战术各个组成部分的搭配。战术结构由战术组织、战术形式、战术方法三个基本要素构成。

（一）个人战术行为

1. 个人战术行为的含义

个人战术行为是指每名运动员在战术活动中所表现出来的个体行动，是集体战术的组成部分，是战术的基础。篮球战术是以若干个用特殊方式联系在一起的个人战术行为所体现的。因此，从某种意义上说，战术训练的过程实际上是个人战术行为培养和塑造的过程。一名运动员在比赛中的表现从个体的角度来观察是其技术水平，如果从全队整体战术的角度来观察则表现为他的战术行为。在对抗条件下，队员的个人战术行为是一种多因素组成的综合体，也就是说，个人战术行为是个人意识、技术动作、身体能力、智力因素、心理品质以及战术行动方式等因素与当前的行为、目的、任务融为一体的一个体系。

2. 个人战术行为与运动员技术之间的关系

运动员的技术与个人战术行为的关系是既有联系又有区别的，联系在于个人战术行为是运动员个人在比赛中所表现的技术的一个组成部分；区别在于技术是运动员在全部比赛中的活动，战术行为是从战术的角度来考察运动员在比赛活动中与战术有关的那一部分活动。运动员技术水平的高低，决定着个人战术行为能力的强弱。战术行为能力是战术配合的基础，没有技术，战术行为能力低，也就没有战术。在当今篮球运动盛行自由打法的时代，在比赛中许多运动员往往表现突出个人作用轻视集体配合的趋势，个人技术比较突出而个人战术行为水平较低的现象。美国NBA篮球比赛中经常可以看到以个人单打为主的队员，这种情况的结果经常是个人得分很高，而球队获胜的概率并不高。所以，运动员的技术是个人战术行为的主体，战术行为是技术在配合中的表现。

3. 战术意识在个人战术行为中的作用

篮球战术是由直接参与比赛的队员通过个人的行动去实现的，队员的战术意识制约着战术行动，意识越强，个人战术行为就越合理，实现战术目的的可能性就越大。战术意识应理解为队员在篮球比赛中对战术运用规律的认识和反映，它是队员在参加篮球运动实践活动中逐步积累与丰富起来的，从而能在比赛中自觉地、能动地根据攻守的具体情况和按战术意图进行独立或配合的行动。篮球战术意识与行为有着密切的关系，意识支配行为，行为反映意识，由于篮球意识具有定向、抉择、反馈、支配等作用，因此，能够反映队员对比赛的控制能力，并表现于运动过程之中。

（二）战术形式

战术形式是战术活动中那些具有相对稳定的形态和结构的行动方式的统称，包括掩护、策应、盯人、联防等，是构成战术体系的基本要素，它具有三方面的特点。

第一，名称。一个成型的战术形式结构都有一个专用名词予以命名。例如，"掩护配合"使其有了一个比较明确的概念以及内涵和外延，具有相对完整的活动过程和时空特征。

第二，过程。战术形式都有一个相对完整的活动过程，也就是说有一个开始到结束的过程。比如快攻配合的"3攻2"，其行动过程是从一名队员运球开始的，当遇到对手堵截将球传出，同伴上篮或将球传给另一个同伴或回传，如果这个相对完整的行动过程被对手破坏或强行终止，那么该战术的实施就是不成功的行动。但是如果某一战术在运用过程中被主动地终止并转换到另一战术形式的过程上，那么前面那个尚未完成的战术形式就可能发挥出诱导的作用。作为一个战术形式来讲，它是不完整的，但在整个战术活动中，它发挥了一个完整的战术形式的作用。

第三，结构特点。一个战术形式除了其过程相对完整外，其时空要素的构成也是相对稳定的，这种稳定的结构特点主要表现在队员与队员的关系，行动的方向、距离、速度、球的位置等在某一时刻都处于一定的稳定状态。例如，中锋与后卫之间的后掩护配合，构成了这一战术形式必须具备几个条件，即后卫的移动、摆脱路线，中锋掩护的位置、时间、机会出现的层次性等，显然，如果其结构中的某一个因素发生变化，战术形式也就会发生变化。

一种战术形式反映一定的战术内容，形式是战术的基本要素之一。例如，移动进攻打法，表现出队员移动路线的特点和进攻的连续性；区域联防的"2—1—2""2—3""3—2"等阵势，用来对付不同特长的进攻。战术形式可以从对抗范围、攻守节奏、对抗程度上去理解，如全场的、半场的，速度快的、速度慢的，紧逼的、松动的，扩大的、缩小的等，从而体现出各种攻守战术的特点。

（三）战术方法

方法是指完成战术配合的指导思想、原则、要求和程序，是战术结构的基本要素，即队员位置的部署、球和人移动的路线、攻击区域、配合时机、层次及变化等。它规定了人、球移动的方向和路线，技术动作的选择与组合，行动的时机与时间及技术运用要求等。战术方法是从实践中规范出来的活动程序，既依赖于队员的技术运用能力，又需要有一定的战术形式来保证队员技术的发挥。

可见，个人战术行为是战术的物质载体和实际内容，是战术的基础；形式是战术的外在表现，一定的形式反映一定的内容；战术方法是完成战术行动的具体手段、要求和程序，是战术的核心。制约个人战术行为的战术意识是队员战术思维活动与应答能力的反映，意识支配行动，行动反映意识，两者互动的关系对战术运用具有重要的影响。

二、篮球战术体系设计原理

篮球战术组织形式种类繁多，变化各异，一支球队以何种战术形式为主、突出什么样的打法和配合、做哪些必要的战术储备，都是教练员在训练过程中要解决的问题。球队战术打法形同于运动员的技术，大部分情况是在掌握基本技术的前提下，以某一两项技术作为自己的特长和重点，而其在比赛中发挥作用，很难做到样样精通。一支篮球队的战术打法更是如此，在以一整套攻守战术体系为主的前提下，一般只是做局部的调整，难以做根本性的改变，如何设计这一整套的攻、守战术，并迅速转化为全队的战斗力，而且根据比赛中的情况变化作出符合实际状况的战术调整，解决比赛中的问题是战术的核心。

（一）系统原理

系统是各要素之间、要素与整体之间相互对立、相互联系、相互作用的矛盾统一体。系统概念反映了客观世界多因素、多变量、多层次相互作用的复杂关系，以及系统内在复杂辩证因素关系等。

篮球攻守战术是一套完整的战术系统，战术设计要以系统理论为基点，精确地定量考察系统与要素之间、要素与要素之间、系统与系统之间的联系，以便获得最优效果的方法。系统理论中突出的一条原则是整体谋划原则。从认识过程看，在系统与要素相互联系和相互作用中，要素之间的多变量、多维度、多层次的非线性关系，决定了系统整体功能的多样性。系统整体的特性和功能不等于各要素特性和功能的简单相加，系统中各要素的特性和功能，也不同于它在孤立状态下的特性和功能。例如，高大中锋如没有其他队员的配合，他在篮下利用身高优势进行强攻的特点就难以发挥。这说明系统中要素的特性不同于其孤立状态下的特性，系统与要素的对立统一，为我们提供了进行整体思考的新程序，也是整体思维的前提。

正如亚里士多德所说的"整体大于它的各部分之和"，系统的整体性说明，任何系统虽然都是由若干部分或要素组成，但在功能与行为、运动规律等方面与构成它的部分或要素相加有所区别。在系统与要素的相互联系、相互作用中，系统是通过整体的功能来控制和决定各个要素在系统中的地位、性质、作用、排列顺序和范围大小，协调各要素数量比例关系，统领各要素的特性和作用的。系统的整体原则要求战术设计组织时必须着眼于各要素的有机配合，使全队整体效能最大化。

系统理论中另一条重要的原则是结构谋划原则。系统的结构联系对系统的功能有特殊的作用。研究系统结构，主要是研究系统内部各要素的排列顺序和组合方式。如一支球队由后卫、前锋和中锋组成，战术的组成不仅与队员的场上位置有关，而且与每一队员的技术特点有关。战术配合由不同位置的队员共同完成，而不同位置上队员的特点又决定战术的作用，所以比赛中常以替换运动员来改变战术打法，有些队员的技术特点适合打组织后卫的位置，但当教练员把他放在前锋的位置上时，他的作用就难以发挥。

结构谋划原则最重要的是把握结构与功能的辩证关系。在要素已经确定、队员稳定的情况下，巧妙地安排系统内部结构，以提高或改变系统的功能或谋求新的系统功能是结构谋划中最重要的问题。结构决定功能是一条普遍的规律，它为教练员的战术设计提供了更多的选择。在训练和比赛中合理地布阵能使球队的战术能力得到充分发挥，而且由于优化阵容结构，还能够赋予各要素以新的特征和功能。系统结构理论认为：一个系统中结构组合越得法，可靠性越高，反之可靠性越低。因此，最佳战术体系设计与组织必须与最佳结构安排相适应，无结构保障便谈不上战术方案的有效实施。

（二）平衡原理

篮球比赛就战术的结构和对抗的过程来讲，经常表现为平衡与不平衡的状态。极力保持自己的力量平衡，破坏对方的力量平衡，是赢得比赛的原则。在比赛中要想保持住己方战术系统的平衡，就要认真研究和寻求战术要素间的正确比例关系。战术体系中多用小个或全用大个队员都不会取得良好的效果，其中存在着高矮队员的比例关系问题。当然，从篮球运动发展趋势看，主要起作用的是大个运动员，但是动作不够灵敏和反应不够快的大个运动员难以克服攻、防中存在的弱点，这是需要教练员关注的问题。

平衡的关键在于协调，在一个结构不协调的系统中，整体功能的发挥往往受制于质量最差的那一要素。如何调整各个要素，使系统功能得到最大限度的发挥，是协调平衡的重点。搞好协调平衡，表现在赛场空间的力量分布上，主要应统筹兼顾，合理布局，求得全局上的有利态势。

赛场上战术力量的平衡，并不是力量的平均使用，而是要分清主次，找到重点。没有战术力量的重点使用，不仅不能在比赛中使自己的力量达到平衡，反而会造成整场比赛战术力量的失调。然而，比赛力量分布即使较为合理，也有被打破的时候，如果一种布局固定不变，平衡就难以保持。针对平衡布局，对手一定会找出破坏其平衡的战术，因此平衡也需要在不断变化中保持。总之，兵无常势，水无常形，随机因素多，不确定的因素也多。在对手难以控制之时，另一方就有了更多的自由，力量的平衡正是取得自由的表现。平衡原理还包含着战术设计的连续性，当一套战术运用后，没有出现好的攻击机会，此时战术不需要调整和停顿，应继续另一套战术或重复使用此前的战术。

（三）弹性原理

一个具有良好弹性的物体，不仅能对外界作用的冲击力具有较大的适应能力，而且能把所产生的能量转化为另一种形式的能量贮存起来。作为一种战术设计与组织的思考形式，弹性反映了刚与柔的巧妙结合。多一手准备、留一点余地、积蓄力量、保持后劲等，可以说是一种弹性方法。柔中寓刚、刚中有柔、攻守相依、进退互含等，是战术设计与组织中弹性的表现。

系统弹性取决于系统的层次和灵活性，优化系统结构才会有弹性，而结构优化首先表现为层次结构，如无层次结构便无轻重缓急，也不利各司其职。系统中，无论是纵向的层次还是横向的结构，如果各要素之间无空隙地紧紧相连，系统的弹性就小，因为要素之间失去了独立活动的余地。但是，要素之间如无纽带和环节相扣，则形不成层次和结构，就无系统可言。据此，战术设计与组织思考中，既要注意主导的战术安排，又要给队员们留下自我发挥的余地。

总体战术思想不可没有，也不应定得太死，以免压抑了运动员能动性和创造性的发挥。总而言之，在竞争对抗中，弹性原理的核心是增强自己对复杂多变局势的应变能力和加强对激烈比赛环境的适应性。实践说明，考虑战术如果只习惯于机械地搬用原则，拘泥于过去的经验而不善于变通，是缺乏弹性的表现，是低水平的战术设计与组织。

（四）最优原理

寻求和选择"最优"是战术设计与组织的重要原则，也是赢得比赛主动的基本思维方向。

战术设计与组织主要表现为教练员或运动员在各种竞赛背景下，通过比较选择最佳行动方案的思维过程。它与自然选择不同的是更具主观能动性，即以主动选择为其主要的表现特征。没有选择，最优出现的可能性不大，而选择又必须依据一定的标准，没有标准就难以进行抉择。功能的最优与结构形态的最优相联系，因为结构决定功能。所谓功能最优，是指系统在最佳条件下最大限度地发挥特定功能。因为优化的过程是一个选择的过程，选择要依照一定的标准，所以一切最优都是在特定条件下的最优。一个系统在某一条件下可以最大限度地发挥某一功能，在另一条件下，或许功能就得不到应有的发挥了。因此，功能离不开结构，更离不开条件。根据个体或本群体的功能，主动寻找或创造最佳条件，这是战术设计与组织的又一个重要内容。

战术设计与组织中运用最优原理，就是在目标确定之后，创造出必要的条件，寻找出能够最顺利、最迅速地达到目标的途径。应当注意，这一途径有时可能是直线，而在多数场合下则表现为曲线。因此，途径的选择既需要艺术，又需要科学，特别是科学与灵活的思维方式结合必不可少。

人类的智慧是无穷的，但作为人类的一员，每个人的思维往往带有某种定式。这种定式的形成又是与时代、社会、知识、经验、条件以及个人的情感等因素分不开的。战术设计、训练与运用时也会不同程度地受到个人思维定式的影响，这一定式虽然有时可起到一定的积极作用，但往往消极作用更为明显。因此，篮球运动中，战术思考的最基本要求是立足于既要对本队队员的战术意识和战术能力有一个全面适当的认识，又要对对手的战术习惯和战术变换有一个充分确切的估计，比较清楚地看清己方战术设计与组织的方向，才能根据实情，创造性地发挥，全方位地设想，多视角地考虑，使战术行为既符合本队的特点，有针对性，又不失创新与多样化。找准立足点之后，为使自己取得领先的地位，需要教练员识时务而不失时机，及早瞄准战术发展的趋势，让思维冲破定式，自由流淌。

总之，作为战术设计、训练、组织与运用者，陈旧保守的思维方式是不可取的。篮球教练员应尽量接收和掌握科学新知，拓宽视野范围，让思维跳出框架的桎梏，在广阔的时空中谋取本队最佳的战术体系。

第三节 篮球战术创新理论与发展

一、现代篮球战术创新的原则和规律

（一）现代篮球战术创新的原则

现代篮球战术创新应遵循以下三个原则。

1. 超前性原则

现代篮球战术的超前性主要体现在超前思维、超前设计、超前实践以及超前运用几方面。战术的超前性的目的是实现先人一步。

如由美国沛伯代因大学教练罗伯特·道尔在60年代中期首创的移动进攻战术，在70年代初期得到美国著名教练汉克·伊巴、迪安·史密斯等支持，随即在美国广泛流行。移动进攻战术使美国队在国际大赛中技高一筹，使当时的防守战术受到极大破坏。而这种战术直到70年代末才为南美洲和欧洲很多球队采用，亚洲等一些劲旅在80年代初才开始重视和研究该战术。迄今为此，移动进攻战术仍不失当代篮球进攻战术发展的一个新潮流。它的超前性整整提前了30年。

2. 针对性原则

篮球战术的针对性表现在三方面：针对战术运用者的特点；针对比赛对手的特点；针对技术发展趋势的特点。针对战术运用者就是要针队运动员的身体素质、机能形态、技术特长、战术意识、智力水平等特点来进行创新；针对比赛对手的特点就是针对不同对手在风格打法、主力队员、关键人物以及发展方向上的特点来进行构思；针对战术发展趋势就是针对篮球战术发展趋势、篮球规则修改动向来进行设计。这样，战术的创新就更有实效性。

如现代篮球规则对5秒、10秒、30秒有限制，进攻战术就向着战术配合的时间短、速度快、攻击的连续性强、人球移动频繁、战术行动路线短、攻击点多、机动性强去发展。针对进攻情况防守战术随之也形成综合性、多变性、破坏性强、伸缩性大的相对抗的特点，从而将战术创新提高到一个新层面。

3. 可行性原则

篮球战术创新的可行性原则是指战术创新设计必须符合篮球运动规律、队员的条件和比赛实践的要求。贯穿于篮球运动始终的规律是对抗规律。它具体体现在准、误抗衡，高速均衡，攻守平衡三条基本线索中。战术的可行性以不与这三条基本规律相违背为前提，同时要符合运动员所具备的身体素质和技术条件以及比赛实践的要求。这样战术的创新才有可行性。如现代篮球的高空争夺。高速度、高技巧的发展，使战术创新的可行性要符合"高""速"均衡的规律。既有高度，又有速度的美国男篮，围绕着高空的封盖、扣篮形成空中战术，又在地面平均10秒钟内完成一次进攻战术配合。这种以各种高空技术组成的空间与地面快速相结合的多种立体型战术。创新和取代了单纯的地面技术。这种"高""速"均衡发展的战术使美国男篮在世界大赛中始终占据领先地位。

（二）现代篮球战术创新的规律

在篮球战术的创新活动中，有五条规律可循，它们是循环规律、引发规律、交互作用规律、代谢规律及波浪起伏规律。

1. 循环上升规律

循环上升规律是篮球比赛对战术提出的创新性需求，需求刺激战术体系并促进创新，而创新成功使竞赛水平进一步提高，从而导致比赛更加激烈并产生出新一代的创新需求。这种来自战术体系的竞争需求，是战术创新的宏观动力或外部动因。由于篮球运动的对抗性和攻防矛盾不停地反映出战术体系内部矛盾的运动关系，战术创新需求通过内部矛盾变化而起作用，导致并促进了战术内部的变革发生。这种来自战术内部的推动力是创新的微观动力或内部动因。

战术创新成功使矛盾得以解决，变革为战术水平达到某种相对平衡状态。这使篮球比赛水平提高一个层面，又进一步刺激并使比赛对抗更加激烈、攻防矛盾更加尖锐，于是新的创新需要又出现，再次打破了已建立的动态平衡关系。这种平衡关系每一次被打破，就意味着新的需求与创新又开始。正是这种循环往复、周而复始的发展形式，使战术创新处于螺旋式上升状态并具有旺盛的生命力。

2. 系列引发规律

篮球战术体系内存在着本质的联系和相互依存的关系，一项战术创新成果可沿着一个方向或多方向扩展，引发出一个或多个新战术，甚至出现创新高潮。这种宏观存在的现象反映出战术的引发规律。

具有先导性和扩展性功能的战术创新是引发和带动系列战术创新的契机和媒介，它是系列引发规律中最重要的"带头者"和"先导者"。它开创出战术的新领域，在战术创新结构、功能和原理上有着先进性，并有较强的实践效果。先导创新往往依附于创新主体的思维联想，这种思维联想可以是同一创新主体的创新思维被连续引发，并在短期内实现同一项战术创新，也可以是不同创新主体受同一先导创新的启发，实现一个乃至多个项目的不同创新，无论是同一主体，还是不同创新主体，思维联想最终的结果是导致和引发创新的系列效应，形成创新高潮。

3. 交互作用规律

篮球战术创新不是独立的和单纯的，它需要受到篮球运动各种因素、各个环节互相关联，交互作用。一项战术的创新，就是篮球运动这盘棋上的新的动向。一旦走出这步新棋，就会对其他棋子的走向产生影响，就会促进其他的创新形式。反之，其他的创新也会对战术创新予以反作用。这种相互影响作用，就反映出创新交互作用规律。

这种交互作用规律最直接地反映在技术与战术之间关系上。由于技术是组织和运用战术的基础，因而技术创新常常先于战术创新。技术的创新促进了战术的创新，战术的创新反过来也对技术提出了新的要求。此外，篮球竞赛规则的不断修改也对战术创新发展的方向起着限制与促进的重要作用。

篮球规则的修改与战术创新的关系可表述为一种辩证的循环关系，两者既相互依存又相互促进。规则既是篮球战术的不断创新，逐步演变完善，同时规则的改变反过来促进战术创新向更高水平发展。篮球规则的修改对战术创新起着直接促进作用，如1984年增加了3分球的规定，就促进了阵地进攻战术的内外结合的方向发展。围绕这一规则的变动扩大进攻和防守范围一系列新的战术打法相继问世。与此同时，篮球规则的修改也对某些战术起着限制作用。如5秒、10秒、30秒的规定，就对控制球战术起着限制作用，最后将该战术彻底淘汰。这种对某些不利于篮球运动水平的战术的限制，实际上对篮球运动的发展的方向起到积极的推动作用。

4. 代谢规律

新陈代谢是篮球战术发展进程的一条宏观规律。篮球战术具有萌芽、发展、完善和消亡和生长过程，抓住时机适时创新，使新战术取代老战术，从而促使战术创新不断发展和完善，这一客观现象就是代谢规律。

在篮球战术发展进程中，新战术，尤其是具有先导创新特征的新战术一旦出台，就必然会占据领先地位，甚至取代原有的战术导致出一场战术创新的变革大潮。如50年代用以对付连续跑动的进攻战术，一种新型的防守战术，紧逼防守在美国出现了。为突破紧逼防守，"换位进攻"新战术应运而生；换位进攻战术的出现导致了区域紧逼防守的问世，区域紧逼防守战术取代了紧逼防守战术，在70年代，"移动进攻"战术又以抑制区域紧逼防守走在了进攻战术的前例……可以说，当一种战术处于高峰顶点的同时，它也正处于淘汰期的临界点上，新的战术正是在此时孕育或脱颖而出，这非常符合篮球战术的代谢规律，也是不以人们的意志为转移的。

5. 波浪起伏规律

篮球战术创新的发展存在着连续性与阶段性的辩证统一，即存在着波浪式发展的客观规律。从历史的角度来研究篮球战术创新规律，我们不难发现战术创新的数量和质量往往在某一历史阶段或时间区间内呈高低起伏的状态。即在某一特定的时期内，战术创新出现高潮，大量新战术不断涌现，使整个战术水平大幅度提高。而在另一时期内，战术的创新活动又陷于低谷，甚至出现停滞徘徊的局面。如20年代跳起单手肩上投篮使"8"字进攻战术的攻击性突然加强了。这种"8"字进攻战术在国际上十分流行并伸延到40年代，在大约二十年中，该战术一直处于领先地位。50年代至60年代篮球规则在场地和时间上对进攻队增加了新的限制（扩大3秒区、罚球区呈梯形，增加30秒规则等），篮球战术在进攻中采用快攻，防守中采用全场紧逼人盯人的战术。战术创新在此阶段十分活跃，新战术出现十分频繁。

至此，世界篮球运动开始形成以美国队为代表的高度与技巧结合的美洲型打法，以苏联对为代表的高度与力量结合的欧洲型打法，以中国为代表的快、灵、准结合的亚洲型打法。各个类型在战术的运用上都本着新颖、针对性强、实效性强的特点，这二十年是篮球战术发展的重要阶段，它为70年代篮球战术发展奠定了坚实基础。80年代可以说是篮球战术创新的高峰期。篮球比赛规则对进攻时间、犯规罚则等多次做了新的修改（扩大球场面、增宽篮板面积、增加3分球和1+1罚球等），篮球战术为此也在新的制约条件下，采用全面性综合化频繁移动中穿插掩护的运动型进攻战术，防守则采用混合性破坏力强的协调防守战术。此时，高空战术已形成，并作为先导创新的战术开创了篮球空中创新战术的新局面。

进入20世纪90年代，篮球以箭一般的速度在飞速发展，此时，代表篮坛的最高水平当属NBA球队及奥运会的"梦之队"，它们领导着世界篮球战术的发展。篮球规则在原来的5秒、10秒、30秒的基础上，缩至5秒、8秒、24秒，使比赛的速度加快，更具流畅性，在NBA从取消联防到增加联守，再到防守3秒，使世界篮球水平又上了一个新台阶。

20世纪20年代、60年代、80年代是篮球战术创新的波峰时期，在这几个时期中，世界篮球运动水平有了极大的提高。而到了20世纪末，代表世界篮坛最高水平的 NBA 以其独特的技术和战术创新，正向更高的水平发展。

6. 平衡移动规律

平衡移动规律来源于勒沙特列原理，即平衡移动原理。篮球战术创新的平衡移动规律是指当攻防战术的一种平衡被打破时，一种能克制此战术的战术随之出现，从而促进了战术的创新发展。篮球战术发展史也证明了这条规律，如快攻战术的推广，造成了攻方短时间内在一定区域以少打多迅速取分的局面，必然随后防守方会采取战术的创新，制定出防快攻战术，比如堵截一传和接应积极拼抢篮板球等。因此在篮球战术创新的实践中，当进攻和防守处于不平衡状态时，人们为了在比赛中赢得主动权，会积极思考、发明新的攻防战术，改进原有的攻防战术，实现攻防战术的相对平衡。当进攻与防守战术处于相对的平衡状态时，又会激发人们去努力研究、创造新战术，在攻防相对适应的基础上发展新的不平衡。正是篮球运动自身的这种攻防不平衡——平衡——不平衡，如此反复的平衡移动规律，才不断推动篮球战术的创新。

二、现代篮球战术创新过程和方法

（一）现代篮球战术创新过程

篮球战术创新的过程存在着一个起因、萌芽形成、完善的产生过程。全过程大致分三个阶段，即发现问题阶段、设计构思阶段和成果检验阶段。

1. 发现问题阶段

创新始于问题。如何寻找并发现问题是战术创新过程的第一步，也是创新能否成功的关键环节。发现问题的途径有两种：主动寻找发现问题和被动启发捕捉问题。

主动寻找发现问题的突破口一般是根据比赛的需要，发现现有战术缺陷与不足；根据规则修改的变化，寻找新的创新方向和结合口；根据对手的打法风格的改变，寻找新的克敌制胜的办法；根据本队队员的特点和特长，寻找新的扬长避短的方法。被动启发捕捉问题是由本队训练及竞赛中，双方偶然出现的问题而受到启发，进而采用直觉灵感、类此联想、推理判断等方法对问题的实质进行捕捉。最容易产生创新思维的时机和地点是训练和比赛。教练员和运动员通过在训练和比赛中及时捕捉信息、产生灵感，保持思维热线，最容易抓住机遇适时创新。

然而发现问题并不是一件轻而易举的事，它必须依赖于教练员或运动员对战术创新活动的积极性，依赖于他们的好奇心和求知欲，依赖于他们的观察能力，依赖于他们的存疑精神。这样才能发现既需要又可能、既新颖又实用的具有真正创新价值的问题和目标。

2. 设计构思阶段

篮球战术创新设计构思是整个创新过程的主干，是在收集分析资料信息的基础上进行创造性思维与构思假设的阶段。值得一提的是，战术创新活动的初期阶段不应过分热衷于资料研究,而应在收集到必要的基础资料后,尽量扩大思路,充分自由地发挥想象力,尽快将一开始的创意成果进行组合、交叉、撞击、渗透、加工,因而创意成果不断得以修正补充,这就是设计构思阶段最关键的思想酝酿的环节,再在充分思考酝酿的基础上根据客观事实和主观推测提出试样性的设想。当然,由于这种试样性的新设想没有得到实践验证,只能以假设的形式出现。但是,作为积极思维的结果,假设的形式一经产生,就宣告创新设计构思阶段结束。

3. 成果检验阶段

篮球战术创新的成果检验常采用理论验证与实验互证相结合的办法。理论验证是通过逻辑推理,凭借知识和经验,对创新设想做出合乎规律的检验。以求得理论上的周密与合理,是一种常用的验证辅助手段。其主要内容是对可行性、有效性、实用性和独创性的分析,用逻辑思维来证实设想的科学性。实践检验是将猜想、假设、预言通过实践来得到证实。战术创新实践检验包括个别队员对战术掌握、训练中的配合、比赛中的运用等三方面的内容。经过理论验证和实践验证的最后一步是总体效果评价。总体效果评价实际上采用比较评价的方法。一是与国内外先进战术比较;二是与原同类战术效果比较;最后采用比赛统计分析法和专家理论分析法总结出设计思想的正误、实战运用效果的好坏。

(二)现代篮球战术创新的方法

战术创新方法,即根据创新活动实践所总结出的符合体育科学理论和战术规律,以及能够提高创新思维能力的各种原理、技巧。战术创新的方法属于一般创造方法体系的一部分,其核心是创新思维方法与创新技巧。

篮球战术创新方法共有五种基本类型,即递进创新法、组合创新法、列举创新法、非常规战术利用创新法和联想创新法。

1. 递进创新法

递进创新法是指在不改变原战术性质原理的基础上对其内容与形式逐级加难,并推导出新战术的方法。这是一种非变革性质的创新,在战术中运用率占29.69%。例如:由后卫或前锋将球传到靠近高中锋的篮框的位置,高中锋跳起在空中接球后人还未落地之前,直接将球投入篮框这一空中接力战术,就是在高中锋接到后卫或前锋的球后再进行转身投篮、分球或策应战术的基础上增加了难度递进创新的。

2. 组合创新法

组合创新法是根据其创新目的,将一定数量的成熟战术或部分结构进行符合战术原理的组合,并将获得具有新的整体功能的战术的创新方法。由于战术间都存在着其形态结构、途径方法,甚至是运动原理进行有机组合的可能性。因此,组合创新法是十分重要的战术创新方法,在篮球战术中运用得十分广泛。如混合防守就是创新者将区域联防和人盯人防守组合起来运用的一种防守战术。突分配合也是创新者将运球突破和分球组合起来运用的一种进攻战术。

3. 列举创新法

列举创新法是通过对现有战术的原理、结构、优缺点等属性一一列举展开，从多角度进行思考，从而形成多种构思方案的创新方法。列举创新的本质在于分析，即将战术整体分解为部分，将复杂的战术组合分解为若干简单要素，分别加以逐一研究。此外，列举创新法有一个显著特点，就是要求创新者将战术研究对象的组合与影响、优缺点因素全部展开，逐一排队，用一览表的方式来帮助思维，克服感知不足，形成系统分析，开拓创新思路。如移动进攻战术就是由美国教练罗伯特·道尔列举出60年代中期所有的固定战术的自由打法的战术形式，他发现这两类战术形式优点各异，缺点突出，于是便设计了这种介乎于这两类战术形式之间的更新颖的战术。

4. 非常规战术利用创新法

非常规战术利用创新法是指对战术实践中所暴露出的不符合现有战术动作规范要求，但客观上又存在一定创新效应的缺陷动作和应急战术进行利用，从而导出新的战术方法。非常规战术有三种类型：运动员对战术掌握的缺陷；进行战术配合时因条件变化出现偏离战术要求的内容；在对抗条件或紧急情况下，运动员凭借长期的运动实践经验与瞬间变化做出的反射式的应急措施。上述战术虽不符合战术规范，但都具有一定的创新实效特征。只要创新者具有敏锐的观察力，及时地捕捉，善于分析其合理有用的成分，大胆设想，合理运用，就是一条战术创新的新途径。

如篮板球空中一传快攻战术就是较为典形的篮球非常规战术创新战术。按照快攻战术常规，中锋或前锋抢到篮板球双脚着地后，再转身长传或短传给接应。但由于在对方严密的夹击下不得不抢到篮板后在空中转身完成一传的任务。这本是万不得已的战术配合，但由于它巧妙地避开了防守，加快了进攻的速度，从而形成了一种高起战术配合，并成为空中战术的重要部份。

5. 联想创新法

联想创新法是指根据一定的创新意向，通过由此及彼的思维方式，对不同的战术对象之间进行联系与想象，从而达到开拓思路并实现战术创新的方法。通过联想，灵活采用正反比较、同类比较、相似比较以及因果联系等方法，可以由此及彼，得到启发。联想创新的实质是创新者从对已有战术的感知到对创新对象的能动联想思维的心理活动转移。创新者在创新实践中要产生新颖的构思与独度的设想，就需要对以往的经验和知识进行超越，而这种超越是依靠联想与想象机制实现的。如"单手跳投"的创新者黄柏龄说其创新设想就是受菲律宾华侨队边跳边投技术启发联想而成的。再如大"8"字进攻战术就是受小"8"字进攻战术的基础上得以启发而发展和超越的。

第六章　篮球科学研究

第一节　篮球科学研究的内容和特点

一、篮球科研的基本内容

随着现代科学技术的发展，篮球运动科学研究在其发展中不断地吸收其他科学领域的知识和方法，使篮球运动科学研究的范围越来越宽，探讨的问题越来越深入，研究的内容也越来越广泛，根据篮球运动的规律和特点要从长期研究着眼，短期需要解决的问题着手，二者兼顾。

（一）篮球科研内容的分类

篮球科学研究的内容概括起来可分为以下三种。
1. 基础理论类研究
以认识和探索篮球运动的自然规律和有关原理、原则为主要目的，属于理论性的研究。
2. 应用类研究
依据篮球运动的基本规律和有关原理、原则，研究篮球运动教学、训练和竞赛中的关键问题，并从理论的高度，提出解决办法。
3. 开发类研究
将研究成果应用到篮球运动的教学训练和组织竞赛等方面，并将应用研究再扩大、发展到各个运动项目的教学训练和组织竞赛中去。

（二）篮球科研的主要内容

当前篮球科学研究的主要内容包括以下几个方面。
1. 篮球运动发展史
①篮球运动的演变历程。
②篮球技术、战术的演变与发展历程。
③对篮球自身理论的成熟与完善方面的研究。

2. 篮球技术、战术的运用
①对篮球技术、战术的发展、运用与创新的研究。
②篮球战术的发展、运用与创新。
3. 篮球运动理论
①对我国篮球运动发展的战略与规划研究。
②对篮球运动教学理论的研究。
③对篮球训练理论的研究。
④对篮球运动员选材、育才、成才规律的研究。
⑤对篮球科学研究理论与方法的研究。
4. 篮球规则的理论
①对篮球规则、裁判法的研究。
②对不同等级裁判员培养、选拔和使用的研究。
5. 篮球与相关学科的理论运用
①心理学在篮球学科中的运用研究。
②社会学在篮球学科中的运用研究。
③自然学科（生理、生化、生力等学科）在篮球学科中的运用研究。
④管理学在球队管理中的运用研究。
6. 发展理论的研究
①对篮球职业化、产业化的研究。
②对篮球市场开发、营销的研究。

二、篮球科研的特点

篮球运动科学研究与其他体育项目科学研究具有许多共同的规律。但由于篮球运动本身的特殊性，篮球领域的科学研究活动具有自身的特点。综观我国篮球科研的发展状况，其特点主要表现在以下几方面。

（一）研究对象和领域的广泛性

研究的对象。涉及儿童至老年的各个年龄段不同篮球水平的参与者；不同性别的参与者；不同类别的学生、教师；不同级别的运动员、教练员、裁判员，不同职能的管理人员、经营人员；以及学校篮球、竞技篮球、群众篮球、职业篮球、篮球市场等多种研究对象。

研究的层面。既有指导性的理论体系、领导体制和发展战略等的宏观研究，又有操作性的生化反应、力学分析和技术运用等应用研究；既有对国家队等高层次篮球队的研究，又有对少儿篮球以及篮球后备力量的研究。

研究的范围。篮球科研包括了篮球运动理论体系与史学研究；篮球技术、战术、身体、心理训练的理论和实践研究；篮球竞赛的指挥、分析和调控研究；篮球教学训练的生理、生化和运动生物力学的应用研究；篮球运动员营养、医疗和疲劳恢复的研究；篮球裁判员的培养和篮球规则与技战术关系的研究；篮球运动的管理、体制、赛制和发展策略研究；篮球运动科学研究状况的研究等方面。

（二）研究内容的实效性

篮球运动科学研究为篮球运动发展服务的功能，决定了篮球运动科学研究的内容和问题必须来自运动实践。篮球运动丰富的技术动作、战术设置，独特的运动形式以及相关学科知识的发展和交融，为篮球运动科学研究提供了大量的研究素材。同时，篮球运动科学研究的结果只有经篮球实践的检验，才能成为科学研究成果。可见，科研内容来自篮球实践，又服务于篮球实践，这是互动统一的，也是推动篮球运动科学研究不断发展的原动力。就已有的成果来看，篮球运动科学研究内容的实践性、实效性特点突出。不少选题都紧紧围绕篮球教学、训练和比赛实践等问题进行研究。

（三）研究过程的动态性和研究结果的创新性

动态性规律是篮球运动的基本规律之一，篮球运动科学研究也秉承了篮球运动的动态特点。篮球运动科学研究一般时间长、跨度大。从提出科学假想、搜集资料、进行预实验、科研实验，到结果分析、科学论证、得出结果，其过程就是一个动态发展的过程。随着相关学科知识和科学技术的发展，越来越多的新理论、新方法、新手段、新科技成果运用于科研之中，使篮球运动科学研究的方法、成果不断创新发展。因此，研究中一成不变的方法、思想，没有新意的命题、思维，都无法保证研究的科学性和创新性，并会影响到研究结果的实效性。

（四）研究理论和方法的综合性

随着现代篮球向科学化、社会化及职业化道路迈进，职业篮球带来的商业化、产业化气息促进了当今篮球运动在观念、理论的更新，技术与战术的创新，形成了篮球运动的新特征。特别是现代科学技术的发展和科学知识的创新，为篮球运动科学研究提供了丰富的理论依据和研究方法，开拓了篮球科学研究的思路。

因此，为了全面地探索篮球运动的未知因素，揭示篮球运动的规律，篮球科研必然将涉及自然科学、人文社会学、哲学等方面的综合研究。它所涉及的相关学科主要有：生理学、心理学、生物力学、生物化学、解剖学、运动医学、运动训练学、人体测量、体育社会学、体育比较学、经济学教育学、体育统计学、人类学、以及控制论、系统论、信息论等多种学科理论。

此外，现代科学技术的成果也逐渐被大量采用，如幻灯投影技术、摄影摄像技术、各种精密仪器的使用、电脑软件的开发以及各种针对性研制器材的应用等。借助这些相关学科知识的交叉作用和现代科学技术的新成果，综合运用各种研究方法，当今篮球科研可以从不同角度探讨篮球运动的诸多问题，从而拓宽篮球科研领域，加大研究深度，增强研究的科学性、实效性和针对性。

三、我国篮球科研的现状

（一）运用多学科知识、现代化手段展开综合交叉研究

现代科学发展的总趋势是各学科部门之间和学科之间相互交叉、相互渗透，既高度分化又紧密交融。随着当前社会科学、自然科学的快速发展，这一交叉与综合的发展趋势，对篮球运动科学研究工作带来很大影响。现代科学方法论和一系列新兴学科在篮球运动中的应用，也大大加快了篮球运动科学研究的多学科交叉进程。篮球运动的多学科综合研究，使科学研究与篮球实践密切结合，研究成果为篮球实践服务，教学、训练、竞赛与科学成果相结合，已成为发展的必然趋势。现代篮球科研更重视运用运动生物力学、运动生理学、运动心理学、体育管理学等多学科知识和现代化的手段、设备，对篮球教学、训练、竞赛实践进行深入、具体、有针对性的研究。

（二）转型期的职业篮球体系研究已成为研究热点

1995年10月，中国篮球协会以全国男篮甲级联赛为突破口，以职业化、产业化为方向，颁布了《中国篮协运动员转队转会条例》和《俱乐部暂行管理条例》，揭开了我国篮球职业化改革的序幕。作为我国篮球活动中的全新组织形式，有关职业篮球的法规条例、管理体制、经营机制、经营方式、训练制度、竞赛制度、教练员、裁判员、运动员、经纪人的培养与管理等方面的研究也随着改革进程的推进逐渐展开，成为我国篮球科研的热点。

（三）学校篮球运动是研究的重点

学校篮球是我国篮球运动的重要组成部分，也是我国体育教育工作的重点内容。研究学校篮球发展的条件、环境、现状和对策等，对我国篮球整体水平的提高和可持续发展以及学校体育教学改革的深化等具有重要的现实意义。

目前，从事篮球科研活动的人员大部分是各级各类学校的体育教师、篮球专项教师和篮球方向的研究生，他们或受研究环境、现有条件的影响，为了保证研究操作的可行性，或从他们本身的兴趣和工作任务出发，都倾向于选择学校篮球作为研究内容。

在学校篮球工作中，以"发展高校篮球，培养篮球人才"为宗旨，以CUBA为代表的大学生篮球联赛是我国篮球的又一全新竞赛制度，它对于我国篮球训练体制

的改革、后备人才培养机制的完善、篮球运动水平的提高起着重要作用。围绕大学篮球联赛展开全面深入的研究，探讨大学联赛的发展对策，已成为我国篮球科学研究活动的重要内容。有关大学生篮球联赛的基础性研究工作已展开，并取得了一些可喜的研究成果。

（四）重视篮球基本理论体系的建设，进行可持续发展的研究

现代篮球运动实践要求有先进的篮球运动理论，对篮球运动实践的不同领域、不同层次、不同方面进行科学指导。基于理论对实践的重要指导和借鉴作用，探讨篮球运动众多方面的原理与规律，摸索篮球运动可持续发展的对策与环境因素，完善与丰富我国的篮球理论体系，一直是广大篮球科研者坚持不懈的工作重心。这为我国篮球运动理论体系的形成和完善，为篮球运动的进一步现代化、科学化，做出了积极的贡献。

（五）开发篮球教学、训练和比赛的现代化设备研究

电子技术和电子计算机的广泛应用，将在篮球领域中充分显示了现代科技的重要性。这些技术和成果的运用，将促使篮球运动的教学、训练和竞赛朝着自动化、电脑化、遥控化、轻便化、模拟化的方向发展，促进篮球科研从定性描述到定量研究的科学发展。开发现代化设备已成为篮球科研的重要方面，并已取得一些研究成果。

在篮球科研工作者科学、务实、严谨的努力下，我国篮球科研取得了相当可观的成果，但由于我国体育科研起步较晚，目前从事篮球科学研究的主力军仍然是篮球教学，或体育教学的教师，以及较少数的篮球教练员。他们一方面缺少丰富的篮球实践经验，另一方面受本身知识结构的限制，缺乏相关的学科理论知识，而往往只停留在大量的感性认识上。因此，研究者在课题的选择上只能根据现有的条件、能力，寻找一些较容易入手的、局部的、单一的课题进行研究，而宏观的、综合的课题研究枢少，并且缺少先进科学仪器设备，科研方法单一，这些因素直接影响着我国篮球科学研究整体水平的提高和发展。

第二节　篮球科学研究的方法和程序

一、篮球运动科学研究方法

科学研究方法，是人们发现新现象、提出新理论的手段，是在科学活动中运用科学的实践与理论思维的技巧。随着现代科学技术对体育科学技术的渗透，随着体

育运动的不断发展和人们对体育认识的日益深化，促使体育科学研究向深度和广度方面迅速发展，并逐渐形成了适合体育科学自身要求的研究方法。目前，观察法、调查法、实验法、逻辑方法、数学方法和"三论"方法等均已在体育科学领域中得到广泛的应用，同样，在篮球运动科学研究中成为探索篮球运动发展规律的有力工具。

（一）观察法

观察法是在自然条件下，通过人的器官或科学仪器，根据一定的目的，有计划地对研究对象进行系统考察，从而获得科学事实和资料，并运用有关方法加以整理，从现象到本质，从感性上升到理性，最后获得规律性认识的一种研究方法。篮球运动科学研究中通常采用的临场技术统计，就是通过一些测量工具（目前常用的有计算机）对比赛进行定量描述的方法。摄像法则是利用照相机、摄像机、电影摄影来记录所观察到的事物和现象，而后进行深入观察分析的一种研究方法。

1. 观察的分类

观察的种类很多，但就其目的任务而言，可分为质的观察和量的观察两种。质的观察是通过观察来确定客观事物在发展过程中的性质，如比赛中采用何种战术、战术的变化、战术的实效等。量的观察是观察客观事物在发展过程中数量的变化，如在篮球运动科学研究中，通常用于对比赛及训练中运动员运用技术等方面情况的观察统计。

2. 运用观察法的基本要求

（1）观察应具针对性。观察应有明确的观察目的，使观察具有针对性。观察的针对性来源于理论思维的指导作用，为提高观察的实效，就要充分发挥理论思维对观察的能动作用。

（2）观察应具客观性。为保证观察过程客观和准确，应坚持实事求是的科学态度。观察时，不择己所好，忌主观片面。

（3）观察应具系统性。由于事物总是发展变化的，因此要客观地认识事物的发展全过程，就必须进行系统观察。

（4）观察应具准确性。为防止在观察过程中由于主、客观原因而带来误差，要求观察者在观察前做好仪器的校检，选择好观察的位置，印制好观察记录表。正式观察前先进行实习，以便修改、完善和熟悉观察指标，保证观察的准确性。

3. 观察法在篮球运动科研中的运用

篮球运动科学研究中经常采用的技术统计是一种抽样观察方法。它是通过对训练和比赛的现场观察，记录下观察内容的具体数据和情况，然后进行分析、研究的一种常用方法。

技术统计内容的选择与表格的设计对于研究工作能否顺利进行有密切关系，而统计材料的组织运用则关系到研究的质量。

（1）设计统计表格。确定统计指标是设计统计表格的关键。首先，应根据课题的任务和需要的数据确定统计内容。其次，应根据所研究事物的结构环节和有关因素来选择统计内容。

表格的设计应符合既便于临场观察记录，又便于统计计算的原则。统计记录表有两种形式：一种是场地图形式，即用全场或半场的场地图记录观察的事实；另一种为表格记录形式，即用根据研究目的设计的表格记录观察的事实。

（2）统计材料的整理与分析。临场统计的原始材料，只有经过整理之后才能用以分析、对比。首先要对统计的数据进行核对，而后进行归类登记，填入登记表，以便分析时使用。各项统计数据都必须进行计算，算出总数、平均数和百分比，并进行统计学处理。

在统计材料整理之后，根据课题的任务需要进行归纳和分析。属于观察教学训练的问题，要根据统计数据对教学训练活动从理论上进行分析，作出评价，并从总结中发现问题，提出改进意见。属于对比赛的观察统计，则应根据统计数据对比赛胜负的原因、技术和战术运用的问题进行分析，进而总结出影响球队比赛成绩的原因，提出改进措施。

（二）调查法

调查法是研究者通过直接观察或间接了解研究对象的各种方式去搜集反映研究对象的材料，是当前篮球运动科学研究常用的一种方法。根据调查对象的数量与范围的大小，可分为普通调查、典型调查、抽样调查等类型。根据调查的性质和内容，又可分为现状调查、前瞻调查、回顾调查等。调查方式有访问调查法、问卷调查法、特尔菲法等。

1. 访问调查法

访问调查法也称研究性谈话调查法，是通过有目的的谈话，寻求研究资料的方法。访问调查法的步骤如下。

①取样。根据被访问的总体特征和研究目的，决定抽样方法，决定访问的样本。

②制定访问时的提问提纲。

③进行访问。访问者要先表明身份、单位和访问目的等。

④记录答案，及时整理。

2. 问卷调查法

问卷调查是一种书面形式的调查，是以卷面形式提出若干问题来询问被调查对象，然后对所得材料进行分析的研究方法。问卷调查法的步骤如下。

（1）问卷的设计。调查问卷的内容应包括三部分，即问卷的标题、问卷的说明部分和调查问题项目部分。调查问题部分，结构形式大体上有问题罗列式（陈述式）和表格式两种，也可将这两种形式结合运用。

①问卷的标题与说明部分。问卷的标题要反映调查内容，名称要确切，一目了然。问卷的开头应有一段简单的文字说明，简要讲明调查的目的、意义及请求对方帮助与支持，而后解释某些调查问题的概念和含义，说明回答问题的形式、要求与意见和建议填写在何处，是否署名填答，请求填完问卷寄回的时间期限。最后应注明自己的姓名、工作或学习单位、邮编、地址、联系电话。措词应谦虚并表示感谢。

②确定调查内容。问卷中所调查的问题，应紧紧围绕课题的研究任务及材料来确定，而后对问题进行合乎逻辑的分解，使之成为明确的、互相独立的具体小问题。问题应简明，在排列上应注意将同类性质问题排在一起，可用一小标题领题，并按问题的复杂程度由浅入深、先易后难排列，将简单的问题、容易的问题和对后面问题有启发意义的问题排在前面，而开放的问题和敏感的问题排在后面，检查成套可行性的问题不要排在一起。问题排列顺序要有逻辑性。

③确定回答问题的方式。根据调查问卷问题提问的形式不同，回答方式也不同。对开放型（自由式）问题可根据被调查者的认识自由回答。这类问题多用于面访调查提纲，被调查者具有较高的文化素养与学识水平。对封闭式问卷，调查者只能在规定好的几个答案中选择一个，或把答案分为几个层次让被调查者按其重要程度排出顺序。

（2）问卷的信度和效度检验。问卷的信度即问卷的可靠性，效度是问卷的有效性，问卷的信度是效度的前提。调查结果的信度与效度对结论推导的真实性有至关重要的作用，因此，保证问卷的信度与效度是研究者必须掌握的技巧。为保证问卷的信度与效度，必须注意以下几方面。

①设计问卷内容时，首先要阅读有关文献资料与专业书籍，并经专家评定；其次为避免设计的内容有所遗漏，应采取开放式与封闭式相结合的回答方式；最后，正式调查前，可通过小样本或小范围的预调查，以验证其可行性与有效性。

②进行信度与效度检验。信度一般是指所测得的数据的可靠程度，即调查材料反映调查对象实际情况的可靠、真实程度。

● 信度检验。通常以相关系数表示，常用的计算方法有两种。第一种是"测量再测量"方法，用测量与再测量的相关系数估价可靠性。第二种是折半法，即采用"分半信度法"求问卷的"内部一致性系数"，此方法一般用于态度量表的信度检验。

● 效度检验。常见的问卷效度有内容效度与结构效度两种。内容效度是指问卷的内容是否反映了研究课题所需要的全部材料。检验方法有两种：一种是表面效应检验，或称逻辑分析检验，它是请有关专家全面审核评价问卷的内容性能，从问卷内容上和逻辑关系上看问卷是否符合调查的目的、任务与研究的需要。另一种是评定量表方法，即分别对问卷内容的各大问题及其范围加以定量评定（评分），然后算出每个评分者的效度分数，最后求出全部专家总的平均效度分数。

结构效度是指问卷调查结果与问卷中问题的结构特征之间的对应程度。具体操作方法可在问卷调查前将问卷设计排列的问题打乱后随意排列，然后在小范围内（15人左右）请专家逐一判断每一问题属于哪一类问题，以及各类间距构成的总体结构是否与主题相一致，如果专家判断问题分类正确率达80%以上，且总体结构与调查主题相符合，则问卷的结构效度是有效的。

3. 特尔菲法

特尔菲法又称"专家调查法"，它是调查者以书面形式对研究的问题向有关专家进行咨询调查，并背对背地反复汇总征询意见，从而进行预测与判断的一种调查形式。在篮球运动科研中多用于研究技术、战术发展趋势及预测大赛的胜负情况等。

（1）特尔菲法特点有如下几个。

①专家互相隔离和匿名填答问卷，有利于消除相互影响，充分独立地发表意见。

②调查经过反复综合和反馈，既能充分集中多数专家的意见，又不排除少数人的意见。

③对每一轮调查结果，研究者都要进行统计处理，最后的结果力求转换为定量评价，以获得对问题的准确定量评价与判断。

④在反复调查中，向每一位专家提供上轮调查的结果，便于每位专家在逐轮独立分析评价时有多种参考信息，进而提出客观意见。经几轮调查后，专家意见大多趋于一致，则使调查结论更为可靠。

（2）特尔菲法的运用程序如下。

①确定调查主题，拟定调查纲要和调查表格。

②确定被调查专家，应选择在本研究领域内连续工作十年以上有造诣的专业人员，专家人数一般以10~25人为宜。

③调查过程如下。

●向专家发函，提出要求，提供有关背景材料，明确预测目标，征求意见。

●发调查表给专家。调查表只提出要求检测的问题。

●调查者对专家寄回的调查表进行汇总整理，并将统计归纳后的结果反馈给各位专家，为专家修改自己的意见作参考。

●调查者回收第二轮问卷后，进行统计归纳，再反馈给各位专家。如此反复三至四轮即可得出较准确的预测结果。

（三）实验法

实验法是研究者利用一定的物质手段，人为地控制、模拟自然现象，排除非实验因素的干扰，突出主要因素，在特定的条件下通过实践探索自然规律的一种研究方法。实验的类型很多，主要有定性实验、定量实验、对照实验、模拟实验等。

1. 科学实验的构成因素

任何科学实验都包括三个基本因素，即施加因素、实验对象和实验效应。

施加因素又称处理因素，即在实验中为揭示实验对象可能发生某种变化的突出因素，如提高投篮命中率实验中的某种训练手段与方法等。施加因素必须使之成为规范稳定的、可操作实施的一些内容、方法、手段等。

实验对象泛指实验课题所涉及的全部对象，即实验研究的总体。从实验对象总体中抽出实验个体称之为实验样本，它是实施实验的受试者。

实验效应是指通过实验后施加因素对受试者的作用。为了解释施加因素在受试样本产生的效应，就必须通过一定的指标来进行观测，以便确定实验的效应程度。选择指标必须遵循指标的有效性、指标的客观性、指标的代表性及指标的标准化等原则，才能保证观测结果的正确性和可靠性。

2. 实验的设计

实验的设计就是实验的设想方案。即在实验前对即将进行的实验工作进行全面的考虑，确定实验方法途径，拟订出明确的方案，提高实验的计划性，以保证实验工作顺利进行。

（1）设计实验的原则有重复性原则、可控性原则、随机性原则、对照性原则。

第一，重复性原则。必须使所设计的实验方案重复进行，并产生同样的结果。

第二，可控性原则。尽量控制各种实验条件，采用均衡或对称安排的方法来达到控制实验的目的。

第三，随机性原则。实验对象必须随机抽样，不能人为地挑选。

第四，对照性原则。"有比较才能有鉴别"，实验分组设计常有自身比较设计、组间比较设计和配对比较设计。

（2）实验设计的内容：应包括实验题目、实验原理（理论依据）、实验的目的任务、实验时间、实验对象、实验分组设计、实验的施加因素、实验效应观测指标及测试步骤等。

3. 实验的实施

实验的实施是科学实验的中心环节。在此阶段，实验人员要完成以下几项任务。

①实验仪器设备的安装。

②预备性实验。

③实验过程中的操作、观察与记录。

④对实验结果进行处理与评价。

（四）逻辑方法

科学研究必须通过观察、实验、设计等方法对搜集的资料与事实运用理论思维的方法进行整理，使认识从经验层次上升到理论层次。资料事实的整理过程是多种方法辩证统一的运用过程，包括比较、分类、类比、归纳与演绎、分析与综合等逻辑思维方法。（类比、归纳与演绎法将在第六章第二节中的篮球运动科学研究程序的

第二部分"建立假说"中介绍,在此仅介绍比较、分类、分析与综合法。)

1. 比较法

比较,是确定事物的共同点和差异点的一种逻辑方法,是人类认识事物最基本、最常用的思维方法。比较同一事物在不同时间的状态叫纵比,比较不同事物各自的特点叫横比。

在篮球运动科学研究中,广泛地运用比较方法,无论是对比赛统计资料的分析或对实验结果的论证及新观点、新方法的提出,无不运用比较法。在对篮球领域中,各种现状分析时常用纵向比较以揭示篮球运动发展的规律,在提出新观点、新论证、新方法时,又常采用与世界篮球强国的横向比较。

应用比较法进行研究的条件有如下几点。

①比较对象必须具有可比性。两种比较对象需要比较的属性能用同一单位或标准去衡量,否则这两种对象就不能相比。

②要有精确、稳定的比较标准。这是定量比较的基础,也是定性比较所必需的。因此,选择和制定精确、稳定的比较标准是有效进行比较的前提。

③比较研究要以正确的理论作指导。

2. 分类法

分类,是根据研究对象的共同点和差异点,把研究对象划分为不同种类的逻辑方法;是人们用以区分客观世界,从而掌握客观世界的基本方法。"类"是具有某些共同特征的集合,分类是在比较基础上进行的。常用的分类有现象分类和本质分类两种类型:现象分类,是根据事物的外在联系或外部标志进行分类;本质分类,是以对象本质特征的内部联系为标准的分类。

分类可以把纷繁复杂的事物加以条件化、系统化,从而深化人的认识。通过分类可以揭示同类的共性和本质,从而为进一步研究奠定基础。因此,分类也是篮球运动科研的重要方法。例如,为了揭示篮球动作的特点,加深对篮球技术的认识,改进教学训练,进行了"对篮球技术动作分类"的研究,研究结果揭示了篮球技术动作结构特点及内在联系,从而对篮球运动教学改革及教材建设提供了有益的参考。

运用分类法时,首先按照分类对象大的相同点把对象分成大类,再按大类中对象次一级的相同点分成次级类,以此类推,逐渐将对象分成不同等级的类系统。

分类必须遵循的原则有三点。第一,分类必须根据同一标准进行;第二,分类必须相应相称,被划分的各子项之和必须与被划分的母项正好相等;第三,分类必须按一定层次逐级进行,避免超级划分的逻辑错误。

3. 分析法

分析,就是把研究对象分解为各个组成部分或简单要素加以研究,以达到认识其本质的一种思维方法。如研究快攻问题可分解为发动、接应、推进、结束等部分来分别加以研究。

分析法有四种：一是定性分析，是为了确定研究对象是否具有某种性质的分析；二是定量分析，是为了确定客观对象各个部分数量的分析；三是因素分析，是为了确定引起某一现象变化原因的分析；四是系统分析，是一种动态分析，它将客观对象看成一个发展变化的系统。

运用分析法时，必须首先了解研究对象各个组成部分的特征，才能把整体加以解剖，把各个部分从整体中分离出来，加以深入的分析。分析法一般多与综合法结合运用，以便更好地全面把握研究对象的发展过程。

4. 综合法

综合法就是把研究对象的各个部分、各个方面和各种因素联系起来加以考虑，从而在整体上把握事物本质和规律的一种思维方法。例如从快攻的发动接应、推进、结束等环节分别分析后把各环节联系起来，考察它们相互间的联系以及各环节与快攻总体战术的联系，从而得出对快攻战术的完整认识。分析与综合是统一的认识过程中的两个侧面，它们互为前提、互相补充、互相转化。人的认识过程就是在分析——综合——再分析——再综合的过程中不断提高的。因此，在实际的逻辑思维中没有纯粹的分析和综合，在科学研究中的加工、整理资料与事实的过程中要充分认识到"分析与综合同时并用"这一重要的方法原则。

（五）数学方法

数学方法是运用数学所提供的概念、理论和方法对研究的对象进行定量的分析、描述、推导和计算，以便从量的关系上认识事物发展的规律性的方法。

数学方法为篮球运动科学研究提供了简洁精确的形式化语言，提供了定量分析和计算的方法手段。在篮球运动科学研究中，常用的数学方法有下面这几种。

1. 数理统计方法

数理统计是运用概率论定量地研究和剖析实践中所遇到的具体随机现象内部规律的数学方法。在篮球运动科学研究中得出的各种观测、实验数据都属随机变量，随机变量在数值上是随机波动的，但又具有某种分布。我们经常用它们分布相联系的数来反映其变化规律。

数理统计中还有一部分定量研究事物各因素之间相互关系的方法，相关分析与回归分析是常用的方法，用相关系数定量地描述两个变量（因素）间的密切程度。如果两个变量存在相关关系，则可用回归分析的方法研究这种关系。从一组样本数据中设法找出它们这种关系的数学表达式，称回归方程。

由于篮球运动科学研究的现象是复杂的，大多是众多因素交织在一起，因此，要进行多因素分析、聚类分析。

2. 模糊数学方法

客观现实中普遍存在着模糊现象。模糊性是指客观事物在差异的中介过渡时所呈现的"亦此亦彼"性，如篮球进攻的快与慢之间没有绝对分明的界限，呈现出模糊性。在篮球运动中，模糊现象广泛存在，因而绝对精确的数学方法常常难以应用。模糊数学就是利用人脑能判断模糊性的特点，用严格的数学语言来描述模糊性，为研究模糊问题提供数学方法。常用的模糊数学方法有模糊模式识别法、模糊聚类分析法、模糊相关分析法、模糊综合评判法、模糊控制法。

3. 运筹学方法

运筹学方法是运用数学方法，把所要研究的问题作出综合性的统筹安排和对策，以达到最经济地使用人力、物力和最优地收到总体效果的方法。运筹学方法包括的内容很多，常用的是决策论方法。决策是对未来行为确定目标、方向，并为选择一个能实现预期目标最优的可行方案作出决定的过程。

4. 预测方法

预测方法是根据过去和现在预测未来，根据已知推测未知的一种数学方法。即根据过去的实际资料，运用已有的科学知识和手段，探索事物在今后可能发展的趋势，并作出估计和评价，以调节人们的行动方向，减少对未来事物的不肯定性。预测方法种类很多，在篮球运动研究中常用的有定性预测方法、定量预测方法、概率预测方法等。

（六）系统科学方法

系统科学方法是指系统论、控制论、信息论等系统科学方法和理论在体育科研中的应用。它们的共同特征：一是系统性，二是整体性，三是定量性，四是为解决多因素的、动态的复杂系统提供了方法，五是最优化。

1. 系统方法

系统方法是用系统的思想研究事物的方法。它首先把研究的事物看作一个系统，从整体与部分之间，整体与外部环境的相互联系、相互作用、相互制约的关系中，综合地考察对象，最佳地处理问题。系统方法的基本原则是整体性、相互联系性、有序性和动态性。

2. 控制论方法

控制是指一个系统为了达到一定目的或保持某种特定状态，根据内部和外部各种变化进行调节的过程。控制论应用于体育领域对于在体育教学训练中系统实施有目的、有方向、有计划的调节，以达到最佳效果有着积极的作用。控制论方法是由功能模拟法、黑箱法、反馈控制法、有机协调等具体方法组成的。目前，篮球运动科研中主要运用反馈控制方法。反馈控制方法是指运用反馈和控制的概念去分析和处理问题的方法。

3. 信息方法

信息论是用数理统计方法来研究信息传递、信息控制、信息量的计算，以及阐明信息在系统中的作用和规律的一门学科,它是控制论的基础。信息在篮球运动研究中具有重要的意义,它是选择研究题目、确定研究方向、选择研究方法以及检验科研成果必不可少的依据。信息方法是指运用信息论的观点,把系统的运动过程或控制过程当作信息传递和信息转换的过程,并通过对信息流程的分析和处理,以达到对某些复杂系统运动过程和控制过程规律性的认识。控制论、信息论、系统论是新兴学科,它为体育科研提供了新的思维方式和从整体上认识事物的系统科学方法。这些方法推动了篮球运动科学研究的发展,并取得初步的成果。由于它在篮球运动科研应用中刚刚起步,有许多问题尚待探索。

二、篮球运动科学研究程序

科学研究活动是人类能动地认识世界和改造世界的过程。对于一个具体的研究课题来说,从选题开始到研究工作结束,是一个不断深化的认识过程,在整个过程中,必须按一定程序完成各项工作。

(一)选择研究课题

选题是进行科学研究的第一步。它直接影响研究能否完成和是否有价值。因此必须认真地对待选题工作。

(二)建立假说,验证和制定研究计划

1. 建立假说与验证

(1)建立假说。在科学研究中,为了便于探索客观真理,往往对未知的事物提出设想与推测,这就是假说。科学研究常以假说为基点来设计实验或观测,再通过实验结果来验证假说。所以,假说是发现新事物、形成新理论的桥梁。一个假说从酝酿到形成一般要经过三个步骤:第一,在科学研究中发现新事实、新关系;第二,对上述新事实、新关系产生的原因及发展规律进行初步假定;第三,运用科学方法对初步假定进行逻辑推理,从而形成完整的科学假说。建立假说通常采用类比、归纳、演绎等逻辑方法。

①类比法:根据事物中存在的共同点,用已知的事物去推测未知事物的方法称类比推理法,它是理论思维的一种逻辑推理形式。

②归纳法:这是一种由特殊到一般的推论方法,运用归纳法可以把大量经验材料经过分析整理,提高到理性认识阶段,把若干特殊的理性认识变为一般的理性认识。

③演绎推理:这是一种由一般到特殊的推理方法。推理的客观基础是一般与个别的关系。即一般寓于个别中,个别含有一般。

(2)验证假说。假说只是一种猜测,它正确与否必须经过检验。检验的标准是实践,即科学事实。通过严格的科学实验、观测、调查等方法获取科学事实来验证

假说。只有通过实践证明是正确的，假说才能成为科学理论。

2. 制定研究计划

研究计划是对研究工作经过谋划而形成的实施方案，也称之为研究方案。有了周密详细的研究计划才能有步骤、高效率地完成研究任务。研究计划的内容包括以下四部分。

①研究课题名称。

②选题依据。这部分是选择和确定研究课题的理论阐述。主要包括国内外的研究动态、提出问题的理论与实践依据、研究的目的意义。

③研究对象的范围与研究任务。这是根据假说进一步将研究对象的具体范围明确化，研究任务条理化。

④研究方法指收集科学事实验证假说的具体研究方法。在设计过程中包括以下内容。

● 设计研究指标。即实验、观察和调查的具体项目。

● 建立操作定义。对于研究中某些抽象概念和指标作出明确的操作界定。如技术结构、快攻、妙传等，要明确指出其具体内容和特征，才能在收集材料过程中实际操作。操作定义在科学研究中具有重要作用，它有利于提高研究指标的客观性，使理论概念具体化，将指标变为可直接感知、测量的具体事物。同时有利于提高研究指标的统一性，从而有利于指标结果的对比分析。建立操作定义的常用方法有三种：第一，用客观事物发生状态、数量和具体现象来界定；第二，分解被定义指标（问题）的特征和所含的小指标（或因素），如"教学训练能力"可定义为"讲解示范能力、组织教学与练习能力、发现与纠正错误能力、临场指挥能力、思想教育与球队管理能力、评价与总结能力"等；第三，用被定义指标表现的主要特征的数量标准进行界定，如高大队员定义为身高两米以上的锋线队员。

● 研究样本与抽样方法的设计。研究样本设计是从研究对象的总体中合理取出来的部分对象。常常限于条件不可能对研究对象总体进行全面研究，只能进行抽样研究。样本量的大小（多少）以能代表研究总体的特征为宜。样本量太小，其代表性就差，样本量越大，误差越小，但受经费、时间、人力等条件的局限，研究者往往很难实现。按照统计学中确定样本量的方法，在样本误差在允许范围内时，应力求以较少的样本满足研究的需要。抽样方法设计。确定样本量后，还要根据研究对象总体范围的大小和构成特征，采取相应的抽样方法。抽样方法有随机抽样和非随机抽样，随机抽样时应遵守随机抽样原则，杜绝研究者按主观意图进行选择性抽样。常用的随机抽样方法有抽签法、随机数字套用法、等距抽样、分层抽样、整群抽样、多段分级抽样等。非随机抽样是与随机抽样对应的一种抽样方式，主要是研究者根据主观判断或操作方便来抽取样本。非随机抽样的方法有偶遇抽样、立意抽样、定额抽样、液字球抽样等。由于非随机抽样不能控制统计上的误差，因此在推断总结时要非常慎重。

● 对数据进行统计处理的设计。统计分析方法的设计常用的有定距指标（比率数）、事物相关关系统计指标（如比例数、回归系数、差异程度、指标贡献率等）。

● 预期结果。假说要经过推理，说明其原理和研究成果可供应用的范围等。

● 工作进度安排。即详细的日程计划。它将整个研究工作的顺序步骤、时间阶段及各阶段工作内容与措施作出预先安排，形成合理的工作流程。

● 经费预算。

● 课题负责人、参加人及协作单位。

（三）研究资料的收集与整理

1. 收集研究资料

研究资料是验证假说、论证问题、形成科学理论所需要的科学事实，是研究工作所要完成的重要内容。研究资料包括文献（情报）资料和科学事实两大类。文献资料是前人积累的科学理论与研究成果的记录的间接经验。研究人员只有紧紧围绕研究课题，尽可能多地收集文献资料，才能充分了解本课题的学术背景与前沿动态，才能为验证假说、论证观点提供有力的依据。科学事实直接来自社会实践，来自篮球运动实践活动和具体事实。它为研究课题提供直接的研究材料是科学研究中验证假说，提出新发现、新规律、新理论的先决条件。科学事实表现形式多样，可以是各类实验中获取的原始数据、事例反映的记录，也可以是观察、调查获得的第一手情况记录、数字、问卷材料、录音、录像、图片等。在收集资料过程中必须坚持客观性与全面性，注意鉴别资料有效性与可靠性。这一阶段的工作既要有科学理论与方法的正确指导，又要求研究者具有勤奋顽强、勇于探索、不怕艰苦的精神，这样才能获取丰富可靠的研究材料。

2. 整理研究资料

对通过实验观察、调查访问、临场统计、查阅文献资料所收集到的大量原始、零乱的研究材料，必须经过数理统计与逻辑处理，才能为验证假说、形成科学理论提供有效可靠的依据。

对于文献资料和（定性类）经验事实，主要采用系统方法和各种逻辑方法进行加工整理。首先，对资料进行汇总、分类、检验、筛选。而后结合研究的任务，运用比较、类比、归纳、演绎、分析、综合等方法进行加工整理，揭示事物可能存在的联系与规律，得出研究问题的观点与结论。

对于各种实验、测量、观察中直接获取的数据应进行统计处理。运用各类指标数据的处理结果，对研究假设中的某些问题进行抽象判断与检验、验证假说提出结论，揭示规律。

这一阶段是验证假说的后期阶段，资料的加工整理是理性概括、逻辑分析和创造性加工的过程,这一过程基本完成了对研究假说的检验工作。科学的抽象才能揭示事物运动的本质,才能完成科学研究任务。

(四)撰写科学论文

学术论文是表达科学研究新成果的文章。它是研究者完成研究工作的质量和成绩的标志。研究工作者通过撰写论文,把研究结果用文字记录下来成为永久性文献。撰写论文是科学研究工作中不可缺少的组成部分。

第三节 科研选题和科研论文

一、科研选题

(一)选题的意义与题目的来源

1. 选题的概念及其意义

科研选题就是研究人员有目的、有步骤地选择某一学科领域中尚未认识和解决的问题。一般来说,研究人员都在自己的专业研究方向(领域)内选择课题。这样,研究人员比较熟悉情况,又有利于工作的连续性、积累性,还容易出成果。

首先,选择的课题如何从根本上决定体育科研的总方向和研究方案设计,进而制约着研究的全部过程。因为课题集中体现了研究者的理论修养与学识见解,题目又是贯穿于整个科研过程的中心目标。所选的题目不同,研究起点、范围、内容与难度也各不相同,所采用的研究方法也不同。一个新颖、可行的课题,将在较高的起点上展开,并可能引起研究方法、手段的变化与更新。

从自己探索的领域发现和提出一个有科学意义的问题,本身就是科学认识上的进步,是研究者学术创见与科学洞察力的集中体现。大科学家爱因斯坦说过:"提出一个问题往往比解决一个问题更重要。因为解决一个问题也许仅仅是数学上、实验上的技能而已;而提出新的问题、新的可能性,从新的角度去看旧的问题,则需要有创造性的想象力,而且标志着科学的真正进步。"如果能开始提出有意义的研究问题,就意味着研究者在继承前人的知识中有所前进,有所发现。

其次,选择一个好的课题,是保证科研成功及成果价值的先决条件,并能取得科研的高效率。

科研选题受很多内外条件的限制,并非什么问题都能成为科学探索的问题。因此,提出一个好的选题是有一定难度的。一个合适又有价值的题目将把研究者引向成功之路，避免时间、精力的浪费，产生科研的高效益。从某种意义上可以说，一个研究人员的科学洞察力与创新精神，首先表现在他的选题水平上。

2. 题目的主要来源

（1）从体育教学、运动训练、体育管理中直接碰到的实际问题中发掘课题。许多有重大价值的科研成果往往是从日常生产、工作、生活中的普遍现象中发掘的。所谓"夕阳芳草寻常物，解用都为绝妙词"。美国的大细菌学家史密斯说过："他总是着手处理眼前摆着的问题，主要因为容易得到资料。"因此，研究者要善于在日常工作生活中，从人们熟视无睹的寻常现象中发现要研究的课题。

（2）从文献资料中去搜寻课题。文献资料是前人创造积累的科学成果与文化知识的真实记录，反映了人们对客观世界的科学认识水平。通过对这些文献材料的查阅，既可较快地了解有关问题的历史、现状及前沿动态，开阔眼界，启发思路，学习别人的成功经验，借鉴前人的成果与方法，又能从材料中发现前人研究中的薄弱环节，或空白点，或争议部分，或错误之处，从而寻找到研究的突破口，从中提出个人要研究的新问题。

（3）从体育改革与发展的趋势中及时发现课题。大的方面，如中国体育改革的指导思想、基本模式、主要对策、突破口、体育体制与运行机制等。具体方面，如不同体育人才的知识结构、体育观念的变化、球迷现象的原因与分析等。

（4）在对本门学科、专业的传统理论的怀疑中寻找课题。苏联科普史学专家格拉宁说："科学是以怀疑开始，以深信不疑结束，科学的真相必须不断更新。"在科研中，我们应当随时用批判的眼光看待已有的科学理论和传统观点，寻找它们的缺陷和矛盾，然后再设法加以研究证明，这样做才会使科学真正不断进步。前人的理论、传统观点，看起来似乎无懈可击，但随着时间和事物的发展变化也会有漏洞缺陷，需要加以改变和修正。

（5）在学科交叉所产生的"空白区"与"边缘地带"发现课题。当代科学发展的趋势是学科不断分化又不断综合，大量相互交叉与渗透，在总体上向综合化、一体化方向发展。体育科学的发展也是这样，许多新的体育学科正是这样交叉、渗透的产物。

（6）从各门体育学科有争议的问题中找出研究课题。在科学发展过程中，对于同一现象存在着不同观点、不同学派的学术争论，这是科学发展进步的催化剂。马克思曾说过："真理是在争论中确立的，历史的事实是在矛盾的陈述中弄清楚的……"通过长期争论，有助于剔除谬论而发现真理。

（7）经常向专家学者请教，参加体育学术会议也可以找到一些研究课题。向专家请教、同专家探讨，或者参加体育学术会议可以更新观念，提高认识，从而发现新情况、新问题。

（二）科研选题的原则

1. 实践需要性原则

实践需要性原则指科研选题首先满足社会需要，即从事体育事业的实践发展需要考虑，从各项体育实际工作中亟须解决的问题出发去选择题目。如体育教学领域内的许多基础理论与应用课题，从教学理论、方法、原则到每项教材的教法、课的结构改革、课外锻炼活动的组织、学生体育兴趣的培养等问题，都是富有意义的研究方向和问题。从运动员的选材到训练过程中的各个环节（技术、战术、训练原则与方法、训练负荷等）、比赛、恢复及训练器械等问题都可以探讨。在各门体育学科发展中，也有学科自身的体系发展与完善，学科内容的更新等研究问题。这一原则主要遵循"科研为实践服务"的指导思想，能使研究课题具有生命力。

2. 现实可行性原则

现实可行性原则指研究者从自己所具备的主观条件和客观条件出发，全面考虑题目的可行程度，恰当地选择研究题目。主观条件，一般指研究人员掌握本课题有关的科学理论知识的程度，有关研究方法与手段、科研能力、经验、科学思维、创新意识、文字表达能力等，这是作为科研工作者必不可少的基本素质与能力。因此，选题时要力求与自己的知识能力大体相适应，与自己专业相一致，并应留有一定余地。尤其对初搞科研的人来说，要重视这一问题。客观条件是指课题的研究活动必须具备的物质手段和物质条件，包括必备的研究仪器、设备、工具、经费，所需的文献资料、研究时间、观测机会、地点远近、研究对象的状况等。

3. 科学性原则

科学性原则是指选题必须有一定的科学理论依据，又能符合某一学科理论发展的方向与需要，这样才能保证研究课题的科学价值。第一，研究题目基本上能纳入某一具体学科的内容范畴，能为学科的发展完善提供参考；第二，题目以形成的科学理论与方法作指导，并以此依据提出研究假设；第三，有时某些新问题、新事实的科学理论依据不足，现有的理论又不能完全说明解释它，题目貌似怪诞、新奇，但从发展方向看，它可能是潜在的科学领域而大有价值。这种情况在科学史上大量存在，今后仍会存在。

4. 创造性原则

创造性原则，是指课题在借鉴前人成果的基础上，对所研究的问题能提出新的见解、新的结论，有所发现、有所前进、有所突破。所有的科学研究都是一种特殊的创造性实践活动，创新是科学研究的灵魂。题目力求创新、富有新意，其成果才具有生命力，才可能有一定的学术价值和使用价值。

对创新（创造性）要有全面、正确的理解。凡是在本质上具有某种独创性、先进性和新颖性的课题，都是有创造价值的题目。在基础理论研究中，表现为（通过研究假设体现）新发现、新观点、新原理，建立新的学科理论，开辟新的理论。在体育应用、开发研究中，发明或创编新技术、新战术、新方法、新的训练器械、运动设备、新材料等。

课题发现或纠正前人的错误观点是创新；课题将对前人的理论、观点有所延伸、补充与发展是创新；课题从新的角度、用新的方法，探讨前人已提出的问题，旨在提出新的见解是创新；课题创造性地运用和开发前人的理论成果，旨在提出新的技术、手段、方法及途径是创新；课题从综合前人成果出发，博采众长、兼众独专，旨在概括出新理论、新方法、新观点是创新。

5. 兴趣性原则

兴趣是最好的老师。一旦题目是自己感兴趣的问题，就会有强烈的动机和责任感，促使研究人员把全部心血倾注其间，乃至废寝忘食、夜以继日地攻关奋斗。

（三）科研选题的一般程序

1. 确定研究方向

研究方向一般是研究者比较熟悉的体育专业或某一体育学科范围，同时对之比较感兴趣。如研究生的选题，需先考虑是否在本人专项范围内选题，然后再确定在本专项（或另一项目、学科）中的专门问题范畴。如可以是研究专项技术、战术，也可以是研究教法、训练方法；在理论学科中，可以是研究某一学科的基础理论、发展史，也可以是研究应用方法、最新问题与发展等。

2. 查阅文献资料，初步提出研究问题

在确定研究方向的基础上，需要进一步了解这一方向的学术发展状况。首先，要从大量文献资料中搞清楚本专项、本学科的研究前沿状况，在了解情况的基础上选定课题。如在同一领域哪些课题已研究过？其水平如何？还有哪些空白区和遗留问题需要探索？别人的经验、教训是什么等。力求在学科发展的前沿准确地找到自己课题的起点，寻找新的突破口。这样既避免重复课题，又能发挥自己的特长，确定课题的价值。其次，结合自己在体育实践中的体会或观察，或他人的宝贵实践经验，或征求导师、同学、同行的意见，初步提出问题。

3. 科学剖析论证，择优选定题目

研究者初步提出的问题一般不止一个，它可以为对比优选提供余地。如对问题的意义、新颖性、创造价值，研究的具体对象与任务，国内外研究动态及获取资料的可能性，研究方法的可行性、主观条件是否具备，预期的研究结果等要进行系统的分析和评价。对研究生来说，主要是采用自我分析、导师论证和同学评价、开题报告的形式进行论证。如果基本符合选题要求，一般课题就可成立。

（四）确切、科学地表述题目

问题确定后，还须最后用文字准确、科学地表述出来，形成正式的论文题目。

1. 表述题目的基本要求

①题目必须确切、概括地表述研究的范围、深度及主要内容。

②题目力求准确、精练、醒目、简短。

③在表述上应符合语法规范要求，技术类的课题名称一般不追求文采，不用文学修饰性词语，体育社会科学类的部分研究题目讲究文采，力求新颖、引人入胜。

2. 研究题目表述的基本结构形式

①明确限制的研究范围、领域与活动。一般多用几个定语、状语（作限制词），后接中心词；有时前面加上介词（关于）、议论标志的动词，后加"研究""探讨"之类的词，形成通常的"关于……的研究"的结构。如"关于体育院校的社会学科课程结构的研究""我国女子足球发展趋势的预测"等。

②确切表达研究对象、施加因素（或研究手段）与预期效果（作用）。这在某些体育自然科学和体育技术学科类的题目表述中运用较多。如"研制运动生理实验设备改进实验课教学方法的探讨""运用计算机方法培养学生分析问题能力的探讨"。

③用并连词"和""与"把论述的两个问题（因素、范畴）联结起来，突出论述两个事物之间的关系，如"关于我国中高级知识分子的健康状况与体育锻炼的研究""关于体育院校教育专业课程设置与学生能力培养的探讨"。

二、科研论文的撰写

（一）科研论文的特点

1. 科研论文的定义

科研论文又称科技论文、科学论文或学术论文，大体上属同一概念范畴，目前尚不统一。其内涵是指在某一科学研究领域专门表达对某一研究新成果、新知识的科学记录、科学总结等书面文件。各类学生完成的学位论文（学士、硕士、博士论文）均属此列。

2. 科研论文的特点

科研论文既不是文学作品形式，又不同于科普文章，也不同于以传授已有科学文化知识成果为主的教科书。它有以下一些特点。

（1）内容的创新性和可靠性。科研论文在内容上表达的是对专门问题研究的新事实、新规律、新观点和新理论，具有科学上的创新色彩。它是人类科学发展与进步的标志，是科学研究的灵魂。唯有创新，才能丰富完善科学理论，促进生产发展和社会进步。这是区别于其他性质文章的根本界限。另外，创新的内容、成果必须真实、客观、实事求是，忠于实践与事实，并经得起实践检验。

（2）文体结构的规范性和标准化。科研论文在文体上介于议论文文体，但它不同于常规的议论文文体。它要求从科学事实出发，具备充分的论据，运用严密的论证来阐明观点，验证假设，构建理论，形成新观点、新成果。在结构上要求规范格式，有大体的体系框架。这样既有利于科研成果形式的标准化，又有助于国内外科技信息的交流，也有利于科技文献的检索编制、贮存和积累。

（3）成果的参考性和实用性。科研论文虽有水平高低之分，但都应在丰富发展科学理论、开拓新的知识领域方面具有一定的参考价值、学术价值和理论意义；在指导实际工作、促进生产发展、指导体育实践等方面有一定的实用价值，能够产生积极的社会效益与经济效益。盲目重复前人的研究或言之无物、弄虚作假、脱离实践的论文，对社会、对科学只会有害无益，至少是一种人力、财力和时间的浪费。

（二）科研论文的基本结构

体育科研论文因其种类不同，在结构格式上也有区别。但总的结构内容（要素）大同小异，大致包括前言、研究对象与方法、结果与讨论、结论与建议、参考文献等几个主要部分。

1. 前言（又称引言、选题依据）

（1）课题研究的学术背景和实践背景。主要指本课题的历史与现状、国内外研究概况、对前人成果的客观评价。体育实践的需要程度与可能条件（这些内容是产生课题的来源和主要依据）。

（2）明确提出要研究的问题内容，表明研究的目的。这是在前文概述和评价前人成果与实践发展的基础上，顺理成章地、自然而然地提出研究的问题。对研究主要内容与目的的说明，实际上是提出了作者对本课题的研究假设。

（3）概述本课题研究的重要性与必要性，说明其理论意义和现实意义。

"（2）"和"（3）"两部分内容，是进一步为课题提供价值依据，强调研究的充分理由。前言部分要开门见山地提出问题；简明扼要地概述有关背景动态；评价前人成果要客观恰当，说明研究的意义价值要恰如其分，切忌自吹自擂、无限夸大；文字篇幅力求简短，一般控制在 500～1000 字范围，具体情况视论文而定。

2. 文献综述

这一部分多在硕士、博士论文的"前言"后成为第二部分，大部分本科生论文不需这一部分，故作为特殊情况说明。硕士以上学位论文，对其选题价值和对资料的占有分析有较高的要求，因此，一般在论文第二部分列专题综述本课题的国内外文献资料；而在"前言"中则不再重复讲国内外研究成果和动态（或只写几句一带而过），只讲前言的其他内容即可。专门的文献综述部分，反映作者对课题前人成果的了解程度和理解消化程度及评价水平，充分体现研究题目的来源、依据及提出研究假设的合理性。

3. 研究对象与研究方法

（1）研究对象指本课题研究的具体人或事物，如学生、运动员、教练员、体育器材、兴奋剂、营养液等。对经抽样选择的实际研究对象应说明样本数量、样本构成、具体范围、抽样方法等。某些特定研究对象须下操作定义说明。实验对象则要求列表报告其主要条件与指标（如抽样的限定条件、对照分组的条件等）。

（2）研究方法指简要说明本课题运用的主要研究方法与手段。除文献资料法、访问调查法之外，对实验法、观察法、调查法、测量法及专家调查法等的主要环节与过程应予以简要说明，即说明这些方法设计的要点。如某些方法设计很复杂、篇幅大，则只在此处简介关键环节设计，而将全部详细内容作为附件附在论文之后。方法介绍在论文中具有重要意义，可为审核评价论文提供方法依据，也便于为他人用同样方法步骤去验证或研究同类性质的课题。采用或提出先进、独创的研究方法，本身就是研究成果的一种体现。如果缺少这一部分内容或说明含混不清，则读者有理由对论文的材料来源提出质疑，并将因此影响对论文的质量评价。

4. 研究结果与讨论

这一部分是科研论文论述的重点，是全义的主体部分，是论文结论赖以产生的基础。内容包括：通过研究所获得的事实材料等结果，以及对这些结果展开的分析讨论。力求从客观事实（结果）和逻辑分析中，去验证（或补充、修正、完善）研究假设，揭示事物的本质与规律，形成科学理论。撰写论文的功夫主要花在这一部分。本部分的具体内容因题而异，但总的来说要把握、处理好以下几方面的问题（不是指本部分的具体结构内容、层次）。

（1）写作的步骤。研究过程是基于研究假设的内容问题而展开的，加工整理材料是针对研究假设而进行的检验，并由此形成基本的论点（完全肯定、否定假设或补充、修正假设的内容观点），本部分内容也必然是根据研究问题及形成的论点而逐一展开的。

总的步骤是：边报告结果，边分析讨论，一个问题报告、讨论完之后再进行下一个问题。在每一个具体问题写作时，首先用表格、图片、文字等综合报告研究所得的（经加工整理的）事实材料，这就是"研究结果"。这些"结果"材料的选取和报告入文，应集中体现论点，反映事物的主要方面和本质特征，具有代表性、客观性和可靠性，并易为读者理解。然后，对所报告陈述的事实材料展开分析讨论，即根据事实进行论证阐述，提出明确的观点与判断，证实与完善假设理论，形成科学的理论。

（2）讨论的基本要求。在对每一个问题材料事实的讨论中，作者要运用一系列逻辑方法（分析、综合、归纳、演绎、比较、类比、证明、反驳等），运用与课题有关的科学理论，对研究结果进行客观解释、全面分析、正确推理判断和充分论证，从事实材料中揭示事物的本质与规律。基本的要求包括以下几点。

一，论点正确、新颖、可靠。论点是作者从材料中抽象提炼出来的观点见解，是论文的核心内容。正确是指概念明确，判断推理合乎逻辑，从客观事实出发，避免片面和前后矛盾。论点要有新意，见解独到，有深刻性，是作者首先提出或比前人有重大进步。

二，论据真实、充分、典型。论据是用来证明论点的理由和根据，即论文中引用报告的客观事实、数据或科学真理。事实材料必须是实践中获得的可靠、真实的材料，有代表性和说服力，并力求丰富、翔实、生动。

三，论证合乎逻辑、有说服力。论证是作者运用论据来证明论点、验证假说，形成科学理论的过程。论点和论据必须高度统一。论证必须尊重逻辑规律，如形式逻辑中的四条基本规律：同一律、矛盾律、排中律和充足理由律。论证方法与逻辑推理有密切关系，推理是论文中思想联系的主要方式，也是逻辑思维的高级形式。论据相当于推理的前提，论点相当于推理的结论，论证方法相当于推理的形式。基本的逻辑推理形式有三种：归纳推理、演绎推理和类比推理。科研论文论证中常见的"例证法"是从个别到一般的归纳推理形式，"引证法"是从一般到个别的演绎推理形式，"喻证法""类比法"是从个别到个别的类比推理形式。此外还常用反证法、引申法、对比法等论证的推理方法。

在论证过程中还须注意科学安排事实材料的顺序，以论点为根据处理好各类材料之间的相互关系，以体现思想观点的系统性、逻辑推理的严密性和正确性。各材料事实之间一般存在着平行、续接、递进、因果、归属和对立统一的关系，论证时应视其不同关系的类型，按合理顺序予以安排阐述。

四，主题明确，重点突出。主题是论文的中心内容，或称贯穿全文的一条主线，是从大量材料事实中揭示出的本质特征与规律。无论选取材料、排列问题论点还是进行论证，都要始终围绕主题进行，避免松散零乱或面面俱到。主题必须鲜明、集中，分析论述要深刻透彻，避免含糊其词、模棱两可。

五，问题排列合理，层次分明。在讨论问题的排列层次上，主要取决于各讨论问题（论点）之间的本质联系而灵活安排。力求结构合理严谨，有利于表达内容、展现主题；层次分明，前后连贯，合乎逻辑。可以按事物本身发展的内在联系与过程排列问题，呈现"链条结构"的逻辑顺序，如此环环相扣、层层衔接，逐步深入地展现问题；也可以按论文强调的主题展现顺序排列问题，多以"反高潮"（重要性递减）顺序排列；还可以按时间顺序、空间顺序排列等。

（3）文字的基本要求。科研论文的写作不同于其他文学作品，一般要求据实直说，不加渲染，强调事实的朴素性和严密的逻辑性。较少抒情与叙述，较多说明与论述；少用各种文学修辞手法，多以白描实写论理见长。当然，这主要指体育自然科学类论文的文字语言特征（个别论文中也有例外）。至于体育社会科学类论文，大多不受上述限制，可以做到融情于理，将抽象思维与形象思维结合运用。既能论之有理，以理服人；又能以情感人，生动活泼，富有感染力。语言文字运用力求简洁，通顺准确，用词恰当，语法正确，合乎逻辑，没有语病，这是对研究生论文的基本要求。如能做到语言流畅，文笔优美，生动形象，富有文采，则是较高的要求。

5. 结论与建议

结论是全篇论文的精髓所在，是研究成果的集中体现。它是以前文"研究结果与讨论"部分为依据，对研究成果的高度概括与总结，并对其作出准确判断。包括研究得出了哪些新观点、新原理、新方法；解决了哪些实际问题；揭示了哪些规律、特征与法则；验证了什么原理与理论方法；发现了什么新的问题等。特别要注意的是一些人容易将前面"结果与讨论"部分的全部问题小结照搬过来作为结论，这是不合适的。应当在其基础上进一步提炼精华，概括要点，突出研究成果的核心与主体，尤其是那些具有创造性、新颖性的观点与问题。

结论的语言要高度精练，措词严谨。结构要有一定逻辑顺序，层次清楚（基于研究假设的思路和讨论部分的结构层次）。在形式上可用分条式或分段式表达。篇幅尽可能简短，一般在400~800字。

建议部分是对涉及还未解决的问题，或在推广、参考本研究成果中应注意的问题与某些条件要求等，一并简略提出，放在结论之后，不涉及这些内容的可以不写建议。

6. 参考文献

在论文结论（或建议）之后应列出主要参考文献。其目的一是反映作者的科学态度与求实精神，表示对他人成果的借鉴与尊重；二是便于读者了解相同领域的研究情况；三是参考文献量的多少反映了作者研究问题的信息量的大小，了解现实与历史状况的程度，便于为他人评价论文质量提供参考。

另外，论文完成之后，还应写出论文摘要，放在论文正文之前，供读者了解概貌和检索编排之用。摘要是将全文中最重要的内容观点摘录出来，力求"短、精、浓、整"。一般字数在500~800字，刊发论文的摘要一般在200字左右。

（三）撰写论文的一般步骤

撰写论文是一项创造性工作，必须经过周密准备，系统设计，才能确保论文的质量。

1. 确立论点，选择材料

论点是科研论文的灵魂，是研究人员在长期研究过程中，从获取的大量材料事实中分析，综合提炼出的新观点、新见解，绝不是凭空臆造的东西。一篇论文的学术水平主要表现在论点的科学性、创造性与新颖性上，因此，需要在认真研究、分析材料的基础上并通过科学抽象和逻辑加工，形成基本的论点，达到对事物的本质认识。研究材料形成论点的过程，也是检验研究假设的最后形式。将论点与原假设的思路内容相对比，进而肯定、否定假设或补充修改假设。换言之，经证实、肯定的假设理论观点也就是从材料分析中形成的论点，可以在论文中经论证形成科学理论。

论点是从大量材料事实中加工抽取的。在论文中去说明论点的材料不能太多，要有代表性、典型性和针对性，选取最能说明问题、揭示本质的材料与事实，然后将其中的部分材料再做"半成品"的技术处理，制作图表。

2. 总体构思，拟定提纲

论文的总构思相当于粗打腹稿，大致考虑论文的框架层次，明确论述中心，预计问题的排列顺序等，构思清楚，可收到"胸有成竹"的效果。然后，再将构思的内容用书面文字表达出来，形成论文提纲。在拟定提纲时又可以改进补充构思，提高原构思的质量，并更具有直观性和条理性。提纲初稿形成后还需进一步修改，通过系统分析的方法，从论题中心出发，合理安排各个问题的顺序、层次和各问题、各部分的分量。力求结构合理，层次分明，重点突出。

常用的提纲形式有两种：句子式提纲和标题式提纲。句子式提纲是以精练完整的句子表达所论述问题的核心或要点，具有高度的概括性。标题式提纲是用能反映所选材料的特征、所论问题本质的短语或词，作为研究问题内容的大小标题。在实际运用时也可两者结合。

3. 撰写论文初稿

按照事先拟定的论文提纲，根据选出的、已经整理加工的材料事实，完成初稿。如果有整段时间，尽可能争取一气写成，中途不宜停顿，也不要急于回头修改。在撰写初稿、深入问题后，原来对个别问题的提纲安排有时会显得不尽合理，在写作时可适当改变提纲。

4. 认真修改定稿

论文初稿完成后，作者争取有一段时间放松头脑，转换生活内容，然后以读者的眼光对初稿认真审读修改，这是保证论文质量至关重要的一环。有些论文质量不高，并不是其素材不好，而是作者不做认真的审读修改所致。初搞科研的人更应注意锻炼修改的基本功。在修改文稿时力求反复推敲，锤炼字句，协调结构，理顺层次，纠正错误，去掉语病。完成各种学位论文的学生，每修改一次后应交导师审阅，征求导师的意见。如此修改几次后未再发现明显缺陷，就可定稿。

第七章　篮球队伍管理

第一节　篮球队伍管理的原则和要素

一、篮球队伍管理的原则

篮球队伍管理与一般管理活动，都必须遵循一般管理的客观规律，遵循科学管理的基本原则。

规律是事物发生过程中内在的本质联系和必然趋势。它具有不以人们的意志为转移的客观必然性，是事物本身所固有的。管理工作的基本原则，是对管理实践活动的实质内容进行科学的分析、总结而提炼出来的，是对管理规律的科学阐述，它是一个发生、发展的过程，并将随着社会的发展而完善提高。管理原则反映了管理活动的规律性、实质性的内容。原则是根据对基本规律或原则的认识而引申出来的，是人们必须共同遵循的行为规范。

管理原则对于指导篮球训练、篮球队伍、篮球运动管理实践，提高管理效能，有效地实现管理目标，具有重要的意义。篮球队伍的科学管理，需要遵循系统原则、人本原则、动态原则。

（一）系统原则

1. 系统原则的概念

系统原则是指为了实现现代化科学管理的优化目标，运用系统理论，对管理对象进行细致的系统分析。

系统原则最重要的观点是"整体效应"观点——整体大于各孤立部分的总和。"整体"为什么会大于"部分之和"？这是因为系统诸要素经过合理的排列组合，构成有机整体之后，便具有其要素在孤立状态中所没有的性质，即放大了功能。系统的规模越大，结构越复杂，这种"放大的功能"就可能越大。而"功能"能否放大的关键在于科学的组织管理，我国的"神舟计划"负责人在总结该计划时，曾深刻指出，我们没有使用一项别人没有的技术，我们的技术就是科学的组合管理。这正抓住了事物的本质。说明如果管理得好，采用合理的方法，可能产生"1+1>2"的效果；相反，如果管理不当，就会产生"1+1<2"的效果，这就是整体效应。获得整体

效应，并使整体效应尽量增大，这是优化管理的最大追求目标。

系统原则理论的运用，是现代管理区别于小生产管理的分水岭。系统原则理论要求每个管理人员必须从思想上明确：自己负责的对象是一个可以控制的整体动态系统，而不是一个孤立的、静止的系统，应该从整体出发，使局部服从整体，又使整体照顾局部；同时还应明白，无论如何管理，都必须考虑系统整体的利益，摆正自己的位置，为更大系统的全局利益服务。

2. 系统原则的要点

系统原则的要点，在于系统的目的性、整体性和层次性。

第一，目的性。每个系统都有自己明确的目的，目的不明必然导致管理混乱。要根据系统的目的和功能设置各子系统，建立其结构，各子系统的目的由系统目的分解而来。一般来说，一个系统只有一个目的。

第二，整体性。整体性是系统的最基本的特征之一，它是由目的性引申出来的。主要解释了整体与局部、整体效果与个体效能的关系。要素与系统关系十分密切、不可分割。系统的整体功能建立在一定的要素功能基础上，但又大于各要素功能的简单相加。没有要素的功能，就没有整体功能；但是，如果各要素不能进行科学的综合和继承，就不能取得整体效果。因此，把握形同的整体，着眼于整体效应，这是我们认识和运用系统原则的精髓。

第三，层次性。只要是系统，想必都有一定的层次结构，每一层次都有各自的功能，规定明确的任务和职责、职权范围。系统的层次性，要求管理必须分层次进行，建立层层管理、层层负责、各负其责的管理秩序。从社会管理系统来说，可以划分为宏观、中观、微观三个不同的层次；从一个部门、一个单位的管理来说，可以划分为决策层的管理、管理层的管理和执行层的管理，各系统的层次之间有着密切的联系。

3. 系统原则所引申的管理原则

（1）整分合原则

整分合原则要求管理工作必须在整体规划的基础上明确分工，在分工基础上有效综合。具体来说，"整"是根据系统原则的整体性要求，从整体上把握系统的目标、所需的条件和所处的环境，防止偏离总目标；"分"是根据系统原则的层次性要求，按照整体目标的要求，对总任务进行科学的分解、合理的分工，建立各种规范；"合"是根据系统原则的目的性要点，在分工之后，对各要素之间的各种关系不断综合与协调，从而保证整体目标的实现。进行"整——分——合"分析应该注意以下几点。

一，树立整体观点。整体观点是大前提，最终目的是扩大整体效应，实现整体目标。

二，抓住分解这一关键。分解正确，分工就合理，规范才科学、明确。不善于分解，就不会合理分工，无法抓住关键，只能疲于应付，难以成事。

三，分工与协作相结合。分工固然重要，但它并不是目的，还必须进行强有力的组织管理，使各环节同步协调，有计划按比例地综合平衡，既分工又协作才能提高效能。

四，明确分解对象。我们所说的分解，是围绕目标对管理工作进行的分解，而不是对管理功能的分解。管理功能要求人、财、物等要素统一，否则，管理便无法进行下去。

（2）优化组合原则

贯彻整分合原则，要求既要搞好分工，也要搞好协作，所以，分工不能随心所欲，分级也不能没有标准，各级更不能任意组合。要想有效地实现系统的目标，提高其整体效果，必须使系统的组合达到优化。优化组合主要包括以下两个方面。

一，目标优化组合。实行目标管理的单位，要发动群众，民主制定科学的总目标，然后根据优化组合原则，把总目标层层分解到下级组织或个人，发挥各自的长处，组成优化的目标体系。在实现目标的过程中，要使各个分目标之间相互促进、相互协调，从而保证总体目标的完成。

二，组织优化组合。组织优化，要建立稳定的管理三角。组织结构常见的为各种三角形，其中以正三角形结构最稳定、最合理。优化组合，必须贯彻管理跨度原则。管理跨度，是指一个上级能直接有效地领导下属人数的限度。管理跨度的大小，受管理者的素质、能力、支持及管理对象的状况、分布距离等所限制；它决定着组织的管理层次、人员数量；它对组织结构的横向划分、纵向联系产生影响。在一个管理三角形中，一般来说，越是上层领导，直接管理的人就越少，越是往下，直接管理的人就越多，形成塔状的梯形结构。

（3）相对封闭性原则

这里所说的封闭，是针对系统内部的管理而言的，但是，系统的封闭是相对的，这种相对性主要表现在系统总是要与外系统发生联系。对于系统外部，呈现出开放状态。因此，内与外、封闭与开放都是相对的。实践证明，一个单位内部管理好坏，主要看它是否根据系统原则，对本单位进行封闭管理。也就是说，系统内部要形成有效的管理运动，必须使系统内的管理手段、措施等构成一个连续的、封闭的回路，这就像电线一定要形成回路，电子才能得以运动而产生电流。不封闭的管理，不能形成有效的管理运动，漏洞百出，难以获得理想的整体效果。

（二）人本原则

1. 人本原则的概念

管理是一个动态过程，是包括管理者、被管理者和管理环境三个要素相互影响、相互制约、相互促进的活动过程。管理三要素以人为核心，以发挥人的主观能动性和创造性为根本；离开了人，既不存在管理者与被管理者两大类要素，更谈不上管理。人本原则，就是一切管理应以做好人的工作，调动人的积极性、主动性为根本。

人是生产力诸要素中最活跃的因素，现代管理把人的因素放在第一位，重视处理好人际关系，尽量发挥人的自觉性和自我实现精神，这是管理思想上的巨大进步，它与过去把人当成一部"活机器"进行严格而僵化的管理是有根本区别的。随着科学技术的进步，人们的工作更多地依靠脑力和智力，一些高技术的工作，实际上很难用简单的办法来加以监督，这就必须依靠人们的主动性和创造性，重视人的能量的开发，在管理过程中贯彻人本原则。在目前篮球队伍管理中，有些管理者、教练员，只习惯采取强制性体罚的管理办法，对被管理者进行各种各样的限制，而不是千万百计地激发他们的积极性和主动性，因而无论在训练、比赛和文化学习等方面，效果不佳、事倍功半。

2. 人本原则引申的原则

（1）行为原则

行为是人们外在活动的表现形式，意识则是人们内心的活动表现。人的行为受人的动机支配，而人的动机是由人的需要决定的。行为原则，就是了解人的需要与动机，根据人的行为规律进行管理。贯彻行为原则，必须了解人的心理反应，激发人的动机，增强人的心理适应性，扩大人的心理容量。

一，了解人的心理反应。在管理活动中，各类管理诱因（包括第一、二信号系统的外界环境）与人的大脑发生反应，能产生心理现象与心理能量，从而直接影响管理行动。这个过程可用图7-1来表示。

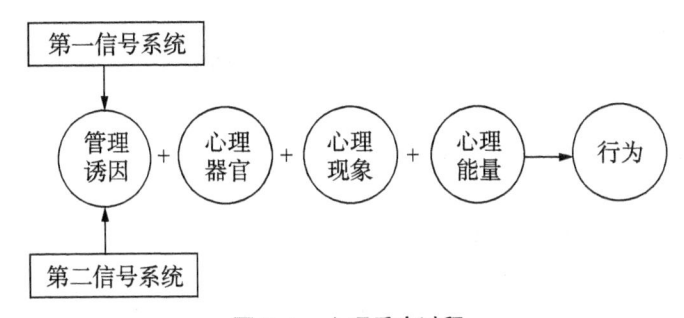

图 7-1 心理反应过程

二，激发人的动机。人的行为受动机支配，一个树立为国争光思想的运动员，才有刻苦训练、拼搏不止的表现。而人的动机又是需要决定的，一名教练员的业务水平提高到一个新的水平时，需要晋升高一级技术职务，就会产生申报高一级教练员技术职务的动机。由于需要的不同，人们的动机就有很大差异，由于素质的不同，也会形成积极的动机和消极的动机，并针对情况，采取措施，以强化积极动机，消除或减弱消极动机，从而产生正确行动，有效达到管理目标。如图7-2所示。

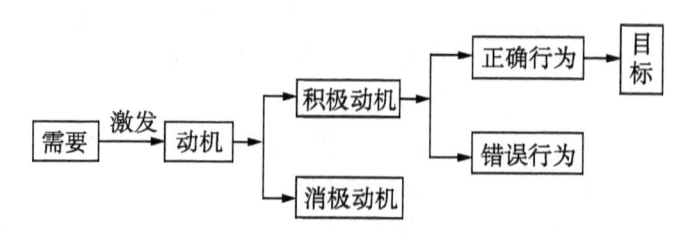

图 7-2 激发动机过程

三，增强人的心理适应性。适应是指对外界环境和内心世界变化而产生的相应承受力。心理适应能够使人应付复杂的环境变化。由于诱因的多次出现，人的心理器官反复受到刺激，渐渐习以为常，随之适应下来。我国运动管理中提出的"三从一大"训练原则，尤其是从"实践出发"，就是贯彻行为原则，增强人的心理适应性大为增强，训练有素的体操运动员，在器械上面表演自如，泰然自若；反之，一名未经过训练的人登上器械，心理上一定会产生恐慌。

高度的心理适应能力，是在长期的实践和经历中反复磨炼出来的，所以，管理者必须投身于管理实践，才能提高管理能力和水平。

（2）能级对应原则。"能级"是一个现代物理学中的概念，能是做功的量。在现代管理中，机构和人都有一个能量问题，根据能量大小进行分级管理，能量大的人办高能级的事，能量小的人办低能级的事，做到能级对应，这就是能级对应原则。

贯彻能级对应原则，尤其要注意人的能级对应。人的能力有大小，要根据人的能力水平安排相应的能级工作，才能各得其所、各尽其能。

（3）动力原则。管理与物质运动一样，必须有动力，有了动力才能推动管理活动的进行。开发各种推动管理运动的动力，科学地综合运用不同动力，为科学管理提供强有力的动力支持，这就是管理的动力原则。

一，贯彻动力原则，必须掌握三种动力，即物质、精神、信息。这几种动力，各有特点。应正确配合使用，使其发挥整体效应。

物质动力。物质是第一性的，物质的存在决定人们的意识。物质是人类赖以生存的基础，所以物质动力是根本动力。物质动力就是通过给予一定的物质鼓励和经济效益来调动人的积极性。物质奖励包括奖金，也包括晋职、加薪以及创造优越的工作条件等。物质动力不是万能的，使用不当，会产生一定的副作用，因此，使用物质动力时，往往需要结合使用其他动力。

精神动力。精神是运用精神的力量激发人的积极性。人是唯一有精神意识的动物，正确地运用精神动力可以弥补物质动力的不足，而且本身就有巨大的威力。精神动力包括爱国主义、受到尊重、同志友谊、组织关怀和思想政治工作等。精神动力是调动人的积极性的一种重要动力，如果把它与物质动力等综合运用，可以取得更好的效果。我国一贯重视运用精神动力，重视做好思想政治工作，积累了宝贵经验。日本的管理学家指出，今后科学管理的方向是向中国精神学习精神鼓励，当奖励电视机、汽车已不能激起人们的兴趣时，采用"授予先进称号"等方法，更能调动劳动者的积极性。

信息动力。信息动力，就是指通过增长知识、交流信息所产生的动力。在人类物质生产过程中，信息不仅是一种无形的资源，而且是一种有效的动力，它具有超越物质和精神的相对独立性。社会生产力的发展，把人类从自然经济推向商品经济、从封闭状态推向全面开放，使信息传递的重要性越来越明显地显示出来。

二，正确运用动力有如下几点做法。首先，三种动力要综合运用，以扬长避短，取得最佳效果。在具体运用中，可以根据实际情况，有所侧重，即以某种动力为主，结合运用其他动力。其次，要正确认识和处理个体动力与集体动力的关系。较为理想的是让个体动力在大方向基本一致的前提下，得到充分发展，以求获得比较大的集体矢量。如果片面地让每个个体在无任何约束条件下充分自由地发展，或者把每个个体动力矢量硬性拨向一个统一的集体方向，其结果均不理想。在此，运用动力时，要掌握好适宜的"刺激量"。刺激量过大，没有必要；刺激量过小，起不到作用，必须掌握好这个度。一般来说，刺激量要逐步提高，要制定刺激量的标准，并公开施行。

（三）动态原则

1. 动态原则的概念

任何事物都在发展变化之中，管理也不例外。管理活动是一个多因素、纷繁复杂、千变万化的系统工程。动态原则，是指在管理活动中重视动态特征，注意把握管理对象的变化情况，不断调节各个环节，以实现整体目标。管理的动态特征，主要表现于构成管理系统的诸要素之间的相互作用和管理的时间与空间之间的变化关系。

管理系统诸要素之间的相互作用，体现为相关因子的变化关系。相关事务结合以后，其数量由小变大，由少变多，其质量由弱变强，是积极相关；反之，为消极相关。贯彻动态原则，须引向积极相关。两个事物之间有包容、隶属关系，或相等和等价关系的，成为完全相关；两个事物之间彼此有程度不同的影响和相互作用的，成为不完全相关，它们没有因果关系和决定关系，而只有影响作用；两个事物之间不存在相互作用与影响的，是完全不相关。两个事物，当一个数量增加时，另一个也随之增加，成为正相关；当一个数量增加时，另一个数量减少，则称为负相关。某事物只与单个其他事物相关的，是单相关；而与多个事物相关的，称复相关。现代管理，不仅要提高每个人的积极性，提高其个体效应，而且要增强人与人、人与物的整体效应。

时间与空间都是运动着的物质的存在形式，两者无法分离。管理系统的结构，往往要随时间的变化而变化，在不同时间、不同地点，采取同一措施，可能取得完全不同的结果。在不同的条件下，时间因素和空间因素还可以相互转换，如篮球运动队，在训练场地充足的条件下，为了加大全队训练总负荷，提高训练密度，训练时间不延长，把全队分为两个组同时进行训练；如果场地紧张，则可不分组而采取延长训练时间来达到目的。

2. 动态管理引申的管理原则

（1）弹性适应原则。管理所碰到的问题，往往带有很大的不确定性，并且都带有一定的后果。所以，动态管理必须留有余地，保持充分的弹性，以适应客观事物各种可能的变化，就是弹性适应原则。在管理工作中，既要注意局部弹性，又要注意整体弹性。要采取遇事冷静的积极弹性，避免遇事"留一手"的消极弹性。

（2）时机价值原则。时机，就是时间的概率。"不讲早迟，只要适时"，可见掌握时机的重要性。"时机就是胜利"，掌握了时机，就能掌握胜券，失去时机，就会造成失败，导致前功尽弃。时机有它的特定性质，一旦当它以某种形式表现出来，就成为瞬时价值，这一瞬时就成为"关键时刻"。在这些关键时刻里，事物往往可以朝多方向或以各种不同的速度发展，我们如能审时度势，稍许添加能量和条件，就可以使其沿着我们需要的方向前进。一旦错过机会，再要拨正方向，往往需要付出极大的代价。甚至不能成功，造成"一失足成千古恨"。说明选择和把握时机，应充分发挥时机的作用，运用时间的概率价值，以期达到常规条件下达不到的目的和成就，就成为管理工作中的重要课题。

二、篮球队伍管理的要素

（一）规范管理

规范管理是我国篮球队伍建设的根本任务之一。它的主要任务是履行道德品质和社会规范教育。当前，我国社会正处在转轨型时期，人们的价值观念正在发生转变。由于大环境的影响和球队内部管理的不足，成员中的思想观念还存在不少误区。目前最重要的是要坚持不懈地对球队成员进行爱国主义教育。伟大祖国永远是运动员温暖的怀抱和坚定的肩膀，哺育我们成长，辅助我们攀登高峰。一个人或者一支运动队要想干出一番大事业不能没有精神支柱，众所周知，爱国主义就是当年中国女排强大的精神支柱。在世界体坛升国旗、奏国歌，为国争光是当年女排最大的号召力、凝聚力和战斗力。

规范管理要以正面教育为主，把关心队员、爱护队员作为管理的出发点，与运动员交朋友，了解他们的心理活动，采用循循善诱、疏导谈心等多种形式和方法解决思想和实际问题，使其自觉提高觉悟，并要定期或不定期表彰先进和模范人物。使全队有学习的榜样，赶超的目标。

（二）目标管理

人的行为特点是有目的性的，与无目的的行为之行为结果迥异。漫不经心地训练或练习是做无用功。当运动员在学习某技术时，有无目的与要求是区别计划训练和简单重复的基本特征。练习虽然是多次完成某一动作，但并不是一动作的机械重复。无论是训练或是个人练习都是有目的、有指导、有组织的学习活动，而简单重复本身并没有改进动作方式目的。因此，在篮球训练中，运动员为自己确定一个适宜的目标，对于提高训练效果具有重要意义。

目标管理的目的在于提高训练效果。动机是内在的，目标是外在的。管理往往通过设置目标来激发动机、指引行为，这是一种激励方法，所以目标管理被视为管理的核心组成部分。目标管理有助于激发和强化运动员的训练动机。集体运用中，可分为建立目标、计划实施、检查评估、调节反馈和奖罚小结五个步骤进行。

1. 训练管理

运动训练是指在教练员的指导下，为不断提高运动成绩而专门组织的一种教育过程。从训练管理职能上可分为编制计划、组织实施、教育激励、检查四个步骤。

训练管理是一个计划——执行——控制、再计划——再执行——再控制的螺旋式上升过程。这个过程的效果是由教练员的管理水平高低来决定的。常规运动训练控制系统是由教练员与运动员组成的。运动员作为被控制系统是在控制系统——教练员的严格控制下进行训练，运动员没有独立性。然而，运动员的训练活动往往又是在教练员不能有效实施直接控制的情况下进行，因此，在现代篮球的训练过程中，训练的管理要由"计划训练"向"目标训练"过渡。计划训练是指运动员必须严格按照教练员制定的计划进行训练，目标训练则是根据"目标管理"原理，不仅要求运动员按照总目标、总计划的模式进行训练，而且允许运动员在总目标、总计划规定的范围内，根据自己的特点和机体状况，灵活机动地确立具体目标，选择最优练习方法和手段进行自主训练。这种训练既有教练员对训练总目标的宏观主导控制，又有运动员主观能动的自我微观控制，它是一种较为科学的多层次训练管理方法。

2. 比赛管理

比赛是篮球运动最鲜明的特点。通过比赛可以全面检查训练工作，激发运动员的荣誉感和上进心，因此，球队成员要根据比赛的不同性质制定不同要求，认真对待每一场比赛。就一场比赛而言，比赛管理可分为赛前准备、赛中管理、赛后总结三个工作步骤。

（1）赛前准备。一场比赛的赛前工作重点是开好准备会。准备会应争取做到知己知彼，虚实并举，明确对策，并有"预案"。对比赛中的文明礼貌、体育道德等也应该提出具体要求。还要加强准备活动的指导。进入场地要求精神饱满、斗志昂扬，这些并非小事，而是集中注意力和进行自我激励的一种策略和手段。

（2）赛中管理。赛中既要要求队员认真贯彻制定比赛方案，又要多谋善断、随机应变，力争把握比赛进程中的主动权，应利用规则加强同场上的联系，但应情绪稳定、雍容大方，集中注意力于全局，不为暂时的领先或落后所左右。赛中管理的关键有两点，一是人，二是谋策。对场上和配用队员都充满信任，要用其所长，敢于动用后备力量，重视整体战斗力的使用和发挥；场上情况千变万化，要审时度势，抓关键，抓要害，谋对策；少指责，多鼓励，对具体问题少说"不该怎么做"，多说"应该怎么做"，言简意赅，要多鼓励。赛中管理也是人的管理，要讲究管理艺术，不断提高管理水平。

（3）赛后总结。赛后应及时进行总结、奖励。发挥成绩，纠正错误，以利再战。总结应提倡只对一个实质问题加以分析、研究、明确改进意见，并落实到今后的训练中去。重大比赛要进行全面总结、奖评。

3. 日常管理

日常管理要通过建立适宜又严格的规章制度来实现。球队成员的个性、爱好和打球动机各自不同，这就需要用纪律和制度来规范行为，统一步调。在一般情况下，篮球队应建立以下几种制度：言行规范制度；日常生活制度；训练制度；比赛制度。通过这几项制度的建立和执行要让队员们达到四个目标。第一，创造和保持球队的整体良好形象。第二，保持和增强队员的体力。第三，加强和提高调节与控制情绪的能力。第四，形成球队良好的整体性格。

制订与执行规章制度应注意四点。第一，发扬民主，发动队员参与规章制度的制定。第二，在规章制度面前人人平等。第三，依靠党团员在执行中起到带头作用。第四，教练员、队长应成为执行各项规章制度的楷模。

规章制度是球队的"宪法"，它同球队的管理原则和管理目标是一致的。而教练员决定着执行规章制度的广度和深度，应做到有法必依，令行禁止，不能搞形式主义，否则就会形同一纸空文。

第二节 篮球运动员管理

一、篮球运动员选材管理

（一）影响篮球运动员选材的因素

1. 遗传因素

遗传学的观点认为，人体的一切外在表现都是遗传基因和环境因素相互作用的结果。早年的研究表明，杰出的运动能力在很大程度上受控于基因。因此，运动能力的遗传与变异是运动员科学选材的主要理论依据。随分子遗传学的进展，对运动能力的遗传学研究已成为热点。在竞技体育运动中不是每一个健康适龄者都能成为世界冠军，只有那些具有天赋的运动才能攀上世界的顶峰，原因在于人体运动方面的各种性状在一定范围内受到遗传因素的制约。那些优秀的运动员后代中，只要不是极端的个体，其子代中有50%以上的人在运动能力方面会有突出的表现，而且还有可能超过亲代个体，所以在选材工作中，要了解其亲代的运动能力，对照亲代的某一特定的性状的遗传度。凡遗传度高的性状且符合篮球运动自身特点需要的，在选材中要给予优先的关注。但还要观察被选运动员在生长发育过程中、在环境与训练的作用下所表现出来的运动能力是否已显示出特别的优势。运用遗传学的观点、方法来分析评价被选运动员运动能力的发展潜力，提高预测的准确性。

弹跳力是篮球运动员的主要素质，也就是下肢力量和起跳时的爆发力量。有研究表明，最大等长肌肉力量和肌肉横截面积84%到90%是由遗传因素决定的。另外，身高也是篮球运动员选材的重要形态指标。

2. 身体形态和机能要素

篮球运动员体形特点是：身高而细、四肢长、手掌较大且手指长、足弓较高、跟腱长且清晰、臀部小、跟关节围度较小。但是，篮球运动员选材对身高、上下肢相对长度、跟腔长度及足弓高度等更为重视。

肢体长度的变化，可直接反映出骨骼系统生长发育的情况。而身高在很大程度上取决于下肢长。因此，可通过下肢长/身高×100来进行预测。在身高和体重等相同的情况下，下肢较长的运动员具备了有利的条件。在青少年发育开始阶段，腿部的发育要早于腰部，所以选材时，这个指数偏大些比较好。这也是预测今后体形的重要指标之一。

弹跳力是篮球运动员最重要的身体素质之一。人的身体形态对弹跳力的发展影响较大。一般来讲，小腿肌肉韧带相对长的人弹跳力和爆发力比较好。因此，跟身长/小腿加足高×100这个指数可以反映小腿肌肉的工作能力。

在生理机能方面，随着篮球竞赛规则的改变，篮球比赛的时间越来越长，这就要求运动员有较好的心肺功能。肺活量等相关指数，可间接反映肺功能。另外，也可以通过最大吸氧量来反映运动员的极量负荷。

3. 身体素质

身体素质包括速度素质、耐力素质、弹跳素质、力量素质、灵敏素质、柔韧素质。

4. 心理素质

体育竞赛不仅是身体的运动，也是心理的活动，更是运动员的个性在运动场上淋漓尽致的表现。要成为一个优秀运动员，并能在强手如林的世界体坛获胜，不仅要具有良好的身体条件、运动素质、出色的技术、战术，更需要具备良好的心理素质。特别是在当今世界各体育强国运动技术水平日益接近，比赛密度、强度和负荷日渐增大的情况下，心理素质的高低就显得尤其重要。现代篮球运动竞争激烈，无论在训练还是在比赛中，运动员不仅要消耗巨大的体力，还要承受巨大的心理负担。在比赛中，心理压力除了来自本身外，还来自对手、裁判、观众、教练等外界因素。水平相近的对手在比赛中，其心理因素往往起着重要的作用。良好的心理素质是运动员充分发挥技术水平的重要保证。

心理素质是先天遗传的，后天即使能改善也很少。因此，初级选材对心理素质的选择就更为重要。心理素质的选材包括运动员心理过程和个性心理特征两个方面的考虑。心理过程包括感知觉能力（肌肉运动感觉、平衡觉、触觉、时空感觉、运动知觉等）、记忆、注意、思维、情感、意志等方面；个性心理特征包括兴趣、性格、气质等。运动员心理各因素均受神经系统的影响和控制。因此在初级选材的文献中，心理选材的指标大多集中在神经类型方面。体育科学工作者研究表明，运动员的成长与运动员的神经系统功能有很大关系。不同的运动项目对运动员的神经类型有不同的要求，良好的神经类型是一个优秀篮球运动员所必须具备的。

（二）篮球运动员选材中应注意的问题

1. 组织专家研究确定运动员的选材目标

篮球运动员选材，实质上是选出那些在现有训练条件和训练能力下，经过训练可以在规定时间实现运动训练目标的运动员的活动。其中就有一个选择什么样的运动员才能达到训练目的的问题，这就是确定运动员选材的目标。运动训练管理者应根据这种要求，组织有关专家研究确定运动员选材目标，并对之进行科学论证，使选材目标能够满足上述要求，确保选材目标的科学性和准确性。根据篮球运动选材目标，管理者还要组织有关人员筛选运动员选材的测试指标、调查内容以及测试、调查的方法手段，进而研制出运动员选材模型，并对运动员选材模型进行科学论证。

2. 组织培训选材测试与调查人员实施调查测试

为了保证运动员选材测试与调查工作的客观性、有效性和可靠性，在实施选材测试调查工作前，管理者应组织专业人员对测试与调查人员进行培训，使这些人员能够按照统一的方法与程序进行测试和调查。此外，管理者还应制定严格的运动员选材工作日程，提前准备好测试仪器和调查量表、测试场地、器材等，组织好测试调查对象和测试调查人员。

3. 组织实施篮球运动员的选材的测试调查工作

在完成前述准备工作的基础上，管理者就可以按照选材工作日程，组织实施运动员选材的测试调查工作。在实施工作中，管理者应对测试调查人员科学地分组分工，使整个选材测试工作系统有序地进行。

4. 审核确定篮球运动运动员的选材结果

测试工作结束后，管理者应及时组织有关人员将测试结果输入计算机进行数据模型化处理，组织教练员对初选结果进行综合评价和分析，并提出拟入选的运动员名单。管理者对人选运动员进行审核后，应将经领导批准的运动员选材结构予以公布，并组织办理人选运动员的调入或借调手续。

二、篮球运动员训练管理

（一）规划目标及模型建立

运动训练的终极目标是在比赛中创造优异的运动成绩，但其直接目标则是提高运动员的竞技能力。而运动训练的过程就是运动员竞技能力发展变化的过程。这里，如果我们把事物的变化理解为某种状态的转移，同样可以把运动员竞技能力的变化表达为运动员竞技能力状态的转移，即由起始状态向目标状态的转移。目标及模型构建的基本内容主要包括三个方面。一是起始状态诊断，二是确定训练目标，三是具体构建运动训练目标与模型的内容。

（二）选拔运动员

通过对优秀篮球运动员竞技能力构成因素的分析，选材应该注重那些先天遗传性影响较大、后天训练影响性较小的竞技能力构成因素，即遗传度较高的指标。

当遗传度较高的遗传性状是该项目竞技能力主要影响因素时，选材必须从严；遗传度相对较低的性状在选材时可适当放宽，但在该性状发展最快的"敏感期"，应当从严。因为在该性状发展最快的"敏感期"，遗传因素作用最为显著，该遗传性状表达充分。同时，在选材中遗传度低的性状，虽然后天的环境与努力训练可以使其得到一定的发展，但由于遗传性状相关性的存在，常常会因某方面能力的低下，而影响整体能力的表现。因此，了解掌握不同性状的遗传度，有利于科学选材工作的进行。

任何先进的理论最终都要回归到实际中去运用和证明。在球员的选拔过程中，在坚持科学性的同时，有效地结合实际操作性。考虑到队里的实际运用需要和科研环境的约束，在队员选拔过程中，应优先考虑队员的成长潜力，而不是队员的当下参战能力。因此，要从身体体型条件和基本身体素质上选拔运动员。

（三）制定各类训练计划

篮球训练计划包括全年训练计划、阶段训练计划、赛季训练计划、周训练计划、课训练计划。正确制定各种训练计划是顺利进行训练工作的保证。

三、篮球运动员竞赛管理

（一）竞赛管理的分类

根据比赛形式，竞赛管理大体上可以分为非职业性比赛和职业性比赛两大类。

1. 非职业性比赛

（1）综合性运动会中的篮球比赛。篮球作为综合性运动会中的一个项目，与其他项目一起在同一时期内进行比赛，从一个侧面反映参赛国家或单位的体育运动整体水平。这种比赛有国际性运动会中的篮球比赛，如奥林匹克运动会、世界大学生运动会、世界中学生运动会、洲际和地区运动会中的篮球比赛等；也有全国性运动会中的篮球比赛，如全国运动会、解放军运动会、工人运动会、大学生运动会和中学生运动会中的篮球比赛等；还有各个省、地、市及企业、事业、学校等基层单位运动会中的篮球比赛。

（2）单一篮球项目运动竞赛。主要反映参赛国家或单位单项运动的水平。有国际性的比赛，如世界锦标赛、世界青年锦标赛、各大洲的锦标赛、各大洲的青年锦标赛；也有全国性的比赛，如全国甲级联赛、全国乙级联赛、全国青年联赛以及各行业系统的比赛；还有省、地、市及基层单位的篮球比赛。

（3）国内外交往性比赛。主要为了加强交流，增进友谊，发展相互关系。有国际性的比赛，如国家之间双边的访问比赛，几个国家之间多边的邀请比赛；也有国内省、地、市之间的协作性比赛；还有基层单位之间的友谊比赛和表演比赛等。

除了上述的这些比赛之外，还有少年儿童的小篮球比赛、三对三的篮球比赛、扣篮和投篮比赛，以及专门的残疾人轮椅篮球、聋人篮球比赛。

这类非职业性的比赛，普及的面比较广，参加比赛运动员的层次各不相同，技术水平也有较大的差异，有利于吸引更多的人参加篮球运动。

2. 职业性比赛

（1）国外职业比赛。主要是为了依靠比赛的票房收入和其他收入来维持球队生计与创造利润。最有代表性的是NBA；还有一些国家举办的职业联盟比赛，如意大利、希腊、菲律宾、韩国的职业篮球联赛，以及一些国际性的俱乐部比赛等。

（2）国内职业比赛。主要是为了通过改革推动我国篮球运动跟上世界篮球运动的发展趋势，从管理体制、竞赛制度和方法等方面与国际接轨，从而提高整体水平。目前也是在篮球管理体制中实现从计划经济向市场经济的过渡。我国从1996年开始首次举办了男子8支球队参加的职业篮球比赛，目前的CBA联赛和WCBA联赛就是这种职业性比赛的延续和扩展。

职业性比赛，涉及的范围比较窄，但参加比赛运动员的技术水平比较高，它带有明显的商业性，对篮球运动的产业化进程是个促进。

（二）竞赛管理的要素

1. 篮球运动员思想教育

（1）坚持对优秀运动员进行理想信念教育。加强新形势下的优秀运动员理想教育，首先要明确理想信念的深刻内涵，全面把握理想信念教育的内容和要求。

信念、理想和现实的关系分析。信念是一种重要的个性心理活动，指个体对于自然和社会的某种思想、学说以及自己所遵循的生活原则和所追求的理想的较为稳固的看法。表现为人们的生活立场，是人们行动的支配力量。信念具有一定的稳定性，对主题的心理活动及主题的实践活动产生持久的影响，它决定着一个行为的原则、坚韧性。人的世界观、人生观、道德观等都是由信念所组成的一定的体系。信念是在认识过程中确立的，并受到认识的深度和发展的影响。同时又是以个人的日常实践经验为基础的，它是个体的认识和情绪的统一。倘若没有情绪的充分体验，认识就很难转化为信念。消极的情感体验还可能阻碍个体的正确认识及其向信念的转化。树立正确的信念是人们正确地认识自然、科学地改造社会、改造自身的根本保证。理想信念、信仰为基础，信念、信仰决定理想的内容与方向，有什么样的信念、信仰，就有什么样的理想。

优秀运动员要充分认识理想实现的艰巨性，以正确的认识和态度来追求理想。在现实生活中，运动员希望早点实现理想，但实现理想的道路并不是平坦和笔直的，是充满了曲折、困难和挫折的，关键是看我们以什么样的态度去面对它，是积极努力还是消极回避，不同的选择会产生不同的结果。在现实与理想之中总是存在一定的矛盾，但总的来说它们是辩证统一的。一方面，现实中孕育着理想，形成理想，包含着理想实现的条件和因素；另一方面，只有抱有坚定的信念和决心，克服种种困难，毫不畏缩，在努力奋斗中实现自己的理想，才能实现理想与现实的完美统一，创造有价值的竞技人生。

坚持对运动员进行理想信念教育是客观现实的迫切要求。其分为以下三个内容。

第一，从新形势下的若干特点看坚持优秀运动员理想信念教育的重要性。一是社会价值目标的急变性，易造成优秀运动员目标追求的失落。由于社会变迁的迅速和广泛，过去在计划经济条件下形成的价值目标体系受到了严重的冲击和挑战，而新的适应社会主义市场经济体制的价值认识、价值目标和价值追求尚未完全建立起来。这种价值目标认同与社会现实变化的错位和落差，往往会造成社会价值目标追求上形成"真空地带"。这个时期，如果放松教育与引导，就易造成优秀运动员的理想目标认识和追求上的无所适从、方向不明。二是社会价值目标的多样性，易造成优秀运动员目标选择的困惑。如果我们在社会价值追求和价值目标多样化面前，不坚持社会主导的价值追求和价值目标的教育和引导，运动员就会在社会价值取向和目标追求的多样化面前，误把允许的当作提倡的，把暂时存在的当成一成不变的，把组成部分当作主体部分,造成价值目标选择把握困难。三是社会价值目标开放性,易造成优秀运动员价值目标确定的错位。开放性是新形势下的又一个重要特点。随着我国开放程度的扩大,互联网技术的飞速发展和加入世界贸易组织步伐的加快,某些西方国家对我国西化的图谋不可轻视,资本主义腐朽的世界观、人生观和价值观以及生活运动员的影响不能低估。只有教育引导优秀运动员在积极学习西方先进的运动技能,又自觉抵制其腐朽、消极的思想影响,才能使优秀运动员在改革开放条件下,确定正确的价值目标和理想追求。

第二,从当前形势下的优秀运动员自身状况看坚持优秀运动员理想信念教育的迫切性。从我们调查的情况看,处于当前形势下的优秀运动员大致有以下几个特点。

一是出生成长在改革开放和社会主义市场经济不断深入发展时期,由于主客观原因,这一时期的运动员的理想信念并未在其思想上扎根,而各种流行的思潮、观念和学说却先入住给他们以广泛的影响,这使他们崇高的社会理想的追求和共产主义信念的坚定性与20世纪80年代以前的优秀运动员相比,存在很大差异。现代的运动员所受到的教育和影响差异很大,人生观、价值观都发生了改变,而且以前各方面的发展速度都过快,国家在这种大的时代背景下,尤其要从一些不好的运动员身上发生的不良事件下手,抓紧思想教育管理,更新的力度要更大,找到正确的引导途径,为塑造高素质的国家队多做工作。

二是运动员中独生子女居多。独生子女性格特点独特。当前,我国在队的运动员大多是独生子女,他们是在过多的家庭照顾下长大的,有很强的优越感,缺乏人际交往的训练和艰苦环境的磨炼。独生子女独特的生活环境使新形势下的运动员在一定程度上存在一定的矛盾。矛盾主要是指自我期望值高与现实愿望实现率低的矛盾,对环境高要求与自身低奉献的矛盾。还有就是退役之后的就业,除了一部分著名优秀运动员外,大部分运动员退役就业压力很大,即使找到工作,也是一些非技术或对文化素质要求不高的工作,这种现象已经对在训练的现役运动员产生了较大的负面影响,也对运动员的招生和运动员队伍稳定造成不利影响。

第三,新形势和科学发展观的要求看坚持优秀运动员理想信念教育的必要性。优秀运动员是运动员中的精英和代表,是勇攀竞技体育事业高峰的主力军,更应具有坚定的共产主义理想和崇高的人生追求。远大的理想、坚定的信念和崇高的个人追求,对优秀运动员的自身素质、运动成绩和技术水平的提高有着极其重要的作用。

一是动力作用。理想是人生的精神支柱,是建功立业的基石。优秀运动员只有具有明确的奋斗目标和远大的事业追求,才能做到刻苦训练、为国争光,产生经久不衰的训练和比赛动力。二是自警作用。在新形势下,极端个人主义、拜金主义、享乐主义还存在相当的市场和影响,在体育界也不例外。优秀运动员在思想政治教育与不断探索和改进的过程中,有了坚定的理想,就能对各种错误思潮的影响和腐朽人生观的侵袭保持高度的自律和警觉,增强拒腐防变的免疫力。总而言之,对优秀运动员进行理想信念教育，是取得优异运动成绩的重要前提。

（2）坚持对优秀运动员进行爱国主义教育。爱国主义作为一种精神支柱、一种凝聚力潜藏在人们的内心深处，同人们的情感、信念、使命和责任感汇合成维系中华民族生存与发展的内在心理机制，构成永不消失的精神支柱、民族之魂。

爱国主义是中国各族人民团结奋斗的一面旗帜，是中华民族强大的精神支柱。爱国主义也是竞技体育必须自始至终抓住和把握的一条主线，在任何时期，都不能放松对运动员的爱国主义教育，如果竞技体育丢掉了爱国主义，那么我们竞技体育事业就会迷失方向。对优秀运动员的爱国主义教育是新形势下的优秀运动员思想教育的主要内容之一，对优秀运动员进行爱国主义教育要有创新思路并体现竞技体育的特点。

一，首先要发扬中华体育精神，这是做好优秀运动员思想政治教育的前提。体育是精神文明的组成部分，是社会精神文明的窗口。尤其是优秀运动队伍，肩负为国争光的任务。优秀运动员是广大青少年精神崇拜的偶像，必须塑造自身的精神来驱动自己攀登体育高峰，同时通过战胜自己的精神面貌为社会的精神文明建设做贡献。

我国竞技体育多年来的经验和事实证明：一个具有强大凝聚力的运动队，可以创造出惊人的奇迹而长盛不衰，反之，即使一度名声显赫，也只能是昙花一现。把优秀运动员凝聚在爱国主义旗帜下，是优秀运动队的崇高使命和要求，它激励运动员为祖国荣誉而奋力拼搏。

中华体育精神集中反映了我国体育运动崇高的精神文化价值。多年来，它不但激发和鼓励了一代又一代运动员、教练员在训练竞赛中，尤其是在国际大赛中，不畏艰险、不断进取、团结拼搏、勇攀高峰，推动我国竞技运动取得举世瞩目的成就，而且极大地激发了全国各族人民同心协力、与时俱进、开拓进取的意志和振兴中华的爱国热情。中华体育精神顺应和代表了中国先进文化的前进方向，是中国人民宝贵的精神财富。弘扬中华体育精神，是培养和弘扬民族精神的需要，也是社会主义精神文明建设的重要内容，在全面建设小康社会的历史进程中有着不可替代的作用。

二，对优秀运动员进行爱国主义教育，要根据不同年龄阶段、不同训练时期、不同运动水平，进行有针对性的分层教育。这是新形势下做好优秀运动员思想政治教育值得考虑的一个新动向。在对优秀运动员进行思想政治教育时，一方面坚持一把钥匙一把锁，同时考虑运动员思想的不同层次开展有针对性的分层教育；另一方面坚持多把钥匙一把锁，发挥运动员思想政治教育的综合教育力量，这样才能取得良好效果。

三，对运动员进行爱国主义教育，要结合新中国体育事业的辉煌成就全方位开展。优秀运动员及教练员是"社会公众人物"和新闻媒介关注的焦点人物，他们在赛场上的精湛技艺和出色表现被誉为爱国主义、集体主义、民族精神的反映和体现。

一些体育明星被人们视为民族的英雄和骄傲，是广大青少年崇拜、模仿的对象。这就对优秀运动队的思想政治工作提出了更高的要求。因此，要结合新中国体育事业的辉煌成就全方位地开展以爱国主义为中心的思想政治工作。

四，对优秀运动员进行爱国主义教育，必须把中华体育精神同有竞技体育特色的"爱国与奉献"的思想政治教育结合起来。在竞技体育领域，我们要结合中华体育精神开展具有体育特色的爱国与奉献的思想政治工作。经过几代人的努力和实践，凝聚成为国争光、无私奉献、科学求实、遵纪守法、团结友爱、顽强拼搏的中华体育精神，激励着广大教练员和运动员无私奉献，为国争光。爱国奉献是基础，团结遵纪是要求，求是奋斗是保证，拼搏争光是目标。各个优秀运动队要不失时机地结合中华体育精神，开展有体育特色的爱国与奉献的思想政治工作。

随着世界经济体育的快速发展和高科技不断与经济体育的结合，世界体坛格局也会发生很大的变化，要想我国竞技体育在世界竞技舞台上不断取得优异的运动成绩，要使运动员为国争光的精神和斗志不断得到激发，我们必须牢牢把握爱国主义这条主线，一刻也不放松地对优秀运动员进行爱国主义教育，把我国的竞技体育水平推向更高的高度。

（3）坚持对优秀运动员进行集体主义教育。人们生活在世界上，就离不开各种各样的集体。社会主义集体主义作为一种世界观，体现了历史唯物主义的基本原则。在社会主义初级阶段，虽然是以公有制为主体的多种经济成分并存的状况，但并非要抛弃社会主义、集体主义。集体主义作为道德的一个基本原则和最根本的出发点和归宿，强调的是通过协调个人利益和集体利益二者的利益关系以达到共同发展的目的，并处理好社会主义社会中的各种人际关系，解决好各种矛盾，成为推动社会向前发展的强大动力。对于从事竞技体育的运动员，他们所取得的每一点成绩，都离不开运动队集体的帮助。新形势下，在部分运动员中存在一种不良的倾向，即抛开集体，突出个人。因此，新形势下运动员思想政治教育要把集体主义教育放到一个重要的位置，让集体主义精神深入到运动员的日常生活、训练和比赛中去。

坚持集体主义原则，最重要的就是要摆正集体利益和个人利益的关系，把社会整体利益放在个人利益之上，个人利益服从社会整体利益，并对优秀运动员进行集体主义教育要有创新思路并体现竞技体育的特点。其具体分为以下三个方面。

一，对优秀运动员进行集体主义教育，必须强调集体利益高于个人利益。集体利益与个人利益的关系，是一种以集体利益为主导的辩证统一关系。集体利益具有共同性，个人利益具有个别性，两者相辅相成、互相依赖、互相渗透。运动员的个人利益是运动队集体利益的源泉，运动队集体利益是运动员个人利益的保障，没有运动员个人利益的存在，没有运动员个人训练和比赛的积极性，就没有运动队集体或国家利益。反之，运动员个人生活在运动队集体环境，如果没有其他运动员、教练及管理者的协作配合，没有社会方面的关照，也不可能取得运动成绩并获得个人利益，个人利益的实现就流于空谈。

同时要强调运动队集体利益高于运动员的个人利益，是指在运动员个人利益与运动队集体利益发生矛盾时，运动员要顾全大局，以集体利益为重，应当为集体利益而放弃个人利益，一致对外，为了集体和团体比赛的胜利，牺牲个人利益。但这并不意味着束缚个性的发展和抹杀个人利益。在社会主义国家中，集体利益和个人利益本质上是一致的，集体利益的实现，本身就包含着个人正当利益的实现。

二，对优秀运动员集体利益主义教育，必须在强调集体利益高于个人利益的前提下，同时强调保证运动员个人的正当利益。社会主义的集体主义并不否认正当的个人利益，而是主张把个人利益和集体利益结合起来。它强调集体必须充分关心和保护个人的合法权益，使个人的正当利益得到实现，并力求使每一位集体成员的个性、才能得到最好的发挥，重视个人的正当利益，维护个人的尊严和价值，并使个人的个性得以自由和谐的发展。一方面，只有在集体中，个人才能获得全面发展的手段和个人自由；另一方面，只有集体才能为个人利益的满足、全面发展和个人自由的真正实现提供和创造充分的条件。社会主义集体利益本身包含着广大人民群众各种各样的个人利益，而且是个人利益的基础和源泉。那种认为强调集体利益就会约束个人和限制个人的观点，是毫无根据的。因此为了运动队集体在重大国际国内比赛的胜利，我们在强调国家利益和集体利益的同时，更要重视运动员个人的正当利益的满足和个人才华的发挥，重视个人价值的实现，才能更有利于社会和国家利益的发展。

三，对优秀运动员进行集体主义教育，就必须反对个人主义。个人主义作为一种价值观念和思想道德体系，是西方资本主义的产物，与利己主义同义。它强调优先满足和实现个人的欲望和要求，其核心是把个人价值看得高于一切，把个人利益在国家、集体、他人利益之上，为了个人利益，不惜损害社会、集体和他人利益。个人主义不是科学的世界观、道德观和价值观。

改革开放以来运动队的实践证明，运动员个人主义的发展只能使运动员离开运动队集体的利益去追求个人利益，追求个人享乐，只能使运动员丧失对国家、民族、社会的责任感，使整个运动队失去凝聚力。因此，我们在对优秀运动员进行思想教育时，就必须反对个人主义。

总而言之，新形势下加强对优秀运动员思想教育，一定要把集体主义教育放到一个重要位置，并与爱国主义教育配合，才能不断激励运动员前进。

2. 篮球运动员文化学习和生活管理

（1）健全文化学习的管理机构。随着训练强度的不断增大，"学训"矛盾也变得越来越突出，为了保证篮球运动员的文化学习，要健全运动员文化学习的管理机构，对运动员的学习要持有严格的教学态度。对于运动员由于比赛或训练所耽误的课程，应该在其训练或比赛结束后，进行相应的补习，以此来保证运动员的文化学习。

（2）建立一套包括考勤、学籍管理、奖惩等内容的管理制度。如果没有相应的制度体系来保证运动员的学习，那么加强运动员的文化学习就变成了"空"的口号。只有建立一整套包括考勤、学籍管理、奖惩等内容的管理制度，才会从思想上真正引起家长、教练和运动运自身的重视度，才能真正让运动员体会到学习的重要性。

（3）采用灵活多样的方式，科学地安排和落实学习时间。一，建立健全严格的生活制度。管理者对球队的作息时间、内务卫生、请假审批、业务生活，乃至运动员个人的生活习惯等都应作出具体、明确的规定。此外，还须制定文明公约、卫生公约等辅助规定。这样有利于对运动员进行严格管理，为正常的训练提供保障。为了保证这些制度的实施，还应进行监督检查，如教练员轮流值班就是一种较好的监督检查措施。二，训练后的恢复与营养安排。恢复是生活管理中的一项重要内容。严格遵守生活制度是疲劳后快速恢复体力的重要前提，在此基础上还须采取一些专门的措施与手段来促进运动员的恢复，通常可进行交换活动调节，如药物浴、蒸气浴、按摩与保障足够的睡眠、以食物进行能量消耗的补充等。管理者要特别注意运动员的营养安排。营养师应根据运动员的实际情况和需要制定食谱，对其进食量、饮水量及营养素的摄入量作出相应的规定。三，运动员参加竞赛期间的生活管理。参赛期间运动员的生活管理比平时训练的生活管理更为严格，特别要注意加强纪律要求。通过严格的生活管理，帮助运动员保持良好的竞技状态，同时配合必要的心理训练，稳定其情绪，以便在比赛中正常地发挥应有水平。

第三节 篮球教练员管理

一、篮球教练员的作用和职责

（一）篮球教练员的作用

教练员的作用具体体现在选材、训练、管理及临场指挥等方面。

1. 在运动选材方面的作用

在体育运动训练的过程中，运动员的科学选材是训练科学化的一个重要组成部分，也是运动训练系统进入实质化运作的第一个步骤。随着现代科学技术的不断发展以及对运动训练强有力的渗透，运动员的选材工作更加深入，理论研究也更加广泛。因此，运动员选材工作从客观上讲对教练员的要求也就越高，教练员在这一过程中的作用也就更加突出。

2. 在运动训练中的作用

教练员在训练中的作用是非常深刻和广泛的。概括起来说主要反映在四个方面，首先，确立训练的目标模型；其次，对运动训练的全过程实施有效的监控；再次，调整和控制干扰正常运动训练的各个因素；最后，对训练过程的前后进行科学的评价。

3. 在训练管理中的作用

训练管理工作是在科研人员、医务人员、营养保健人员、心理专家等专业人员的协调努力下，由教练员去具体实行的。因此，教练员是运动训练的主要管理者，教练员在运动训练管理方面的作用主要体现在三个方面：第一，对训练过程的各种实践活动进行科学管理；第二，对运动员的思想进行管理；第三，对运动员的文化学习及日常生活进行管理。

4. 在临场指挥方面的作用

体育比赛，不仅仅是比赛双方体力的对抗，也是运动员智慧的角逐。而教练员则是双方较量的场外谋士。虽然教练员不直接参与竞技场上双方的角逐，但是他运筹帷幄，驾驭着整个比赛的过程，调整并控制着比赛中运动员战术的运用和心理变化，对比赛的胜负起着关键性的作用。体育比赛是受时间制约的，一般来说教练员的临场指挥表现在比赛前的准备期间和比赛之中。在此过程中，教练员的作用集中体现在两个方面，一个是战术方案的选择和调控，另一个是调整运动员的竞技状态。

（二）篮球教练员的职责

教练员在运动队中起着主导的作用，其主要负责各体育项目运动员的训练、比赛、思想教育和管理工作。不断提高运动员的技战术水平和思想政治觉悟，培养德、智、体全面发展的优秀体育运动人才。概括来说，教练员的主要职责有以下几个方面。

（1）挑选并合理配置运动员。挑选有发展潜力的运动员，进行严格的训练和培养，将有才能的运动员进行调整优化组合，进行合理的配置，使所带的运动队伍尽可能地完成上级所规定的成绩指标，能够胜任重大的比赛任务，并做好运动员的新老接替以及后备人才的培养和储备。

（2）做好运动员的思想教育、学习、管理等方面的工作，要善于运用各种方式和手段激励运动员，调动他们的主动性和积极性，由"要我练"转变成"我要练"，彻底改变运动员陈旧的训练观念。树立运动员训练的主人翁意识，充分发挥运动员的智慧，鼓励运动员多动脑，多思考。同时，要培养运动员遵守各项规章制度的自觉性，树立良好的队风。

（3）以世界杯、奥运会、亚运会或其他与教练员自身所带球队相适应的重大比赛为主要目标，从实际出发，权衡各多元目标的重要性和紧迫性，制定并实施多年、全年、月、周的训练计划以及每日的训练课教案等。

（4）保证每一堂训练课的质量和效果。训练的任务要具体详细，训练的内容要准确，训练的方法要恰当，运动量要做到科学合理，还要善于培养运动员发现问题、分析问题和解决问题的能力。通过运用合理有效的训练方法，使运动员准确地掌握所要讲授的技战术，提高运动员的身体素质，并能在实战中运用和发挥。

（5）加强对比赛的管理。在赛前要充分了解和分析对手的情况，制定详细的比赛方案，确定好阵容和打法，开好赛前准备会。临场指挥时，要做到沉着果断，若出现赛前没有料到的情况时，要及时调整运动员的心态和比赛的阵容及打法。赛后要进行认真总结，吸取比赛胜利的经验和失败的教训，以便在下一场比赛中扬长避短，争取取得比赛的胜利。

（6）对训练和比赛进行详细的观察、统计和分析。就运动员和队伍的整体水平及时作出客观公正的评价，建立运动员的训练和比赛档案分析表，记录好运动员日常训练和在比赛中的表现情况，并作出相应的评价，以便及时调整和完善训练和比赛计划，更好地控制日常训练和比赛。

（7）积极主动配合队医做好运动员的医务监督和伤病防治工作。对训练、比赛中出现的运动员伤亡事故，及时找出事故原因，查明责任，做好预防工作，避免伤害事故的再一次发生。

（8）要努力建立良好的公共关系。在教练员与俱乐部官员、其他教练员、新闻记者、企业或商业家、球迷等之间建立一种相互尊重、相互理解和相互支持的良好关系。

（9）努力学习，刻苦钻研业务。善于运用多学科知识，提高科学训练的水平；及时了解篮球运动的发展趋势，竞赛规则的变化；根据国内外的先进经验，结合实际，用于改革创新；系统积累技术业务资料，不断进行自我反思，认真总结经验，努力撰写论文，使自己的经验系统化、理论化。

（10）按照上级有关部门的规定，积极参加篮球教练员的岗位培训，定期接受有关部门组织的业务考核。及时向上级主管部门上报训练和比赛的计划、进程和总结及其他相关的资料等。

二、篮球教练员素质要素

篮球教练员应具有思想品德素质和篮球专项业务素质。思想品德素质包含思想政治素质、职业道德等精神素质。篮球专项业务素质由篮球专项基本素质、知识素质、心理素质和能力素质组成。篮球专项基本素质包括篮球技术、战术理论与实践素养。知识素质是指篮球教练员必备的基础知识和篮球运动训练的理论知识。能力素质主要有自学能力、记忆能力、理解能力、观察能力、表达能力、分析能力、计划能力、交际和协调能力、管理组织能力、创造能力。

（一）教练员的品德素质

1. 思想政治素质

教练员的思想政治素质主要是指教练员能对党和国家的体育方针政策有正确的认识和理解，明确社会主义市场经济条件下的竞技体育的功能，具有为社会主义体育事业服务的良好道德品质。一名优秀教练员必须具有心怀祖国、放眼世界篮球运动竞技场、勇于超越主观、不断攀登世界篮球运动高峰的崇高理想，并为之而刻苦钻研、艰苦奋斗，为培养高水平的优秀运动员和争取优异的比赛成绩而贡献自己的一切。如果教练员没有强烈和明确的爱国热情，并通过自身的言行等实际行动去影响自己的队员，那显然是缺乏政治思想素质的表现。篮球竞技运动的对外交流活动很多，在与不同意识形态的国家和地区的运动队交往的过程中，也需要教练员具有很高的政治觉悟和思想水平。

2. 职业道德素质

（1）热爱祖国，献身篮球事业。为国争光是教练员职业道德的核心内容，作为一名合格的教练员，要具有强烈的事业心、高度的责任感和为体育事业献身的精神。要胸怀祖国、放眼世界、立足本职，发挥艰苦奋斗、无私奉献的精神，为培养优秀的运动员贡献自己的一切。

（2）勇于创新，开拓进取。为缩小与世界篮球发展的差距，我国的篮球教练员应具有积极的进取精神，锐意改革和创新，不断总结经验，不断学习新的知识，探索更为科学、合理的训练方法和手段，以形成自己球队的技术特点和战术风格，为中国篮球运动跻身世界篮球的前列而不断创新、开拓、进取。

（3）以身作则，严于律己。无论是在教学训练中，还是在业余生活中，教练员都要成为运动员的表率。教练员要影响队员，不仅靠言传，更要依靠身教，还要以崇高的人生理想、信念去启发运动员，用美好的心灵去熏陶运动员，用严格的训练去塑造运动员。教练员不仅要对运动员的技术和战术能力的提高倾注全部的热情和关心，还要对运动员的文化学习、个人生活给予积极的关注，越是在运动员面临困难和挫折时，越要对运动员进行鼓励。总之，教练员的威信不仅来自精湛的业务能力，更来自以身作则、严于律己、为人师表、表里如一、作风正派等道德品质和人格魅力。

（4）团结协作。公平竞争。不管对任何人或事，教练员都要做到公平和平等，因为一个篮球队的训练工作，既依赖于教练员的个人劳动，又依靠队伍的整体协作。所以，教练员必须处理好个人与集体的关系，特别是要处理好与其他教练员的竞争关系。做到公平竞争、共同进步、共同提高；处理好队员之间的相互关系，特别是明星队员和替补队员的关系；要一视同仁，奖惩分明。在市场经济条件下，教练员要杜绝腐败，不打交易球和人情球，做到光明正大、公平竞争。

（二）篮球教练员的专业素质

1. 知识素质

（1）广泛的基础学科知识。篮球教练员应掌握一定的哲学原理和方法论，以及政治经济学、社会学、军事学的基础理论。另外，应熟练掌握和运用"三论"和思维科学、行为科学的知识，以及相关的体育学科知识，如体育生物学科知识和体育社会学科知识等，形成多元素的知识结构，这对胜任高水平的训练尤为重要。

一，基础学科的体育学科知识。体育教育学、体育管理学、体育心理学、体育社会学等学科知识在教练员的知识结构中占有重要地位。除此之外，教练员还必须熟练掌握体育生物学科，如运动解剖学、运动生理学、运动生物化学、运动生物力学、运动营养、运动保健、运动医学等知识，还要经常关注这些学科的最新动态，及时更新自己的知识结构，充实自身的知识体系，以适应迅猛发展的竞技体育对教练工作的要求。

二，系统论与篮球运动。系统论认为，系统是具有整体功能和综合行为的统一体，其内部是协同、有序、稳定的。教练员在进行球队的训练工作时，应制订科学的训练计划，将篮球训练工作系统中的各组成部分合理地布局和规划，使各部分在运作时相互协调，最终使运动队的训练工作取得良好效果。

三，信息论与篮球运动。在训练过程中，教练员必须根据采集的各种信息进行归纳、分析并做出决策，同时分辨出哪些信息是有用的，哪些信息是无用的，并对获得的信息进行加工、整理，争取为球队的训练和比赛提供更多帮助。优秀的教练员应在戒备状态下，即有高度的压力、有充分的时间来考虑和选择方案，从容做出决策。具体讲应按以下步骤行事：全面细致地审查可能的策略方案，辨别权衡目标，积极搜索新信息，进行潜在后果和影响的分析，考虑细致的执行措施。

四，控制论与篮球运动。控制论研究系统中的控制过程和信息过程，而篮球训练过程中的许多内容在经过长期实践的基础上可以形成自动控制。即教练员对运动员的操作行为的控制不是纯经验式，也不是模糊的，而是可以定量表达和控制的。通过控制论可以更精确地实施篮球训练和比赛工作。

（2）扎实的运动训练理论知识，具体分为以下两种。

一，一般训练学原理。篮球教练员应掌握一般的训练学原理，如训练的基本规律、训练原则、训练方法、训练负荷原理、训练周期理论等。篮球运动固然有其鲜明的专业特点，但它应首先着眼于一般训练学的规律和理论。另外，还要掌握一般身体训练的理论和方法，如对力量、耐力、速度、柔韧、灵敏等素质训练的强度、次数、组数、间歇时间、动作要求等具体的训练方法都要熟练掌握。总之，只有掌握了一般训练学的理论和方法，教练员才能合理、科学地指导篮球的训练实践活动。

二，专项篮球训练理论。在了解一般训练理论和方法的基础上，教练员还要掌握专项篮球训练的理论知识，如篮球运动员的选材知识，根据不同的训练周期来制订运动训练计划的方法，组织和控制训练过程的方法，收集、处理和使用篮球信息的方法，篮球的特殊教育训练方法等。因为篮球本身的规律使得篮球的运动训练有别于体能速度类、体能耐力类和技能表现类的项目，因此，篮球教练员必须了解篮球运动的特点、规律以及篮球训练方法和技巧，并能在训练中熟练运用。

2. 心理素质

现代运动训练往往是通过最大限度承受运动负荷的应激来提高运动员的运动能力，这是一个艰难的挑战自我极限的过程。教练员要想让运动员在比赛中取得优异的成绩，往往需要集中大运动量的训练，使他们克服坏习惯等障碍，有意识、有目的、有计划地为参加比赛做好准备。这里，完成训练任务和克服障碍所需要的积极性、自觉性与坚定性除了科学的方法和技术手段外，更重要的就是需要意志力的支撑。教练员的这种支撑同样影响和促进着运动员意志力的形成，从而使运动员在接受运动训练和参加比赛过程中能更加有效地完成既定任务。因此，教练员应该具备坚强的意志力，而篮球教练员更是如此。

篮球教练员在长期训练过程中的生活是单调、枯燥的，可能随时会遭遇挫折和失败。他们只有具备了超强的情绪控制能力，从而自我激励，培养出自信、乐观、坚强、进取、果断的性格，才能自觉调控运动员的情绪，使整个球队做到临危不乱，遇险不惊。情绪是情感体验过程的具体形式，可以影响和调节人们的认知过程，对信息的加工起组织和协调作用；可以帮助队员选择信息和适应环境，并驾驭行为去改变环境。队员们会经常感到，在心情好、情绪适宜的状态下进行训练或者参加比赛时，思维敏捷、战术思路开阔；而在心情不好、低沉郁闷或情绪淡漠的状态下去参加比赛，往往会频频失误，且思路阻塞、动作迟缓、容易失败。

在激烈的篮球比赛中往往会出现平时所不能遇到的强刺激和突变情况，而在这种刺激和突变面前，教练员如果不能自觉地对这种状态进行有效的调控，势必影响自己的言行，从而影响比赛结果，但若能有效地调控这种状态，往往会取得意想不到的好效果。我国射击队陶璐娜在第 27 届悉尼奥运会赛前竞技状态调整期内，教练员许海峰有意识地教育引导她，使她以良好的心态参加比赛，结果夺得了该届奥运会中国代表团的第一枚金牌。这说明教练员在指挥比赛过程中对运动员情绪的调控具有重要的意义，而良好的情绪调控经验往往与自身的情绪调控体验是分不开的。

优秀的教练员应具备的心理素质主要有良好的性格、健康的情绪、积极的情感和坚强的意志。教练员加强性格修养，对于在工作中作出正确的判断、形成良好的指挥风格、增强思维的灵活性，以及出色地完成各种任务都有重要的作用。教练员的良好性格是在社会实践中逐步形成的，受生理、环境和主观因素等方面的影响。篮球教练员的健康情绪表现会影响队员的情绪，能使队员保持良好的精神状态，并感染他们积极投入训练和比赛的实践中。因此，教练员应始终保持积极乐观的情绪，避免消极悲观等不良的情绪，特别要提高自我控制能力，保持情绪的稳定，并且善于调节情绪。教练员的良好情感素质主要表现在：对篮球事业充满激情，热爱自身的教练工作，对上级尊重和支持，对同事讲求宽容、协作和互帮互助，对队员爱护、关心和体贴。由于篮球教练工作的复杂性和任务的艰巨性，教练员必须具备坚强的意志，在困难面前既要表现出钢铁般的坚强性，又要表现出能屈能伸的坚韧性。

3. 能力素质

（1）观察能力。教练员的观察能力是指教练员在长期的观察实践中逐步形成的特殊的、发展水平较高的知觉能力。教练员应具有迅速而准确地注意篮球训练和比赛中各种并不显著但又非常重要的细节和特征的认知能力，即收集篮球工作中各种有价值信息的能力。

篮球教练员的观察能力有选择性、持久性、广泛性、深刻性和超前性的特点。在观察时，教练员要明确观察的目的和任务，即在训练比赛中为什么观察、观察什么和怎样观察以及在观察过程中可能遇到的心理障碍、客观阻力等。例如，比赛中出现了某运动员投篮命中率低的问题，那么在平时的训练和生活中，教练员要注意观察队员是否在营养状况、身体状态、技术运用和心理方面出现了问题，然后再针对出现的问题提出解决方案。教练员在观察时要遵循循序渐进的原则。从易到难，由表及里，并通过反复的多视角的观察来争取发现问题。观察时要进行全面的记录，把观察对象的存在条件、表现、时空分布等细节尽量准确地记录下来。及时地把观察的结果进行整理和总结，找出本质性和规律性的东西，尽快解决问题。这样教练员才会不断提高自己的观察水平和观察能力，为篮球运动训练的实践服务。

（2）沟通、表达能力。表达能力是一个人通过口头语言、书面文字、行为、表情等来传递信息、表达思想感情，以实现个人意志的能力，是教练员的基本业务能力。沟通表达包含了两个过程，即信息的发出和接收。

信息的有效发出，包括语言信息、非语言信息。

●语言信息：第一，语言正面、诚实。第二，话语简单、明了。第三，声音洪亮，及时重述。第四，确保使用术语的前后一致。

●非语言信息：以非语言方式传递信息可以通过不同的途径。面部表情和身体语言是两个使用最普遍的非语言表达方式，它们在执教过程中具有不可替代的作用。

与其他人员的沟通，包括球迷、裁判员、对方教练员。

●球迷：篮球比赛中，球迷是一个球队最主要的观众，他们会在比赛中表达任意的想法和语言。教练员不要仅仅是偷听议论，而是应当积极与球迷沟通，用行动证明自己是一个自信的、有能力的教练员。要考虑队员对球迷批评的反应，若某个队员受球迷影响出现情绪波动，教练员要告诉队员："队员应当服从教练员的指令，而不应受观众评价的支配。"

●裁判员：裁判员是篮球比赛中唯一的执法者。从比赛一开始，教练员就要与裁判员建立一个良好的沟通气氛。与裁判员见面时要握手致意，介绍自己，可以聊聊即将进行的比赛，显示出在整个比赛期间你对裁判员的尊重。不要对裁判员吆喝，更不要使用不尊重对方的身体语言。

●对方教练员。有时候，比赛的对方教练员也需要去沟通。在比赛之前，最好能抽空与比赛对手的教练员进行交流和沟通。在比赛中，不要对对方的教练员有个人成见。应当与对方教练员保持友好关系，让队员知道，竞争中也需要交流、合作，以便培养队员完整的人格。

（3）组织、管理能力具体如下。

一，组织能力。一名优秀的高级教练员，必须熟练掌握和运用直接的和间接的、指令式的和指导式的、强制式的和非强制式的组织手段，并在实际的运用中坚定不移地加以实施。使命令得到执行，但也要注意不要墨守成规、刻板行事。计划、命令是建立在最现实的情况上，因此，一切行动都应适应现实情况。在训练或比赛中，教练员要根据实际情况的变化而灵活运用指挥手段。这种灵活性也不是主观随意的，必须符合教学、训练和比赛的客观规律，不可以随意和频繁地改变指挥命令，否则，教练员将失去权威性，同时会使训练和比赛陷于混乱。

二，管理能力。篮球教练员的管理能力就是在篮球教学训练实践的多因素、多功能、多变化的复杂的管理过程中，运用计划、组织、指挥、控制、协调等管理方式，进行有效管理所必备的工作能力。优秀教练员必须掌握一些管理学原理，如系统整体性原理、要素有用原理、动态相关性原理、时空变化原理、信息传递原理、控制反馈原理、规律效应性原理等来指导自己的教学、训练和比赛的实践工作。

篮球队的管理要素包括计划、组织、指挥、协调和控制等方面。以协调要素为例，教练员不仅自己要知道，还要通过教育让队员知道。为了在一个协调有序的良好氛围中工作，一定要尊重裁判员、观众、比赛对手，尊重所有的服务人员。一名好的教练员与周围环境中的不同类型的人员都具有良好的人际关系，即教练员要掌握好四个协调：教练组内部关系的协调，与上级关系的协调，与辅助训练人员（如场馆工作人员、营养师等）的协调，与队员关系的协调。在教练组内部要注意情报工作和思想感情的沟通，处理好工作和个人私交之间的关系，避免互不信任、产生摩擦和其他削弱教练组领导集体的效能。在与上级领导交往时，应注意首先尽心尽力做好本职工作，为上级分忧，增强上级领导对自己的信任和依赖感。对待队员要一视同仁，经常利用民主生活会的方式与下级沟通情况，协调对策，解决具体问题。

（4）决策指挥能力。教练员的决策应从经验方式向科学决策的方向发展。科学决策减少了决策者个人因素的主观随意性所带来的不稳定、不科学，提高了决策的质量和水平。在现代篮球运动的训练和比赛的实践中，教练员的行为要符合篮球的客观规律和发展趋势。但由于篮球运动的相关因素很复杂，所以指挥篮球的训练和比赛的决策方法的规范化水平还不是很高，不得不靠人为因素来干预和处理的问题还有很多,在可预见的未来,教练员的洞察力、判断力、创造力这类智能因素,还不是任何技术装备和智能软件可以替代的。

（5）教育激励能力。教练员首先应是一名合格的教师,他通过自己的教学、训练工作,将技术、战术理论和技能,以及相关学科的理论和方法等传授给运动员,即承担教师应尽的职责。教练员同时还要具备教育激励的能力,使运动员始终维持在一种兴奋的状态中,以发挥其积极性、主动性和创造性,充分挖掘其潜力。

在执教过程中,教练员应持之以恒、贯穿始终地运用激励作用,并学会针对不同的对象和不同事件采取不同的激励方式,细致入微地发现运动员何时需要进行激励,通过源源不断的激励使运动员的多种需要得到满足。优秀教练员是否具有良好的教育激励素质,要看他能否准确地运用激励的原则,即实事求是原则、公平合理原则、适时适度原则、情理原则、身教与言教相结合原则。教练员不要为了激励而激励,而应根据客观存在的需要,对运动员施以相应的教育与激励。公平合理的原则是指教练员给予运动员不管是物质还是精神上的奖励,都应公平和恰如其分,杜绝不公正情况的发生。在教练员实施激励时,要追求最佳适度,注意分寸,掌握火候,恰到好处,即符合适时适度的原则。情理原则是指教练员要发挥理性的作用,只有明理才能教育人,同时要充满感情,尊重队员、爱护队员、信任队员,并且善于说理和表达感情,做到引导队员、感动队员,引起感情共鸣。

（6）专业竞技能力。作为篮球教练员,自身必须熟练掌握篮球各项技战术,在进行执教时才会对队员出现的各种问题和内心想法有所体验,而且,其精湛的篮球技术也能让队员心服口服。

（7）科学训练能力。科学训练能力包括科学选材、科学诊断,制订科学的训练计划、有效组织与控制技术和战术及身体训练活动、科学组织指挥比赛、训练信息化、高效能的营养与恢复等多种能力。

科学选材是培养高水平运动员的基础。通过选材可以发现和选拔有前途的篮球苗子,及早地将他们吸收到运动队里来。科学诊断是训练活动的出发点,在对运动员的形态、机能、素质、心理、技术和战术能力进行诊断后,为科学地制订计划提供依据。制订训练计划、有效地进行组织和控制训练活动才能产生具体的结果,并通过参加篮球比赛来使运动员掌握、运用谋略和技术与战术的能力得到提高。同时,教练员还要熟练地运用营养与恢复手段、心理训练手段,来使队员的竞技状态调整到最佳。高水平的篮球教练员在训练实践中还必须具备对篮球理论、技术、战术、训练方法和测试手段及器材设备的创新能力。只有具备以上训练能力,教练员才可能完全把握训练的实践活动,全面提高运动员的水平。

（8）创新能力。篮球教练员应具有不断开拓、勇于改革的精神。不应仅满足于传统的教学和训练方法,还应在篮球教学训练实践中不断试验、探索,勇于改革、创新。一名创新能力强的教练员,对新事物和领域有强烈的探求兴趣,不为权威的结论所束缚，敢于标新立异、独树一帜，思维速度应较快，能在较短的时间内表达出较多的观念，并能举一反三、触类旁通，善于用反常规和不合逻辑的思维来提出新的观点和方法。创造力强的表现还在于拥有敏锐的观察能力、统摄全局的思维、很强的求索答案的能力以及预见未来的能力，同时熟练掌握创造技法。要提高教练员的创新能力。必须克服主体方面的障碍，如创造力不足、循规蹈矩、思想僵化、视野狭小、缺乏勇气和信心以及从众心理等。

三、提高篮球教练员素质的途径

（一）院校培训

院校培训可以发挥体育院校的科研、设备和人才的优势，同时结合多种形式的学习和深造手段，使篮球教练员得到培养和提高。具体来说，院校培训有以下几种形式。

1. 全日制学习

由于时间限制，现在的教练员多是不定期参加培训。这样做当然可以高效利用时间，但在短时间内很难有较大的提高。目前，全日制教育是我国高校培养人才的重要途径，它不仅从时间上给学习者以保证，而且考核方式也更为合理和严格，在这样条件下培养出来的才是真正的人才。社会上在同等条件下，更为关注全日制模式下培养出来的毕业生。对于退役的优秀运动员或有培养前途的青年教练员，他们是很有潜力的优秀教练员，在没有真正走向岗位或责任不是很大的情况下，可以考虑通过参加体育院系的本科或研究生学位班的学习，弥补在基础理论和专业知识方面的不足，为将来的执教奠定坚实的基础。

2. 单科学习

这种学习采取单科结业的学分制，学习方式灵活，学员有较大的选择权，学习积极性容易调动，因而容易取得较好的学习效果。具体实施方式是，学员在众多课程中选择自己喜欢的科目进行学习，若修满该科规定的学时数，经所在院校考试合格，就可以获得该学科的学分，待修完本、专科或研究生的学分，再发给相应的学习证明，这种形式适合于中等以上教练员的在职培训。

3. 函授学习

函授教育是相对于面授教育而提出的。函授教育的主要对象为离不开工作学习岗位的在职人员。教学以自学为主，面授为辅。学员通过信函报名，学校将教材及其他辅导资料邮寄给学员，教师与学生的交流也通过信函完成，使学员在不耽误工作学习的情况下完成学业。对于仍在第一线而迫切需要提高自身素质的教练员来说，函授学习是一个切实可行的途径。目前，全国各体育院校招收函授学员工作有了较大幅度改观，具体表现在招收人数和招收的覆盖面都较以往有很大的增加和扩大，大多数的教练员可以通过这个途径来提高自己的知识水平和学历层次。

4. 各种层次的岗位培训

篮球运动管理中心为培养高素质、高能力的篮球教练而举办的岗位培训，主要面向高级篮球教练员，包括CBA、WCBA篮球队伍所有主教练，以及持有岗位培训高级证书，按"两年一次继续培训"要求，到期应参加岗位培训的中国篮球协会所属其他教练员（含教育部所属CUBS和CUBA的主教练）。学习形式采用集中学习，分为比赛观摩、课堂授课、课堂讨论、实践演示，对参加者颁发继续培训证书。一般由美国NBA著名教练员和NCAA著名大学教练员联合组成的讲师团进行演示教学。授课内容涵盖NBA与CBA整个赛季过程中共性的"计划（含球员选拔培养、比赛的准备安排）和执行（赛季初期、中期、后期球员竞技状态和体能状态的训练、调整和保持）"等专题，并针对突出的特性问题展开研讨和交流。（注：中国篮球协会已于2000年正式实行持证上岗制度。凡未按有关规定要求，没有参加岗位培训或参加岗位培训而考核成绩不及格者，不能取得上岗证。）

教练员岗位培训既是提高教练员素质的一项有力措施，也是篮球运动管理中心培训教练员的一项基本制度。国家体育总局和篮球运动管理中心十分重视教练员的培训工作，陆续出台了一系列教练员岗位培训工作的政策法规、管理办法及培训规划，调动各方面的积极性，从组织上保证了教练员岗位培训的发展。参加篮球教练员岗位培训的教练员，各种执教能力均有不同程度的提高，这也是提高我国篮球教练员能力的一个有效途径。

（二）岗位实践

1. 主动实践

篮球比赛是一项实践性很强的比赛，平时训练的内容与比赛中的现实情景还有很大的差距。因此，教练员的岗位实践就显得十分重要。即将走向篮球教练员一线队伍的教练员，要主动寻找实践机会，在实践中不断总结自己的不足和问题。向有经验的教练员请教，态度要诚恳。只有这样，才能学到真正有用的知识，在实践中学习提高。实践是提高篮球教练员基础知识和专业素质的重要手段，教练员要重视岗位实践，在实践中学习和应用知识，在解决问题中不断提高自己的能力。

2. 以老带新

年轻教练员在成长的过程中，少不了老教练员和专家的指导。大量实践活动和成功事例表明，老少搭配的教练员班子有助于发挥老教练员经验丰富的长处和年轻教练员精力充沛、接受新知识快的特长。年轻教练员可以在日常工作中，细心观察其他年长教练员的工作指导思想、工作方法、指挥技巧等，并在自己的工作范围内加以试用和验证。前辈的"传帮带"可以使年轻的教练员少走弯路，早日取得成功。但在具体的实施过程中，要特别注意调整两者的关系：老教练要放平心态，乐意将自己的经验和知识传授给新教练，要有奉献精神；年轻的教练员也要虚心接受批评和指导，更多从自己身上找问题，争取达到"1+1>2"的效果。

3. 自学成才

人的潜力是很大的，古今中外许多专家学者都有自学成才的经历。篮球教练员在成长过程中，通过总结自身和他人在篮球训练和比赛中的经验和教训，可以提高自身素质。无论集体还是个人所进行的总结，都要突出重点，实事求是。对于某一场失利的比赛，当事人和非参与者可以一起总结，客观地分析失利的原因。特别是当事人应将自己当时的所有想法和打算全盘托出，以供大家仔细分析和探讨。只有深入剖析，才能真正接触到问题的实质，得出的结论才可能对下次的实践活动有所帮助。

4. 出国留学

近几年，中国国家男女篮都引进了国外优秀教练员，他们对于中国篮球的进步起到了重要的推动作用。这一点给我们一些启示：对于有培养前途的年轻教练员，可以派到国外进行学习，明确培训目的，定期选送他们去篮球运动先进国家进行短期培训。通过这种方法，可以让教练员较为系统地了解先进国家的篮球理论，亲身接触其他国家的篮球实践，学习成熟的篮球管理方法，提高自身的理论水平和实际操作能力。

第八章　中美职业篮球联赛文化

第一节　中美职业篮球联赛文化发展动因和特征

一、中美职业篮球联赛文化发展动因

(一) 自然环境对中美职业篮球联赛文化的影响

篮球运动起源本身就具有一定的地域性特征。篮球运动产生于1891年美国马塞诸塞州的斯普林菲尔德学院，该城市处在美国中部地区，靠近密西西比河，冬季较为寒冷。寒冷的天气一定程度上限制了学生们的室外运动情趣和热情，在这一背景下，该学院基督教青年会的体育教师奈史密斯发明了篮球运动。篮球运动于1895年由莱会理传入中国天津，1896年3月26日天津青年会举行了我国第一次正式篮球比赛。天津，作为我国的北方城市之一，在冬天也同样较为寒冷。因此，篮球运动传入天津市具有一定的偶然性和必然性。

自然环境对中国职业篮球联赛文化的影响是多方面的。从宏观方面来看，自然环境对中国职业篮球联赛文化的推动作用是间接性的，是通过影响和推动中国传统文化，进而来影响和推动职业篮球联赛文化的。前面也提到，中国自然环境是以河谷为主体的地貌结构，中国传统文化的主体部分正是在河谷平原的摇篮中发育、成长的。因此，这样的地理环境特征使得我国传统文化呈现出农耕文化特征，具有许多优良的文化传统，例如注重整体性和协作性，注重道德性等。这些优良的传统文化特征无疑对中国职业篮球联赛文化产生深远影响。比如，整体性文化特征推动了中国职业篮球联赛战术风格的整体性，整体性的战术打法已经成为了世界篮球发展潮流。特别是近几年，随着欧洲篮球的不断壮大和崛起，人们开始质疑NBA文化中的个人主义打法理念，而崇尚整体性战术理念。篮球运动本身是一项集体运动，整体性战术理念的确立是符合篮球运动发展规律的，推动了篮球运动的发展。因此，我国所具有的地理环境特点以及由此产生的中国传统文化对中国职业篮球联赛文化产生了宏观上的深远影响和推动作用。

从微观具体的方面来看，自然环境对中国职业篮球联赛文化的影响是直接性的。例如，就目前我国职业篮球联赛俱乐部地域分布来看，中部较少，南部和北方相对

较多。这就使得客场的空间距离跨度较大，队员的休息调整、各项支出费用加大等，给客场比赛的安排带来不便。另外，由于中国职业篮球联赛一般是从10月份到第二年的3月份左右，基本上是跨越了一个冬季，而冬季北方天气较为寒冷，且多有冰雪，从而影响了客场比赛的安排。中国职业篮球联赛开赛以来，有多次因为雨雪天气，飞机不能起飞而延迟比赛的情况发生。这些不利因素的存在就会使得相关部门不断地做出调整和改革，这就迫使中国职业篮球联赛不断进行改革完善。因此，地域气候上的这些因素一定程度上是推动中国职业篮球联赛文化发展的。另外，南方人性格较为温和细腻，在南方主场比赛过程中，南方观众表现得较为谦和和内敛，而北方人较为粗犷爽直，在北方主场的观众则表现得较为奔放、热烈一些，更能体现出球迷对主队的支持和热爱之心。正是自然环境的差异性所导致的人的性格上的差异性，才会导致球迷在主场表现上的差异性，这也是自然环境对中国职业篮球联赛文化的影响的一个方面。地域的差异性主要表现在地域的气候、风俗等。从队员的身体形态特征上来看，北方队员身体较为高大，且占有目前中国职业篮球联赛队员的大部分。高大健壮的体格特征为提高篮球运动的竞技水平提供了良好的前提和保证。

自然环境上的差异性是中国职业篮球联赛文化发展动因之一。中国职业篮球联赛正是存在着南北地域上的差异性，才导致了中国职业篮球联赛在比赛风格、技术特点等各方面上的交融和发展。

自然环境对美国职业篮球联赛文化的影响与对中国职业篮球联赛文化的影响有相似之处，特别是从宏观上来看，自然环境也是通过对美国文化的影响而间接性地影响了其联赛文化。美国是一个移民国家，在美国文化中，呈现出了移民多元性、开拓进取性，还有个人主义、自由主义以及清教主义等特征。所有这些文化特征在美国职业篮球联赛文化中都有所体现和表达，并推动着NBA文化不断前行和发展。比如，清教主义对文化的影响。事实上，篮球运动的产生本身就具有清教主义色彩，因为这项运动是在一个宗教盛行的时代、宗教主义浓厚的国家，在一所宗教学校，由一位青年教会的体育老师发明的。因此，从这一角度来看，篮球运动呈现了一定的宗教色彩。毫无疑问，如果没有篮球运动的产生与问世，就不会有今天风靡全球的职业篮球文化。美国职业篮球联赛发展到今天，宗教仍然从不同的角度和层面上推动着其文化的发展。因此，可以说宗教对美国职业篮球联赛文化的产生与发展起到了一定推动作用。另一方面，自然环境还直接影响美国移民多元文化，进而影响职业篮球联赛文化。美国职业篮球联赛最初没有外籍球员，但美国文化中的移民多元性以及其对外来文化的包容性，使得美国职业篮球联赛文化逐步地在接受外来球员及其文化。现在美国职业篮球联赛的外籍球员已经占到其所有球员的近1/5。美国文化中的其他特征在美国职业篮球联赛文化中也都有所体现，正是自然环境影响和推动了美国文化的发展，进而影响了NBA文化。

自然环境对美国职业篮球联赛文化的影响还表现在其微观层面上。比如，美国在领土面积上与中国相似，拥有九百多万平方千米的领土，这就为俱乐部扩张提供了广阔的发展空间。东西联盟的划分也是以地域特征为依据，基本上是以密西西比河作为界限来进行划分的，类似于我国的以长江为界限来进行地域性的南北分区的划分。另外在球队名称方面，地域环境也对美国职业篮球联赛文化产生了较大影响。比如迈阿密处在美国南部的弗罗里达州，四季炎热，迈阿密热火队由此而来；西雅图因为波音公司的创业历史而将球队命名为超音速队，现在已变更为奥克拉马雷霆队；野生雄鹿为密尔沃基特有，因此当地球队成为雄鹿队；丹佛地区具有采矿的传统，19世纪曾是淘金者的乐园，因此其球队称为掘金队。可以说地域特色与NBA文化是紧密相关的。

在自然环境方面，该因素对中美职业篮球联赛的影响方式是相似的，从宏观上来看，都是通过自然环境对各自本国文化的影响来间接地影响职业篮球联赛文化。比如，美国文化中的移民多元性在美国职业篮球联赛文化中就有所体现，具体表现为海外球员的不断增多、来源地的不断扩散、技战术风格的多样化等。具有农耕特点的中国传统文化来说，保守、静态、依靠集体的传统文化特点在中国职业篮球联赛文化中体现出的就是竞技意识相对不强，过于倚重集体，在比赛的关键时刻缺乏敢于承担比赛责任的明星球员等。在微观方面，自然环境对中美职业篮球联赛的影响也具有相似之处，例如，气候对比赛赛程的影响等。中美职业篮球联赛都要面对客场比赛的旅途问题，其中，天气气候是自然环境给两者带来的主要是微观层面上的影响。因此，在自然环境方面，对中国职业篮球联赛文化而言，要取其利、避其弊，要更好地利用自然环境的有利因素，避免和消除其消极因素，加大其推动力度，从而更好地推动中国职业篮球联赛文化的发展。

（二）行政管理对中美职业篮球联赛文化影响解读

众所周知，中国职业篮球联赛目前还是政府主导、行政管理商家参与的半市场化模式。1997年11月以前，中国篮球协会是中国职业篮球联赛的主要管理者。为了更好地促进篮球运动的竞赛改革，中国篮球协会在1994年先后完善了运动队和运动员的注册登记管理制度，拟订了主客场联赛的竞赛规程以及与承办单位、参赛运动队的协议书，大力整顿了裁判员队伍，为中国职业篮球联赛走向市场打下了坚实的基础。

1997年11月24日，中国篮球的最高管理机构——国家体育总局篮球运动管理中心正式挂牌成立，这是中国篮球管理体制的一项重大改革。篮球管理中心作为国家一个行政分支部门，成为中国职业篮球联赛的主要管理者，从接管中国职业篮球联赛到现在，篮球管理中心做了大量的工作，制定了相关管理办法，完善了赛制，加大了与媒体的合作力度，推动了商业市场化进程，推出了一系列篮球联赛文化活动。总体来看，篮球管理中心作为国家的行政分支部门，对我国篮球联赛的开展和完善起到了积极的推动作用，充分体现了行政管理在中国职业篮球联赛文化发展进程中的中坚力量。但随着我国市场化进程的加深加快，以及美国职业篮球联赛等国外职业联赛对中国职业篮球联赛的启示和影响，国内许多业内人士认为政府的过度参与限制了中国职业篮球联赛的市场化进程，进而忽视甚至否认行政管理对其文化的正面积极推动作用。我国当前正处在由计划经济向市场经济的转化过程当中，这个转化过程是不容忽视的，也是不可超越的。中国职业篮球联赛作为我国的一项体育赛事，在走向市场化的进程当中，同样离不开这样一个过程，也同样不能超越这样一个过渡阶段，而在这个阶段过程中，政府仍然也必须是主导，才能较为顺利地完成市场化的过渡和进程。因此以政府部门为主导的行政管理对推动我国职业篮球联赛文化起到了中坚作用，行政管理对中国职业篮球联赛文化的推动作用显得尤为重要。

与之相比，美国职业篮球联赛完全是市场行为，行政管理对其的推动作用不明显。但事实上，美国职业篮球联赛文化的发展也同样离不开行政管理。行政管理对其文化的推动作用主要表现在两个方面，一是为其联赛的创建和发展提供了良好的社会环境；二是对联赛文化的发展具有宏观调控作用。从美国职业篮球联赛创建的历史背景可以看出，美国职业篮球联赛创建于第二次大战刚刚结束的1946年，作为战胜国的美国在世界的政治地位大为提升，与英、法、苏等国家成为当时的世界强国之一。经过战争的洗礼，国内的政治环境更是空前团结与稳定，因此，当时的政治环境既无外忧也无外患，为职业体育联赛的创建提供了良好的社会环境。行政管理对美国职业篮球联赛文化的推动作用还表现在对其适度的宏观调控方面。美国职业篮球联赛是一个完全市场化的职业体育联赛，是一个具有垄断性质巨大的商业联盟。在美国尽管有反垄断法案，但对于美国职业篮球联赛这样的职业竞技体育联盟，政府却实行了保护态度。"美国反托拉斯垄断法不适用于职业竞技体育垄断，以及职业经济体育中实行的运动员、教练员注册制和许可证制……这些职业竞技体育制度安排有力地保护了职业竞技体育垄断的产生和发展。"可见，美国政府对类似于美国职业篮球联赛这样的职业竞技体育联盟的态度是积极保护的，并给予一定的支持措施和政策，这无疑极大地推动了其职业联赛文化的发展和壮大。

行政管理是中国职业篮球联赛文化的主导因素，这是中国职业篮球联赛文化与美国职业篮球联赛文化在发展动因方面最大的异同点之一。在我国当前的体制背景下，政治对中国职业篮球联赛的参与度要远远超过美国职业篮球联赛文化。精神文化层面上的联赛宗旨和理念的确立、制度层面上的各种规章制度的制定、物质层面上的商业行为等，都是通过篮球管理中心这一政府部门来实现和完成的。行政管理对中国职业篮球联赛文化的发展起到了积极推动作用，但同时也具有一定负面影响。中国职业篮球联赛作为职业联赛，根据美国职业篮球联赛的发展规律来看，职业联赛应该更多地运用市场的杠杆作用来运行、调控和经营。行政管理的过度干预必然会限制甚至阻碍职业联赛的市场运行。反观美国职业篮球联赛，政府不直接参与其管理和运行，仅仅是提供一些优惠和保护政策支持。因此，在我国整个经济体制转轨的大背景下，中国职业篮球联赛如何实现由政府主导到完全市场化的转变与过渡，是其面临的一个主要发展问题。中国职业篮球联赛的职业性质以及其发展方向决定了其行政管理只有通过经济动因才能对其文化产生积极推动作用。

（三）经济动因对中美职业篮球联赛文化影响解读

经济基础决定上层建筑。经济形态是一个社会必不可少的形态领域之一，可以说是社会的中坚形态领域。职业篮球联赛本质是一项体育竞技联赛，但经济形态的参与，使其变得不再是简单的体育比赛。尽管中国职业篮球联赛还未实现完全的市场化，但通过20年的发展，经济参与的成分越来越多，市场化的程度在逐步加深。事实上，对于中国职业篮球联赛而言，经济是其发展的牵引力，市场化程度直接关系到联赛的发展程度。因此，中国职业篮球联赛文化的每一个举措都是围绕着市场来进行的，这也更印证了经济对其联赛文化的引导和推动作用。经济对中国职业篮球联赛文化的牵引力和推动力，始终表现在其职业篮球联赛文化发展历程的各个阶段、各个方面。从1995／1996赛季规定运动员转会费数额及待遇，1996／1997赛季12支球队以俱乐部形式成立，再到国际管理集团、盈方公司、中篮公司的接替性的参与管理，都透射出了中国职业篮球联赛发展的市场化需求和市场化步伐的加快。

经济动因对中国职业篮球联赛文化的推动作用可以从三个方面来理解。第一，我国当前的社会经济背景是中国职业篮球联赛文化发展的主要外在经济动因。我国当前正处在由计划经济向市场经济的转变过程中，社会各行各业都面临着改革改制的问题，从国有大中型企业到文化产业领域，再到体育领域都面临着市场化的问题。市场化的趋势和动力是当前阶段不可逆转的一股强劲动力，推动着社会的各行业的发展前行。在这其中，中国职业篮球联赛文化也成为该驱动力的受力者之一。第二，经济对中国职业篮球联赛文化推动作用还通过美国职业篮球联赛文化的影响来实现。美国职业篮球联赛的市场经营模式已经得到全世界相关行业的青睐和认可，并成为许多国家竞相模仿的对象和学习标榜。美国职业篮球联赛是完全市场化的行为模式，因此，中国职业篮球联赛文化在借鉴美国职业篮球联赛文化发展模式时，不可避免地要受到市场化观念的影响。基于我国当前的国情，只是还不能完全放手于市场，但美国职业篮球联赛文化的这种经济牵引力对中国职业篮球联赛文化的影响是不可否认的。第三，中国职业篮球联赛文化自身发展的需要。在我国当前的社会背景下，文化发展的趋势必然是与市场经济相融合，文化产业化就很好地证明了这一点。中国职业篮球联赛文化的发展也不会偏离此轨道，只是时间问题。中国职业篮球联赛文化自身有与经济融合的内在发展需求。因此，经济成为中国职业篮球联赛文化发展的内在动因。

经济动因对美国职业篮球联赛文化的影响可以说是众所周知的。第一，美国是一个较为纯粹的市场经济国家；第二，NBA是完全市场经营模式。因此，在美国职业篮球（NBA）的整个产生与发展过程中，经济动因的推动作用尤为鲜明。经济动因对其文化的影响主要是通过两个方面，一是本国的市场经济体制为其文化发展提供了良好的经济大环境；二是本身具有市场发展的内在需求和机制。美国建立二百多年，它的国民经济已经走过农业、工业、服务业分别居于主导地位的三个时期，目前正在进入知识经济的新阶段。战争对美国经济起到了较大的刺激作用，美国历史上共经历了四次大战争。第一次是独立战争，为美国的建立奠定基础；第二次是美国国内南北战争，它是美国由农业社会进入工业社会的催生婆，北方工业资本的胜利、奴隶制的废除、资本主义生产关系的扎根、统一大市场的建立，为19世纪美国生产力的大发展扫清了道路，使美国迅速成为世界第一工业大国。第三、第四次战争分别是第一、第二次世界大战。这两次世界大战进一步刺激了美国经济的发展，特别是第二次世界大战，使美国进一步确立了老牌的资本主义国家，市场经济在该国已经发展得较为成熟和完善，自由贸易竞争一度成为美国经济的一大特点。美国职业篮球联赛正是在这个时期得以产生和发展起来的，因此，国内的这种经济环境对美国职业篮球联赛的产生和发展起到了较大的推动作用。另外，从美国职业篮球联赛自身来看，从产生到现在，其发展宗旨和理念就是一种追求利益最大化的市场化行为。这种自我市场属性以及利益驱动，促使美国职业篮球联赛完全是按照市场模式来发展的。特别是美国职业篮球联赛发展到今天，已经形成了较为完备的市场行为机制，无论是与媒体合作、商家赞助，还是自我的市场开发等方面都已相当成熟。因此，经济动因对美国职业篮球联赛文化的推动力还表现在其自身的市场驱动力上。

中美职业篮球联赛文化都存在着自我的内在经济驱动力，都有内在的自我市场发展需求。但在外在经济环境方面，美国职业篮球联赛显然更为完善和成熟；我国当前还处在一个计划到市场的过渡阶段，外在的经济动因还不是十分的强劲。同时，由于我国有行政的参与，即行政管理所占的比例较大，使得中国职业篮球联赛文化发展经济动因的作用力不一致，不在一条作用线上；而美国职业篮球联赛文化发展的内外经济动因作用力则是一致的，是完整的合力。这也是中国职业篮球联赛文化与美国职业篮球联赛文化相比，发展缓慢的原因之一。经济对文化的推动作用要适可而止，完全的市场化则会导致负面影响。当前NBA文化中，浓厚的商业理念已经开始渗透到大学球员甚至高中球员的价值观中，使他们更多地注重金钱和名利，而忽略了自身基本技能的提高和发展。当前，NBA球员的基本技术与以往相比已经开始呈现下降趋势，当前似乎是群星灿烂，但又无真正像迈克尔·乔丹那样的巨星，今天的球星很大程度上是因为媒体的商业宣传而形成的，在个人的基本技能方面已经开始逐步下降，长此以往，NBA的群星灿烂的局面必然会昙花一现，化为泡影。以往的球员更多崇尚的是总冠军的荣誉，而现在年青一代的球员则更在乎自己的银行存款和合约价格。他们对篮球的价值观念已经开始转变，他们对篮球的认识已经开始逐步沦为纯粹赚钱的工具，而不再真正喜欢热爱这项运动，因此，年轻球员应该明白，球场以外的那些幸福生活是从哪里来的。邓肯成为当代球星中的标榜人物，被认为是像老一辈球员一样扎实本分的球星代表。

（四）科技动因对中美职业篮球联赛文化影响解读

科技是第一生产力。科技推动生产力的发展，同样推动着中美职业篮球联赛与文化的发展。科技体现在中国职业篮球联赛文化的各个层面中，特别是其物质文化层面中。如果篮球运动在最初仅仅是一项游戏的话，那么现今职业篮球运动则是集合多种科技手段于一体的竞技体育项目。比如场馆设施、电视转播技术、信息网络媒体等方面不断改进与更新，以及复杂的运动训练和竞技水平的不断提高。

场馆设施主要包括观众席位、篮球架、地板等方面。目前，中国职业篮球联赛在这些方面有所改善。比如观众席位，根据有关调研显示，中国职业篮球联赛最大容量的场馆可容纳8000人，而美国职业篮球联赛场馆的普遍容量是2万人左右，其中最大的是圣安东尼奥马刺的主场SBC中心球馆容量达到了34 215人。另外在篮球架的质量和科技含量方面，也存在着一定的差异性。比如，目前我国普遍使用的是国产的品牌，而美国职业篮球联赛使用的多为世界品牌。品牌的效应一定程度上反映了其质量和科技含量的高低。另外，从地板方面来看，2004年NBA中国赛，美国职业篮球联盟相关部门特意从美国空运相关地板材料来中国，足以证明其对地板质量的要求之高。

我国从1995年开辟了"中央五套体育频道"，从此体育赛事转播进入一个全新的时代，与中国职业篮球联赛几乎同步。因此，电视转播技术极大地推动了其文化的传播和普及。但是在电视转播方面与美国职业篮球联赛相比，仍存在一些不足之处。美国职业篮球联赛正式比赛至少有13个机位，总决赛会更多，包括吊顶、篮板上捆绑的摄像机，篮架下面仰拍的机位等。国内转播中国职业篮球联赛能达到每块场地6~8个机位，直接减少的就是球星特写、替补席和更衣室的机位，因此，比赛画面的许多细节就较为缺乏。另外，美国职业篮球联赛十分注重声音的重要性，在地板、篮架等位置都放有扩音设施，因此，即使我们在观看电视转播也能听到吱吱球鞋与地板的摩擦声、砰砰的运球声、咣咣的扣篮声、唰唰的球进穿网声，以及队员之间的私语声，所有这些都会给电视观众以现场感，而中国职业篮球联赛电视转播在这些方面还存在一定差距。曾经有一届中国职业篮球联赛全明星扣篮大赛，多次出现只有扣篮队员上肢部位的跟进特写镜头，观众无法看到队员的整个身体动作，现场给的电视镜头就十分蹩脚，严重影响了观众的欣赏兴趣和热情。上海站的比赛，中央电视台、ESPN体育台、NBATV和上海电视台一起参与节目制作，卫星信号传送给177个国家和地区，但在转播结束后，美国职业篮球联盟相关人士认为转播质量仍需要提高。另外，近些年随着网络信息技术和数字媒体的不断发展，也极大地推动了中美职业篮球联赛文化的传播与渗透。人们可以通过互联网了解和掌握中美职业篮球联赛的最新动态和相关新闻，以及相关数据资料等。这些信息技术已经成为人们一种较为便利的信息之窗，也是一个丰富的资源库存。科技通过对文化物质层面的影响，直接推动着文化的发展前行。目前，我国职业篮球联赛在硬件设施和相关技术方面的一些不足已成为其文化发展的限制因素之一，从而使得其文化的发展表现出动因不足。

与之相比，美国职业篮球联赛文化在发展过程中，科技动因表现得则较为活跃和明显。市场盈利的价值取向驱使着从业人员会不断去思考和改进一切有利于其联赛发展的技术动因。比如，电视转播技术，在美国职业篮球联赛的第一赛季，由于当时电视的普及程度较低，同时管理人员又忽视了与其他报纸新闻广播等媒体的合作，导致其前身ABA联赛的初赛危机。可以发现，电视的普及程度直接影响了美国职业篮球联赛文化最初的市场宣传和市场拓展效果。今天，电视、网络等发达的媒体技术已经成为十分便利的联赛文化发展和传播工具了。再例如，篮球鞋的更新与换代很大程度上体现了人类在运动鞋方面的科技进步与发展步伐。著名体育品牌耐克和阿迪达斯就是很好的例子。耐克宣称："科技化的产品研发是Nike成功的重要关键因素之一，我们在发展新的制鞋材料、纤维及现代设计不遗余力。"早在20世纪70年代末，耐克就已经拥有近百名研究人员，其中许多人有生物、化学、实验生物学、工程技术、工程设计学等多种相关的学位。这种雄厚的研究力量开发出一百四十余种不同样式的产品，其中不少产品是市场上最新颖和工艺最先进的。这些样式是根据不同的脚形、体重、跑速、训练计划、性别和不同的技术水平设计的。80年代末的耐克气垫鞋（The Nike Air Shoe）的问世，为世界篮球鞋带来了革命性进步。阿迪达斯创始人阿迪·达斯勒不但是位田径运动员和体育爱好者，也是位推崇工艺、品质和热衷于创新的企业家和发明家，阿迪达斯运动鞋制作工艺中的许多技术突破都是由他实现的，他先后共获得700项专利。美国文化中的开拓创新精神影响着美国人，更影响着美国职业篮球联赛文化的发展前行。正是这样的精神促着他们在科技方面不断创新与进步，从而带动着美国职业篮球联赛文化的发展。

科技动因对中美职业篮球联赛文化推动作用是相似的，并且都是简单的、直接的。科技动因对两者的推动作用，如同对文化的推动作用，一方面，直接改变其当前的科技应用来推动两者文化发展；另一方面，通过科技进步来改进相应的观念。先进设备的应用不仅方便了职业篮球联赛文化的具体操作和实施，更重要的是它给人们传达了一种品牌观念和意识，比如美国职业篮球联赛海外赛事的举办，包括地板等在内的各种设施都要从国内空运至比赛国家，这除了防止队员劳损受伤以外，也使我们认识到美国职业篮球联赛有别于其他职业赛事的品牌意识。因此，对于中国职业篮球联赛文化而言，在不断改进相应技术设施的同时，更应该通过先进技术的运用给消费者传达其自身的品牌价值，这样才能逐步提高自身的比赛规格，才能丰富自己的文化底蕴及其影响力。

（五）文化自觉对中美职业篮球联赛文化的影响

文化自觉的理性精神是文化发展的主要内在动因。文化自觉是指文化发展到一定高度，人们对于文化发展具有高度的责任感的情况下对文化现状的一种反思。文化自觉本身与文化中的主体的人是不可分割的，它是人在文化发展中的理性表现。因此，对于中美职业篮球联赛，其文化的自觉性可以从其文化的主体来进行分析和理解。中美职业篮球联赛文化的主体主要是指参与和推动中美职业篮球联赛文化发展的人，包括运动员、教练员、管理者及其他相关人员等。文化是人类所创造的物质财富和精神财富的总和。中美职业篮球联赛文化可以理解为其文化主体所创造的财富总和。文化的主体自身是通过其本职工作来推动中美职业篮球联赛文化发展的。无论是中国职业篮球联赛文化，还是美国职业篮球联赛文化，所表现出的文化自觉的理性精神都是通过相关参与主体的不断反思、改进、提高，再反思、改进、提高这样一种循环方式来实施和实现的。中美职业篮球联赛内在发展过程是其文化自觉的一种体现和表达。

中国职业篮球联赛文化所表现出来的文化自觉，主要表现在中国职业篮球联赛文化的发展过程中，参与主体所表现出的积极进取的精神和行为方式。对于教练员和运动员来说，竞技水平的提高是他们的根本所在。自开赛至今，中国职业篮球联赛一定程度上促进了我国篮球竞技水平的提高，培养出了姚明、王治郅、易建联等优秀球员。另外，中国职业篮球联赛的发展也带动了运动员的梯队建设，后备人才培养力度加大，各级培养体制不断健全，后备人才的培养基地数量在增加，培养质量也在不断提高。同时，中国职业篮球联赛还带动了各基层的篮球人口数量的增加。联赛的管理者为推动联赛的进一步发展也做出了不懈的努力。从联赛之初到现在，相应的制度在不断完善和健全，既保证了联赛发展的稳定性，也为联赛提供了一定的市场发展空间和活力。尽管当前中国职业篮球联赛与美国职业篮球联赛相比，在许多方面还存在着一定的差距，但就目前我国国情来审视，中国职业篮球联赛基本上还是处于一种相对稳定的良性发展势头。管理者对推动中国职业篮球联赛的发展无疑提供了制度上的保障，并成为中国职业篮球联赛继续发展前行的开拓者。观众是中国职业篮球联赛文化的重要参与者，是联赛产品的主体消费者。随着联赛影响面的扩大，观众的人数也在增加，观众的素质也在不断提高。联赛文化影响了观众，观众的消费心理和消费行为也极大地引导着联赛文化的发展。当然，在中国职业篮球联赛文化的主体中，还有其他参与者，比如赞助商、媒体等，他们也都以自己的方式共同推动着中国职业篮球联赛文化的发展。

美国职业篮球联赛文化所表现出的文化自觉与中国职业篮球联赛文化的自觉理性有很大的相似之处，也是通过其参与主体的进取精神和行为方式来实现的。但是与中国职业篮球联赛文化相比，由于在价值取向和经营理念上的差异性，美国职业篮球联赛文化所表现出的文化自觉的理性精神更为明显一些，其文化主体所具有的价值观念是一致的，那就是商业娱乐活动。美国职业篮球联赛的教练员和运动员在提高竞技水平方面所做出的努力，是希望获得更多的市场价值，得到市场的认可。市场利益的价值驱动，促使他们不断提高自身的运动训练水平。同样，管理层的相关人员也是在商业利益的驱动下来进行自觉性活动的。观众群体对美国职业篮球联赛文化所持有的价值观念就是一种娱乐消费，观众是主体消费者，因此，观众的价值取向一定程度上决定着美国职业篮球联赛文化的发展方向。在观众这一价值取向的引导下，美国职业篮球联赛文化的娱乐性也就变得更为浓厚和纯粹化了。另外，商业性极强的美国职业篮球联赛文化也离不开商家和相关媒体，在这个层面上，他们对美国职业篮球联赛文化的推动性表现得更为强烈和显明。所有美国职业篮球联赛文化的主体参与者在相同的价值理念的驱动下，以各自不同的方式，对其联赛文化的发展表现出了各自不同形式的文化自觉的理性精神。

文化自觉的理性精神是指文化发展到一定高度，人们在对于文化发展具有高度的责任感的情况下，对文化现状的一种反思。我国具有五千年的传统文化底蕴，美国有二百年的文化积累。尽管两国在文化的发展历史上存在较大差距，但都已形成各自较为成熟的文化特点，具有较强的文化自觉的理性精神。但中美职业篮球联赛文化在文化自觉的理性精神方面却有一定的差距。美国职业篮球联赛文化发展至今已有近70年，而我国职业篮球联赛只有20年的发展历程。显然，中国职业篮球联赛文化与之相比，远没有发展到一定高度，因此，其文化自觉理性精神必然要比美国职业篮球联赛文化浅弱一些。文化的自觉理性精神是推动文化发展的，但同时这种理性精神的具备需要文化发展到一定程度的。因此，除了时间因素以外，中国职业篮球联赛文化的主体更应该从多方面着手来打造其文化，来强化联赛文化自觉理性精神，从而进一步推动中国职业篮球联赛文化的发展。

二、中美职业篮球联赛文化发展特征

（一）中美职业篮球联赛文化空间发展特征

1. 中国职业篮球联赛文化空间发展特征

与美国职业篮球联赛相比，我国职业篮球联赛创建时间相对还比较短暂，职业化程度还不深，竞技水平相对也还不高，其影响力也还相对较小，其联赛文化自身还有很多值得完善和丰富的方面。因此，中国职业篮球联赛文化在从民族性到世性的跨越过程中，表现出更多的是模仿、借鉴、学习、选择、吸取等。美国职业篮球联赛是较为成功的篮球职业联盟，美国职业篮球联赛的管理模式成了世界各国借鉴和学习的对象。我国职业篮球联赛在创建和发展过程中，也大量借鉴了美国职业篮球联赛的一些行为制度模式，比如，赛制、经营模式、啦啦表演队等。但是由于我国职业篮球联赛在国情和体制上与美国职业篮球联赛存在着差异性，我们不可能完全按照美国职业篮球联赛的运行模式来进行管理和运行。对美国职业篮球联赛的学习和借鉴也多局限在某些形式上，而并不是实质上的学习。因此，在中国职业篮球联赛文化由民族性到世界性跨越过程中，所面临的就是该如何借鉴和学习美国职业篮球联赛文化中适合我国职业篮球联赛文化的内容。

2. 美国职业篮球联赛文化空间发展特征

伴随着美国经济和文化的不断输出和强化，作为美国四大职业体育联盟之一的职业篮球联赛，其文化在从民族性到世界性的跨越特征表现得越来越显明。海外球员参加美国职业篮球联赛选秀是其文化输出的表现之一。截至2016年，美国职业篮球联赛外籍球员近百名，并且分别来自不同的国家和地区，呈逐年递增趋势。此外，美国职业篮球联盟在全世界有13个分公司：欧洲分公司（日内瓦）、拉丁美洲分公司（美国迈阿密）、澳大利亚分公司（墨尔本）、亚洲分公司（香港）等。在日本和伦敦还设有办事处。同时，作为美国职业篮球联赛的下属单位之一的美国职业篮球女子联赛（WNBA）也有分别来自19个不同的国家和地区的30名外籍球员。在季后赛及总决赛期间，有212个国家用42种语言电视转播，同时用7种语言分别建立了9个国际网站。以上这些数字充分反映了美国职业篮球联赛在从民族性到世界性的空间跨越特征。

在大量引进海外球员的同时，美国职业篮球联赛还不断进行赛事推广，以此来拓展海外市场。美国职业篮球联赛的市场拓展行为主要通过海外赛事的举办和海外球员的招募选拔来进行。从20世纪80年代后期至今，美国职业篮球联盟在市场拓展方面做了大量的努力。特别是1992年巴塞罗那奥运会"梦一队"的出场，是美国职业篮球运动员第一次在国际大赛中正式参加比赛，引起了全世界观众的关注。1993年以来，美国职业篮球联赛每年都在欧洲推出由体育用品制造商赞助的"三人篮球巡回赛"，掀起的热潮席卷全欧洲28个城市。美国职业篮球联赛的球迷享受到世界上最高水平篮球赛所带来的刺激和兴奋，而美国职业篮球联赛及其合作伙伴们发起的一系列在全球范围内帮助篮球爱好者提高技术水平的培养计划，对其联赛全球化却起到了实质性的推动作用。1996年，由印第安纳步行者队和西雅图超音速队的NBA 1996巡回赛，拉开了美国职业篮球联赛在全球范围内，赛季前巡回热身系列赛的帷幕。另外，在墨西哥城也举办了一些季前赛。

除此之外，一系列海外拓展计划逐步登场：迈阿密热火队前往以色列比赛；总冠军马刺队前往意大利；金州勇士队与新泽西网队前往墨西哥拓其在中南美的版图，完成美国职业篮球联赛封馆后的拓展计划；而加拿大的两支球队多伦多猛龙队和温哥华灰熊队在加拿大参加奈史密斯杯比赛。另外，国王队与森林狼队还将在日本举行两场常规赛。该项计划涉及6个国家。这是美国职业篮球联赛近年来向外迈出的最大一步。2004年美国职业篮球联赛还在中国举行了两场比赛，进一步开拓了亚洲市场。之后美国职业篮球联赛的全球化步伐在不断加快，加拿大的灰熊队和猛龙队两支球队1999/2000赛季两场比赛被安排在日本举行，同时还在中国扩大了市场。随着姚明的加入，更多的中国观众开始关注美国职业篮球联赛。同时，近些年连续举办的NBA中国赛进一步激发了其在中国气场。

这些海外赛事的举办是一种市场拓展行为，但更是一种文化输出行为，在赚得海外市场利润的同时，更重要的是将美国职业篮球联赛文化渗透到了海外观众的脑海中。这种文化输出的影响效果和作用远远大于市场利润本身，或者说纯粹的市场利润只是其文化输出和渗透的一个方面，但其文化输出的最终目的却仍是市场利润，因此，两者是相辅相成的。现代化的网络传媒在美国职业篮球联赛文化的传播中起到了关键性作用。媒体是美国职业篮球联赛最初赛季之所以失败的重要原因，而在当今，媒体又成为璀璨的美国职业篮球联赛文化的重要传播路径。美国职业篮球联赛文化的输出方式远不止这些，其影响广度和深度也是无法估量的。

海外球员的加盟、海外赛事的举办以及商家和媒体的参与，使得美国职业篮球联赛文化的影响远远超出了比赛本身，几乎全世界的篮球爱好者都在模仿和崇拜美国职业篮球联赛球星，争先恐后地穿戴其服饰。美国职业篮球联赛文化的这种影响突破了篮球比赛本身的层面，更多的是影响了观众的思想意识和价值取向。我们无法对美国职业篮球联文化的这种影响作出一个量化的体系，但可以定性地判定其文化在从民族性到世界性的跨越过程中，是以其文化的扩张和输出为主要形式的。这种跨越形式是极度鲜明、毋庸置疑的。

当然，在由民族性到世界性的跨越过程中，世界其他各国的有关文化也影响了美国职业篮球文化，只是相对于其文化输出来看，表现得较为隐蔽。比如，海外球员所具备的各国技战术打法和特点无疑对其竞技水平带来了较大冲击，这种冲击有正负两个方面，但整体上促进了篮球竞技水平的共同提高。特别是欧洲队员所具备的集体性战术理念对美国职业篮球联赛战术理念是一种弥补和完善。另外，海外球员所具备的本国传统文化的一些特质也一定程度上影响了美国职业篮球联赛文化，比如我国球员王治郅、姚明等优秀球员先后加盟美国职业篮球联赛，这给当地华人带来很大的影响，直接导致了华人观众的数量激增。同时，他们自身所具备的中国传统文化的特质也影响了美国文化以及其联赛文化，比如太极文化、饮食文化等。姚明加入美国职业篮球联赛后就曾接拍了以中国传统太极为主题的一个广告，给美国职业篮球联赛文化带来了一定的影响，使更多的人对中国的太极有了一定的了解。同时，姚明还在休斯顿开了一家"姚氏餐厅"，给当地华人带来方便的同时，也是中国餐饮文化深入到美国文化乃至其联赛文化之中。这些都反映了美国职业篮球联赛文化在从民族性到世界性的跨越过程中，其他文化对其自身文化的影响。

总体来看，美国职业篮球联赛文化在从民族性到世界性的跨越过程中，表现得更多的是文化的输出和扩张，同时不乏其他文化对美国职业篮球联赛文化的输入。

3. 中美职业篮球联赛文化空间发展特征的比较与启示

文化的三个层面可以比作为生产理念、生产机器和产品。生产理念是文化的精神层面，生产机器是精神层面指导下的制度层面，而产品则是精神层面通过制度层面得以实现的物质层面。从这个比喻中可以看出，当前中国职业篮球联赛文化与美国职业篮球联赛文化在精神层面上存在着异同。美国职业篮球联赛文化是完全的市场行为，从经营机构到经营理念都是为了商业利润。而中国职业篮球联赛文化则不同，具有一定政治色彩的中国职业篮球联赛是为了提高我国篮球竞技水平，并在政府的控制范围内加快市场化进程。从中可以看出，精神层面上的差异性和国情的不同，是中美职业篮球联赛文化的最大不同点，但这种不同点的前提下，仅仅是制度层面和物质层面上的模仿和学习是不能解决根本问题的，并且会出现被美国职业篮球联赛文化同化的可能。因此，中国职业篮球联赛文化在由民族性到世界性的跨越过程中，首先应该明确的是精神层面，然后在这个前提下，再来建立相应的制度层面和物质层面。对于美国职业篮球联赛文化的借鉴和学习应该是有选择性的，不能把所有制度化和程序化的东西都照抄照搬。如果仅仅是模仿制度层面和物质层面的文化内容，而对精神层面不加以完善和改革的话，那么势必会造成精神层面与制度层面及物质层面上的不协调和不一致，从而限制中国职业篮球联赛文化的发展。

同时，还应该认识到，强势的美国文化及职业篮球联赛文化正在对中国职业篮球联赛文化形成巨大的冲击，如何借鉴与学习美国职业篮球联赛文化有益之处，同时避免被其同化，成为中国职业篮球联赛文化发展过程中面临的重大困惑。

（二）中美职业篮球联赛文化时间发展特征

1. 中国职业篮球联赛文化时间发展特征

中国职业篮球联赛文化的传统性是指在其文化发展过程中，具有延续性和继承性的文化特性，这其中包含联赛文化自身的东西，同时包括中国传统文化对中国职业篮球联赛文化所带来的影响。中国职业篮球联赛文化的时代性则是指中国职业篮球联赛文化具有随时代的变化而不断发展变化的特性。美国职业篮球联赛文化的传统性和时代性类同于中国职业篮球联赛文化，但在文化的传统性和时代性的具体内容上却存在着较大差别。自中国职业篮球联赛创建以来，中国职业篮球联赛文化的时代性不断得以体现和表达。比如运动服饰的多样化、科学化。以往运动员的比赛服装都是相对较为短小的，并且面料质地远不及今天的比赛服装。在场地设施方面也大有改进，场馆的观众容量、灯光等设备也都大有改观。同时在经营理念方面，也开始趋于市场化，加快了职业化步伐。这些都是中国职业篮球联赛文化时代性的表达和体现。

在从传统性到时代性的跨越过程中，中国职业篮球文化受多种因素的影响，包括我国的传统文化、社会的政治经济形态以及外来文化，其中，美国职业篮球文化作为中国职业篮球联赛文化的同一行业文化，对其影响最为深远。传统文化是中国职业篮球文化的本源之一，因此，在中国职业篮球联赛文化的传统性中有着较多的传统文化的影子，比如以和为贵、主静保守、集体性观念、重道德性等。传统文化在中国职业篮球联赛文化从传统性到时代性的跨越过程中有一定的限制作用，特别是一些不适应中国职业篮球联赛文化发展的文化因素，比如，以和为贵、主静保守的观念成为中国职业篮球联赛文化的不利因素。中国职业篮球联赛文化在本质上仍是一项职业竞技体育联赛，竞技性是中国职业篮球联赛文化特性之一。只有存在竞技性，比赛本身才能充满激情和悬念，观众才会去观赏。传统文化中的以和为贵的文化价值观念根深蒂固地影响着中国职业篮球联赛文化，从而一定程度上限制了中国职业篮球联赛文化的发展。当然在传统文化中也有很多是有利于中国职业篮球联赛文化发展的，例如，注重道德性。崇尚道德是我国的传统美德，在当前我国职业篮球联赛有关法制还不健全的情况下，崇尚道德，用道德的杠杆可以调节中国职业篮球联赛文化的不良现象的产生，比如球场暴力等。因此，在中国职业篮球联赛文化从传统性到时代性的跨越发展过程中，应该选其利，避其弊，以推动其文化从传统性到时代性的跨越。

中国职业篮球联赛文化发展的市场化内在需求与当前的管理模式的不一致是当前中国职业篮球联赛文化发展缓慢的原因之一，也是影响中国职业篮球联赛文化从传统性到时代性的跨越因素之一。社会发展的政治经济形态是文化发展的外在推动力，更是中国职业篮球联赛文化发展的外在推动力。经济形态决定了文化形态，经济形态和制度的不断转换，必然带动文化形态的相应变革。而目前，我国正经历着计划经济向市场经济的转变，在这一转化中，从自我角度来说是一种革新和进步，是社会生产力发展的需要，是主动的；从大环境来看，是全球化经济浪潮推动的必然趋势，是被动的。在这一大环境中，中国职业篮球联赛文化的发展也在趋于市场化的发展方向，但基于我国当前的国情，还不可能完全实行市场化的经营模式。

美国职业篮球联赛文化成为中国职业篮球联赛文化在这一跨越当中的外在牵引力，文化的发展将会进一步受到美国为代表的西方文化的冲击。同样，中国职业篮球联赛文化的发展也必将进一步受到美国职业篮球联赛文化的冲击。这种冲击的结果是，美国职业篮球联赛文化意识形态将占主导地位，而中国职业篮球联赛文化的传统性将会受到极大挑战，这无疑会极大地推动中国职业篮球联赛文化的发展，但同时会给中国职业篮球联赛文化的发展带来一些负面影响，过于模仿和依附美国职业篮球联赛文化，会导致失去自我特色。

2. 美国职业篮球联赛文化时间发展解读

由于美国职业篮球联赛是追求市场利润的商业化体制，其文化从传统性到时代性的发展跨越是篮球运动娱乐化的过程、市场管理体制不断完善和健全的过程、商业利润不断积累的过程。在这一过程中，美国职业篮球联赛文化的精神层面得到了进一步的加强与明确化、行为制度层面进一步的完备、物质层面进一步的丰富和膨胀。例如，在精神层面上，美国职业篮球联赛将篮球运动的娱乐化和商业化发挥到了极致，特别是联盟的全明星赛，与其说是比赛，更不如说是球迷们每年不可或缺的娱乐大餐。在行为制度层面上，选秀制度与转会制度最具有代表性，由最初的倒排位制，到今天的摇乒乓制，经历了不断的完善和发展。在物质层面上，巨大的商业利润已经使今天的美国职业篮球联赛成为全世界的体育产业的焦点之一。另外，从传统性到时代性的跨越特征还表现在规则的不断演进、球队数量逐步增加、赛制逐步完善等诸多方面。

在美国职业联赛的这一发展过程中，美国文化的发展无疑对美国职业篮球联赛文化的发展起到了推波助澜的作用，美国职业篮球联赛文化深受美国文化的影响。比如，这些年来一直流行的Hip—Hop文化，表面上看，这个词语代表了跳跃的意思，但实际上其是一种生活文化统称，包括了街舞、说唱、纹身等文化元素，结合黑人的语言、音乐、舞蹈等生活方式，是黑人文化的广泛流行。这些丰富多彩的形式无不体现着黑人宽松自由、热情奔放的民族精神。这种文化特征影响了美国职业篮球联赛文化。20世纪80年的NBA联盟队员穿的都是短小且紧身的篮球比赛短衣短裤，而今天受黑人街舞文化的影响，肥大宽松的比赛服装成为美国职业篮球联赛的官方指定样式，为此还出现过著名球星奥尼尔曾因短裤过短而被联盟罚款的案例。美国职业篮球联赛文化自身的内在发展动力成为其时间发展特征的内在主要因素。巨大商业驱动力驱使着NBA这艘商业航空母舰在跨越时代的大海中平稳前行。

3. 中美职业篮球联赛文化时间发展特征的比较与启示

通过以上对中美职业篮球联赛文化时间发展特征的比较分析，可以发现两者在这一跨越过程中，都沿着时代的步伐发展前行。从传统性到时代性的跨越过程，是两者不断完善和发展的过程。但在发展的驱动力方面，两者有所区别。中国职业篮球联赛在发展过程中，受到了中国传统文化的双刃性的影响和推动。同时，由于体制方面的原因，中国职业篮球联文化自身的内在发展动力受到一定的约束与抑制。美国职业篮球联赛文化及美国文化对中国职业篮球联赛文化的发展起到了一定牵引作用。而美国职业篮球联赛在从传统性到时代性的跨越过程中，主要受到美国文化的影响。同时，自身的内在发展动力得到了很好的释放，极大地推动了美国职业篮球联赛的发展，使得美国职业篮球联赛文化在从传统性到时代性跨越过程更为顺畅和充分。对于中国职业联赛而言，在从传统性到时代性的跨越过程中，面临着继承与摒弃的困惑与矛盾。传统文化及中国职业篮球联赛文化自身中有很多是有助于其发展的，也有不利之处，因此如何继承与发扬传统文化值得思考。

第二节　中国职业篮球联赛文化展望

一、美国职业篮球联赛文化启示

美国职业篮球联赛文化将美国文化、篮球文化、运动精神等内在精神文化特质较好地融合在一起，建立了较为完备的文化制度，创造了较为丰富的物质文化，对我国职业篮球联赛文化建设具有一定的启发作用。

（一）内在一致的文化精神层面

美国职业篮球联赛将社会文化、经济、体育等要素紧密联系在一起，实现了有机的融合，产生了具有强大吸引力的美国职业篮球联赛文化，之所以有如此巨大的感染力和渗透力，主要是因为在美国职业篮球联赛文化中体现出各种文化的统一性与一致性。

1. 发展理念与商业运作理念的一致性

美国职业篮球联赛是美国社会的一个缩影，它以金钱为圆心，充分吸纳社会资源的社会关注，并达到实现经济利益最大化和提升社会生活品质的双重目的。美国职业篮球联赛品牌经营智慧，是美国职业篮球联赛的生存之道，是美国职业篮球联赛精神发扬光大的动力源泉。一种文化的形成，必须有众多接受者。如果一种文化不能被众多的人接受，那么这种文化就不能成为时代的潮流，也必将被时代所遗弃。美国职业篮球联赛文化的精髓就是在赢得观众的同时，不断提升了文化的内涵，从而真正实现了观众与文化的共赢。这种共赢模式对美国职业篮球联赛迅速在全世界传播起着至关重要的作用。

2. 美国文化与篮球文化的一致性

美国职业篮球文化是美国文化与篮球文化一致性的体现，它结合了美国文化和篮球文化的优异特质，形成了独特的、感染力强的美国篮球文化。美国文化的多元性特征推动了美国职业篮球联赛篮球文化的多样性。美国职业篮球联赛文化的多样性体现在赛场内外的各个方面。例如，球员来源的广泛性，技术和战术、理念和战术风格的多样性上等方面。美国文化的开拓创新性促进了美国职业篮球联赛文化的发展动态，促进了美国职业篮球联赛篮球规则的不断完善和改进，也促进了其管理机制的不断发展完善。由最初的两位经纪人发起，到今天美国职业篮球联盟的建立和成熟，先后经历了ABA、NBL等联盟的成立与合并。个人英雄主义精神在美国职业篮球联赛文化中体现得更是淋漓尽致。美国是一个崇尚个人英雄的国家，同样，美国职业篮球联赛也崇尚个人英雄主义，在比赛中关键一投的战术安排足以说明了这点。通过观看美国职业篮球比赛，我们不难发现，几乎所有比赛的关键一投都是由队中公认的英雄和领袖来完成的，这是美国民众所推崇的行为方式，也是美国职业篮球联赛所常用的制胜方式。美国民众崇尚英雄，美国职业篮球联赛文化同样需要英雄，这也是美国民众的一种情感和文化寄托。

3. 商业文化与体育精神文化的一致性

人们对体育的消费，除了物质和身体上的需要以外，更重要的是精神和心理上能得到愉悦和提升，美国职业篮球联赛通过竞赛这一核心产品，向人们传达了积极精神文化理念，是其成功的重要因素。在经济巨大渗透力的带动下，体育与经济的联姻，不仅是形式上的结合，更是精神理念的融合。各种著名运动品牌的广告词与美国职业篮球联赛广告词在精神内涵上都存在一致性。例如，阿迪达斯的"没有什么不可能（Impossible is nothing）"，耐克的"尽管去做（Just do it）"，美国职业篮球联赛的"我喜欢这项比赛（I love this game）"、"奇迹在此发生（Where amazing happens）"等，同时还包括球星代言的相关广告语。这些广告语言不仅体现了自身的文化内涵，更是与体育精神达成了一致性。这种内在的文化精神，如同黏合剂，将合作的两个品牌紧紧联系在一起，突破了传统形式上的外在合作。内在文化精神的一致性是其合作的延伸。美国职业篮球联赛成功地将企业文化理念和自身的文化内涵紧密联系在一起，将竞技体育文化精神通过比赛、服饰、语言、行为等诸多文化载体传达给了人们，从而使人们的精神和心理得到了愉悦和提升，这正是美国职业篮球联赛文化精神之所以具有感染力的原因之一。

（二）完备的行为制度保障

1. 清晰明了的产权制度

所谓产权即财产权，表明人和资产的关系、人和物的关系，但本质上还是人与人之间的关系，通常指法人依法对其财产所拥有的占有、使用、收益和处置的权利。产权制度是现代公司制度的核心，它的性质决定着企业作为法人所具有的权利能力、行为能力和责任能力。美国职业篮球联赛的各俱乐部的产权制度较为统一，都是由企业独资构成的。美国职业篮球联赛则是由这些企业独资的俱乐部组成的一种职业体育垄断机构。各参加的俱乐部签订协议，要求共同的价格政策和生产政策，对特定商品的生产销售以及劳资等有一定的限制和垄断权。比如美国职业篮球联赛对各俱乐部所实行的工资帽问题，就是统一由联盟共同来制定和实施的。美国职业篮球联赛清晰的产权制度保证了其市场运作的顺利实施。

2. 合理的选秀和转会制度

选秀制度是指职业联赛开始以前，各俱乐部根据自身需要对运动员进行选拔的一种方式。选秀制度是为了通过选取较为优秀的球员来弥补自身俱乐部的竞技实力，从而使整个联盟各俱乐部实力均衡，使比赛更具有观赏性和悬念。球员转会是指一名球员代表资格从目前所注册俱乐部迁移到另一家俱乐部的法律行为。球员转会的实质是使联赛中人力资源得到最合理、最优化配置。通过球员转会保证联赛中合理的人才流动，使运动员能更充分地发挥自身的潜在价值；通过转会可以增进联赛俱乐部之间的技术交流，使联赛整体上得到稳定提高，使联赛更加激烈和精彩。比赛本身是美国职业篮球联赛的核心产品，而竞技水平反映了产品的质量，因此，高超的竞技水平是美国职业篮球联赛得以持续发展的重要保障。而后备人才的选拔和流动无疑对竞技水平具有重要影响，美国职业篮球联赛具有先进的运动员选拔制度和流动制度，既保证了整体竞技水平的可持续性，又保证了各俱乐部的竞技水平的制衡性，从而使得比赛精彩激烈、观赏性强。

（三）丰富的物质层面

1. 俱乐部投资人实力雄厚

美国职业篮球联赛经过近70年的发展，今天已经成为巨大的商业机器，产生了巨大的商业利润。无论是球员工资水平，还是俱乐部总资产，都呈明显的上升趋势。有14位美国职业篮球俱乐部老板被列入了福布斯收入的前400名，其中排在前100名的就有4位，俱乐部投资人的财力可见一斑。

2. 丰富的延伸产品

比赛是美国职业篮球联赛的主打产品，但是每年1230场常规赛、几十场季后赛只是美国职业篮球联赛产品的冰山一角。全明星赛、选秀大会、海外比赛、篮球嘉年华、篮球无疆界、美国职业篮球联盟训练营、篮球大篷车，这些都是由比赛直接延伸出来的产品。此外，美国职业篮球联盟还制作并且发行了一系列精彩的影视产品，包括比赛录像带、光盘、音乐及其他多媒体产品等。美国职业篮球联盟还成功地将品牌拓展至其他领域，内容包括：坐落于美国纽约市第五大道的"NBA专门店"，店内展售全球最齐全、最顶级且适合各年龄阶层的NBA与WNBA授权商品；在奥兰多的NBA餐厅"NBA City"，提供时下的美式美食及播放独有的多媒体节目，老幼皆可在这里享受刺激的篮球运动，并参与数之不尽的互动篮球游戏。美国职业篮球联盟的国际受权商为全球6大洲超过100个国家的球迷提供美国职业篮球联盟授权产品（包括运动服装、运动用品、球星卡、文具、出版物、录像带、家居用品、电子游戏、玩具游戏、纪念品与电话卡）。授权产品全球总销售额的25%来自美国本土以外，仅在中国就有20 000家联盟授权产品专卖店。

二、中国职业篮球联赛文化发展举措

没有文化的篮球是缺少底蕴、内涵和品位的篮球；没有文化的联赛也一定是缺乏动力、魅力、竞争力和核心表现力的联赛。文化的建设已成为世界各国各个领域的重要发展内容之一。中国职业篮球联赛的发展也同样离不开文化的建设与发展。中国职业篮球联赛文化构建是其发展过程中重要内容之一，同时，中国职业篮球联赛文化的构建对推动整个联赛的发展起到了巨大的、积极的推动作用。文化的构建不仅仅是简单的标语和口号就能得到解决的，美国职业篮球联赛的文化体现在它的各个层面之中。在精神层面中有稳定的核心发展理念，在制度层面上有较为完善的制度与之相匹备，为精神层面中核心发展理念的实施提供了制度上的保障，同时具有丰富的物质文化表现。由表及里，由内到外，共同构建了有血有肉的职业篮球联赛文化。因此，中国职业篮球联赛文化的构建必须要有稳定合理的内在核心发展理念、成熟完备的制度层面的保障、丰富多彩的物质层面的衬托和体现，才能使其文化内外兼修，表里如一，体现出真正丰韵的中国特色的职业篮球联赛文化。

（一）充分利用文化发展动因

文化的发展动因无疑极大地推动着文化不断发展前行。在中国职业篮球联赛文化发展诸动因中，行政管理表现得较为活跃，但经济动因、科技动因及中国职业篮球联赛文化的自觉理性精神在推动其文化发展过程中，表现得则有所不足。中国职业篮球联赛是篮球运动新的发展阶段，是经济与体育联姻的产物。因此，作为职业体育赛事，经济动因对其发展起到不可忽视的作用。我国正处在社会主义市场经济转型期，同时，职业篮球联赛也有20年的发展历程，因此，经济动因对中国职业篮球联赛文化的发展推动力表现不足。相应的市场化管理体制还需要不断健全和完善，市场发展动力还没有得到完全的释放和挖掘。因此，应尽快建立适合中国职业篮球联赛的市场发展模式，充分利用其经济发展动因，推动中国职业篮球联赛文化的发展。科技推动着生产力的发展，科技在人类社会的历史进程中起到了不可磨灭的功绩，科技推动了人类文明的产生与发展。今天，科技仍是社会生产力发展的重要因素，是文化发展的重要动因之一。中国职业篮球联赛文化的发展同样离不开科技的推动与支持。与美国职业篮球联赛文化相比，中国职业篮球联赛文化建设过程中，科技动因还没有被充分利用，中国职业篮球联赛在很多方面需要改进和提升。因此，应该充分利用当今的一切先进的科技成果，积极提高文化中的科技含量，从而提升其文化价值。文化的自觉理性精神是文化发展到一定高度对自身的一种反省与思考。由于中国职业篮球联赛相对还存在较多薄弱之处，因此，文化的自觉理性精神还不是很强烈。这种自觉的理性精神是随着文化的不断提升而不断加强的。文化的自觉理性精神与文化自身的建设与发展是相辅相成的，因此，对中国职业篮球联赛文化的建设，应该重视其自觉理性精神的培养。

（二）合理地继承与学习传统文化及汲取外来文化的有益之处

文化是不断发展的，是动态的。在其发展过程中，会吸收和借鉴不同文化的特点。中国职业篮球联赛文化的建设应该兼容并蓄，吸收中国传统文化中的精髓，从传统文化中汲取营养，继承中国的优秀传统文化对职业篮球联赛文化的建设具有深刻的意义。因此，中国职业篮球联赛文化的建设过程中，应把握其发展的时空特征，合理地吸收与利用其他文化的有益之处。对传统文化中的可取之处，应积极地继承与发扬，并给予吸收消化，转变为中国职业篮球联赛自身的文化特点。另外，对以美国职业篮球联赛文化为代表的外来文化，应该有选择性地借鉴和吸收。充分利用美国职业篮球联赛文化的先进可取之处，但要结合我国职业篮球联赛文化的特点，而不能照抄照搬，照本宣科。

（三）构建有中国时代特色的职业篮球联赛文化

篮球运动本身就是一种文化媒介、文化产品，具有文化宣传功能。职业篮球联赛文化建设不仅关系到篮球联赛本身的发展，同时还对社会文化具有一定的影响，因此，建设职业篮球联赛文化具有十分重要的意义。2012年11月，党的"十八大"报告首次以12个词概括了社会主义核心价值观，即"富强、民主、文明、和谐，自由、平等、公正、法治，爱国、敬业、诚信、友善"。核心价值观进一步为中国职业篮球联赛文化建设指明了方向，职业篮球联赛文化建设要秉持我国社会主义核心价值观，符合社会发展潮流，传递社会正能量，弘扬社会正气，满足社会民众健康的消费需求。习近平强调："到中国共产党成立100年时，全面建成小康社会的目标一定能实现；到新中国成立100年时，中华民族伟大复兴的梦想一定能实现。"因此，中国职业篮球联赛文化建设还应该与提升国民素质、振奋民族精神、社会文化建设、实现"中国梦"同步。

参考文献

[1] 包川. 优秀男篮运动员防守有球活动的结构、方式及评价方法的研究[D]. 北京体育大学硕士论文, 1991.

[2] 陈新. 篮球文化与篮球市场[D]. 苏州大学博士学位论文, 2007.

[3] 董尔智. 对篮球运动传入中国的一点考证[J]. 体育文史, 1987（2）.

[4] 范民运. 最新篮球教练员使用手册[M]. 北京体育大学出版社, 2009.

[5] 郭权. 排球运动员与篮球运动员单腿起跳的运动生物力学研究[D]. 上海体育学院硕士论文, 1999.

[6] 郭永波. 现代篮球训练法[M]. 北京：北京体育大学出版社, 2005.

[7] 郭永东. 篮球运动攻击性防守的理论研究[J]. 成都体育学院学报, 2005（4）.

[8] 胡丁. NBA世纪风云[M]. 广州：花城出版社, 2001.

[9] 扈伟, 王乘海. 从观赏性角度析CBA与NBA之间的差距[J]. 浙江体育科学, 2004（2）.

[10] 贾志强. 我国竞技篮球运动发展现状及对策的研究[J]. 北京体育大学学报, 2003（1）.

[11] 李辅材等. 中国篮球运动史[M]. 武汉：武汉出版社, 1991.

[12] 李元伟. 打造篮球文化，构建和谐篮球[J]. 体育文化导刊, 2006（1）.

[13] 林振华. NBA海外市场拓展策略研究[D]. 苏州大学硕士论文, 2009.

[14] 刘斌. 体育新闻学[M]. 北京：中国传媒大学出版社, 2010.

[15] 刘玉林. 世界篮球运动发展趋势和我国篮球运动改革现状[J]. 成都体育学院学报, 2000（2）.

[16] 刘忠, 郑基松. 市场经济与体育[M]. 北京：北京体育大学出版社, 2000.

[17] 卢亮球, 许宗祥. 现代篮球科学化训练主要趋势特征研究[J]. 广州体育学院学报, 2004（2）.

[18] 苗炜. 五魁首——CCTV5十年纪实[M]. 上海：上海文艺出版社, 2005.

[19] 穆良一. NBA与CBA文化比较研究[D]. 郑州大学硕士论文, 2015.

[20] 邱晓德. 世界体育用品品牌十项指标分析与我国实施名牌战略的对策研究[J]. 成都体育学院学报, 2003（1）.

[21] 全国体育院校教材委员会. 篮球运动高级教程[M]. 北京：人民体育出版社, 2001.

[22] 任莲香. 体育文化论纲[J]. 体育文化导刊, 2003（3）.

[23] 邵华. 15～18岁女篮运动员专项速度耐力测量指标与评定指标的初步研究[D]. 首

都体育学院硕士论文，1992.

[24] 宋元平，董俊. 学分制下高校体育教师面临的新变化与角色定位[J]. 体育与科学，2003（2）.

[25] 孙民治. 21世纪世界进球竞技运动的发展趋势[J]. 体育科学，2001（1）.

[26] 孙民治. 篮球运动高级教程[M]. 北京：人民体育出版社，2004.

[27] 孙民治，刘玉林. 篮球运动高级教程[M]. 北京：人民体育出版社，2000.

[28] 王宝成等. 竞技体育力量训练指导[M]. 北京：人民体育出版社，2001.

[29] 王斌. 对传统文化视野下的体育道德建设研究[J]. 阿坝师范高等专科学校学报，2006（6）.

[30] 王岗. 体育的文化真实[M]. 北京：北京体育大学出版社，2007.

[31] 王广虎. 第27届奥运会中国男篮失利的深层思考[J]. 成都体育学院学报，2000（6）.

[32] 王家宏. 新中国篮球运动发展史[M]. 北京：人民体育出版社，2004.

[33] 王建国，刘玉林. NBA选秀制度研究[J]. 中国体育科技，2005（1）.

[34] 王兴林. 大学体育与健康[M]. 南京：南京大学出版社，2004.

[35] 吴德辉. 论现代公司制度的内容与功能[J]. 理论与改革，2000（3）.

[36] 信兰成. 篮球改革与发展的思路和措施[J]. 体育文史，2000（2）.

[37] 徐本力. 运动训练学[M]. 济南：山东教育出版社，1990.

[38] 徐菁. 论体育文化[J]. 山西师大体育学院学报，2002（2）.

[39] 许明. 文化发展论[M]. 北京：北京大学出版社，2005.

[40] 许永刚. 中国经济体育制度创新中政府与垄断问题研究[D]. 苏州大学博士学位论文，2004.

[41] 薛岚. NBA主场文化探析[J]. 体育科学，2005（4）.

[42] 杨改生. 托塔天王——李震中传[M]. 开封：河南大学出版社，2008.

[43] 杨桦. 篮球技战术训练法[M]. 北京：人民体育出版社，1984.

[44] 杨铁黎. 职业篮球市场论[M]. 北京：北京体育大学出版社，2003.

[45] 杨毅. 篮球明星姚明[M]. 长春：吉林文史出版社，2006.

[46] 叶国雄. 篮球运动必读[M]. 北京：人民体育出版社，1999.

[47] 于振峰. NBA与CBA篮球职业联赛转会制度的对比分析[J]. 首都体育学院学报，2007（5）.

[48] 张岱年，方克立. 中国文化概论[M]. 北京：北京师范大学出版社，1994.

[49] 张宏杰，陈钧. 篮球运动员成功训练基础（第一版）[M]. 北京：北京体育大学出版社，2001.

[50] 张林. 职业体育俱乐部运行机制[M]. 北京：人民体育出版社，2001.

[51] 张雄，陈新. 论当代篮球运动的三元属性[J]. 体育文化导刊，2003（11）.

[52] 张忠球. 优秀运动员心理训练实用指南[M]. 北京：人民体育出版社，2007.

［53］赵经宏．湖北地区少年男篮队员徒手快速脚步移动能力的测定与评价[D]．武汉体育学院硕士论文，1984．

［54］郑念军．我国篮球研究生毕业后综合情况的社会评价及对策研究[D]．武汉体育学院硕士论文，1992．

［55］钟添发．篮球辞典[M]．北京：人民体育出版社，1998．

［56］赵映辉．现代篮球技术创新理论的研究[J]．西安体育学院学报，1998（3）．

［57］朱世达．当代美国文化[M]．北京：中国社会科学文献出版社，2001．